改訂新装版

テレジンの子どもたちから

ナチスに隠れて出された雑誌『VEDEM（ヴェデム）』より

林幸子 編著

テレジン内の様子を描いた『VEDEM』10号のさし絵

新評論

ヴルタヴァ川とプラハ城

テレジン記念館内の博物館入り口

テレジン強制収容所内の収容棟

ゲットー時と同じたたずまいの教会

現在のテレジン市内

アウシュヴィッツの３段ベッド

テレジン国民墓地

L410（女の子の家）の子どもたちによる「ブロウチュツィ」の踊りと朗読の会のポスター

テレジンでの最初の子ども劇場「ハーメルンの笛ふき男」のポスター

「ブルティ（ブルドックの意味のあだ名）は自分の仕事中」（22号のさし絵）

テレジンで使われた紙幣

『VEDEM』編集長のギンツ君
（13号さし絵）

上：創作「ずるいドリュフス」は、文もさし絵もギンツ君の作

左：「地方教育委員会御中」（8号）のさし絵

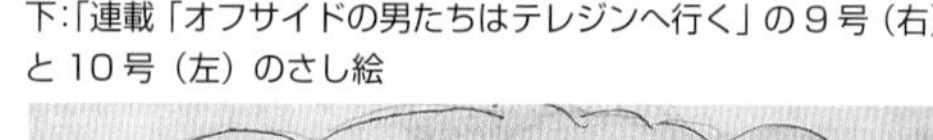

下：「連載「オフサイドの男たちはテレジンへ行く」の9号（右）と10号（左）のさし絵

ゲットー内で作られた人形。左・船乗り、中・布の人形
右・ゲットー監視人

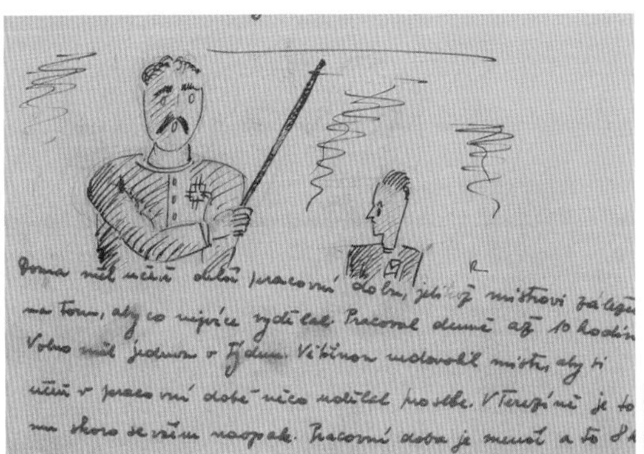

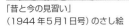

「昔と今の見習い」
（1944 年5月1日号）のさし絵

「2つの顔」(1944年5月1日号)
のさし絵

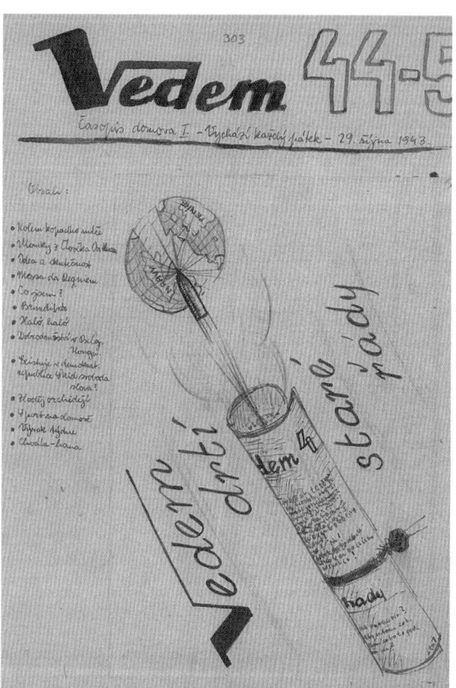

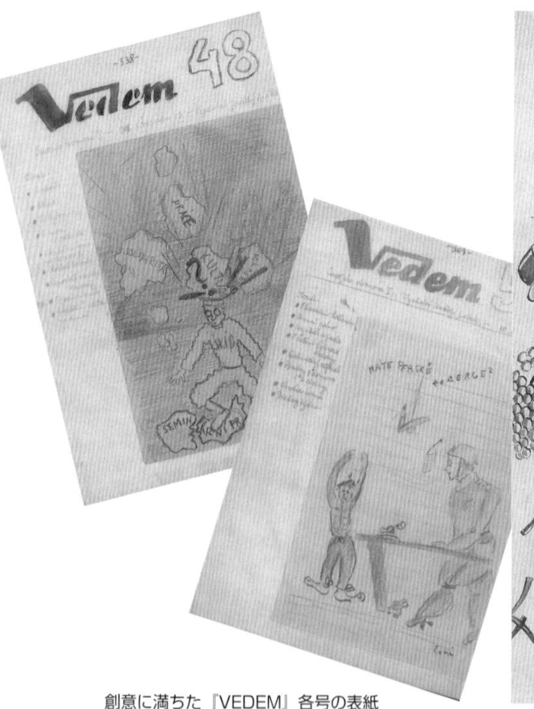

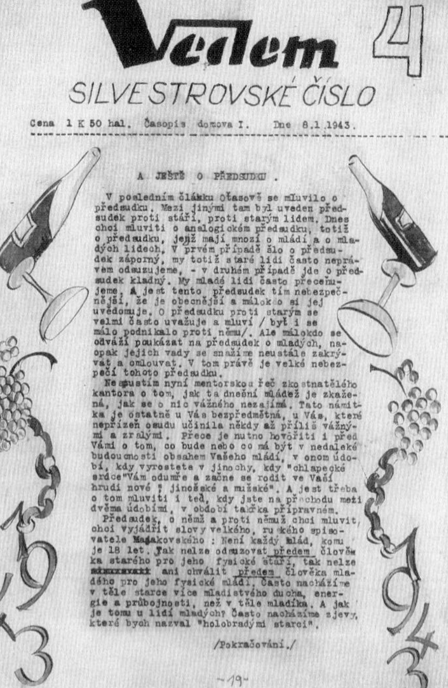

Vedem 4

SILVESTROVSKÉ ČÍSLO

Cena 1 K 50 hal. Časopis domova I. Dne 8.1.1943.

A JEŠTĚ O PŘEDSUDKU.

V posledním článku Očasově se mluvilo o předsudku. Mezi jinými tam byl uveden předsudek proti stáří, proti starým lidem. Dnes chci mluviti o analogickém předsudku, totiž o předsudku, jejž mají mnozí o mládí a o mladých lidech. V prvém případě šlo o předsudek záporný, my totiž staré lidi často neprávem odsuzujeme, - v druhém případě jde o předsudek kladný. My mladé lidi často přeceňujeme. A jest tento předsudek tím nebezpečnější, že je obecnější a málokdo si jej uvědomuje. O předsudku proti starým se velmi často uvažuje a mluví / byť i se málo podnikalo proti němu/. Ale málokdo se odváží poukázat na předsudek o mladých, naopak jejich vady se snažíme neustále zakrývat a omlouvat. V tom právě je velké nebezpečí tohoto předsudku.

Nespustím nyní mentorskou řeč zkostnatělého kantora o tom, jak ta dnešní mládež je zkažená, jak se o nic vážného nezajímá. Tato námitka je ostatně u Vás bezpředmětná, u Vás, které nepřízeň osudu učinila někdy až příliš vážnými a zralými. Přece je nutno hovořiti i před Vámi o tom, co bude nebo co má být v nedaleké budoucnosti obsahem Vašeho mládí, v onom údobí, kdy vyrostete v jinochy, kdy "chlapecké srdce"Vám odumře a začne se rodit ve Vaší hrudi nové " jinošské a mužské". A jest třeba o tom mluviti i teď, kdy jste na přechodu mezi dvěma údobími, v období takřka přípravném.

Předsudek, o němž a proti němuž chci mluvit, chci vyjádřit slovy velkého, ruského spisovatele Majakovského : Není každý mlád, komu je 18 let. Tak nelze odsuzovat předem člověka starého pro jeho fysické stáří, tak nelze ~~xxxxxxxx~~ ani chválit předem člověka mladého pro jeho fysické mládí. Často nacházíme v těle starce více mladistvého ducha, energie a průbojnosti, než v těle mladíka. A jak je tomu u lidí mladých? Často nacházíme zjevy, které bych nazval "holobradými starci".

/Pokračování./

-19-

創意に満ちた『VEDEM』各号の表紙

「VEDEM」の邦訳出版にあたって

日本の方々がテレジンについて関心をもたれたことは、テレジンの町とその歴史が、決して現代の生活から離れて存在しているのではないということを、私に教えてくれました。今、テレジンと日本をつないでいる文化の架け橋は、未来に向かおうとする私たちを勇気づける、とても強い刺激となっています。

私たちは、ここに国際プロジェクトのための場をつくろうとしています。それは、テレジンを世界のために開放することです。私たちは、テレジンの歴史的な遺産を、新しい平和への希望として見てもらおうと試みています。

テレジンが、友好、理解、そしてさまざまに異なった世界の文化をつなぐ共通のミーティングの場になることを願って。

2000年２月９日

元テレジン市長　ルージェナ・チェホヴァー

日本の読者のみなさまへ

ここ数年にわたって、私が非常に悩んでいることがあります。それは、何らかの奇跡によってホロコーストを逃れて生き残った人々の魂が、実際には何によって傷つけられたのかを語るべきか否か、ためらっているということです。

その悲惨さは、表面的な輪郭の部分だけしか話すことができません。私たちが愛していた人々の死や絶望が、私たちをどのように変えたかについて、ほとんど伝えることはできないものです。

今日、すでに私たちは年老いてきました。私たちは、今でもまだホロコーストのことを伝える方法や、そのためのピッタリの言葉を探しています。特に、若い人たちや子どもたちに私たちが体験した悲劇を理解してもらい、1940年代の出来事を可能なかぎり身近に感じてもらいたいのです。そして、みなさまの心の琴線に触れたところから「平和のために何か良いことをしよう」と、思ってもらえれば幸いです。

その一助として、テレジン・ユダヤ人強制収容所でナチス・ドイツ軍に秘密に出していた雑誌「VEDEM」の内容を日本で初めて紹介する林幸子さんと、彼女の協力者に深く感謝しています。

強制収容所に収容されていた男の子たちの考えや詩は、「VEDEM」がつくられた時代と同じように、今でもそしていつまでも、とても大切なことを読者に語っているのです。

2000年３月８日

クルト・イジー・コトウチュ

もくじ

Vedem

28. V. 1944 - 21. ČÍSLO - 2. ROČNÍK.

Mám v úmyslu uveřejnit seriál článků o velkých mužích všech národů, všech dob. Než však uveřejním první článek o indickém politikovi současném, Mahatma Gandhim, chci předeslat několik slov na vysvětlenou, koho považuji za „velké" muže a proč o nich chci psát. — Nečiním tak proto, že bych pěstoval kult velkých lidí, kteří vynikají vysoko silou svého intelektu a své vůle nad obecný průměr. Tento kult, přiznám, je hodně rozšířený. Tisíce lidí se sklánějí v obdivu i nad takovými „nadlidmi" — mluveno s Bedřichem Nietzschem — kteří jsou většinou lidí uznáváni za škůdce lidstva, jejich činy jsou evidentní útoky proti blahu lidstva. Tito lidé mi připadají jako ta fialka z Goethovy básně, jež byla šťastna, že byla zašlapána nohou milované, ale surové pasačky. A nejsou to jen slabá a malá individua, která se vyznačují takovou slabostí charakteru a nedostatkem pevného postoje a názoru životního. Nebyl to nikdo menší než Heinrich Heine, který, ač horlivý demokrat a republikán ve všech svých básnických projevech, nemohl potlačit velký obdiv pro despotického Napoleona — Ne, o takových velikánech dějin mluvit nebudeme, ač nelze jim odepřít velký dějinný význam. V dějinách zápasily a zápasí mezi sebou síly kladné a záporné. A obojí se soustřeďují do značné míry, ne-li jsou usměrňovány a organisovány jednotlivci, jednotlivci silnými, obdarovanými vysokými dary intelektu, vůle, citu a fantasie, kterými se pozvedají vysoko nad své současníky. A záporné společenské síly, které mnohdy po celá desítiletí, ba staletí vítězně odrážejí útoky sil kladných, se soustřeďují pochopitelně v individualitách po stránce duševní, rozumové a volní velmi pevně a silně organisovaných. Jenže tyto individuality si nezasluhují našeho obdivu, nýbrž naopak, našeho chladného opovržení a dějiny by měly na nich vyplnit tu strašnou kletbu, kterou vyslovil poprvé Heine: „Nebudiž na ně vzpomínáno." Ať jsou

改訂新装版

テレジンの子どもたちから

ナチスに隠れて出された雑誌「VEDEM（ヴェデム）」より

第２次世界大戦のテレジン・ユダヤ人強制収容所で、
ナチス・ドイツ軍に隠れて子どもたちが出した
雑誌「VEDEM（ヴェデム）」からのメッセージ

ファシズムによって、わけもなく殺されたすべての子どもたちと
過去に学び、未来の平和を求めるすべての人々に

第1章

「VEDEM（ヴェデム）」までの道

1 テレジンとの出合い

のんびりとした田園風景の続くテレジンへの道は、初めてテレジンへ行った30年前とあまり変わらないように見えます。まっ青な空、まっ白なわた雲、時間と空間を超えて感じる30年前と同じような風景です。もうすぐ右手に、チェコ建国にまつわる伝説の山「ジープ山[(1)]」が見えてくるはずです。以前は、テレジンまでの道中にこのような山が存在することすら知りませんでした。30年前と今、テレジンやチェコに対する私の思いが大きく変化しているということです。

30年前、私と友人の３人は、第２次世界大戦時にテレジン・ユダヤ人強制収容所（以後、テレジン収容所）にいた女の子たちが4,000枚もの絵を描いていたことを知りました。ただ、その事実に驚かされ、感動して、ちょうどプラハへ行く機会があり、テレジンへと向かったのです。それ以外のテレジンに関する知識は、ほとんどゼロと言ってもよい状態でした。

わけもわからず、何も言えず、食べ物もなく、不潔な環境である強制収容所の中で、働かされ、殺されてしまったユダヤ人の子どもたち。平和な時間のなかで彼らについて思うことさえ申し訳ないように感じます。せめてもの慰霊にと思い、日本から持参した折り紙で鶴を折ったりしました。

伝説の山「ジープ山」の風景

私が初めてプラハに行ったのは1990年の10月末。月刊誌『世界画報[(2)]』の「プラハ特集」記事の取材のためでした。もちろん、そのときは、テレジンという町がプラハの郊外にあることなど知りませんでした。

その前年の1989年、チェコスロバキア[(3)]では有名な「ビロード革命[(4)]」がありました。市民が民主主義を勝ち取ったとはいえ、首都プラハにあるルズィニエ空港（現ハヴェル空港）に着いたとき、滑走路の向こうの端にまだ戦車が並んでいる風景には驚きました。それ以上に驚かされたのは、大勢の旅行客で賑わっている空港ロビーを、自動小銃を肩から下げた迷彩服の若い兵士たちが右に左にと歩き回っていたことです。

こうした戦時中のような雰囲気を、日本で味わうことはまったくありません。とんでもない世界へ入り込んだ、という錯覚を覚えたぐらいです。チェコスロバキア（当時）が、ソ連[(5)]を中心とする社会主義国家から自由主義国家へ、まさに移行しようとする混乱のなかにある国だという状況があたり一面に満ちていました。

このときのプラハ行きに同行していたのが「阪急旅行社」でした。私は、プラハ取材と同時に、翌1991年５月に「阪急旅行社」がプラハで開催する予定の「ジャパンウィーク・イン・プラハ[(6)]」に関する下見も兼ねていました。プラハでの取材が終わった帰路、「阪急旅行社」のスタッフとの会話で、私が所属する「手作

（1）　チェコの伝説によれば、北方での民族間の争いから逃れて安住の地を探していた人々の長老であるチェフがこの山に登って周囲を見わたし、「ここに住むことにしよう」と言い、その後、現在の地がチェコ民族の居住地になったと言われています。「チェコ」という名称は、長老チェフの名前からとったとも言われています。

（2）　写真を多数掲載して、世界の情報を発信していたグラフ雑誌です。1992年に廃刊となっています。

（3）　1993年に「チェコ」と「スロバキア」は分離独立していますが、当時は連邦国家でした。

（4）　武器を用いた戦いではなく、ビロードのような柔らかな革命という意味で名付けられました。

（5）　1991年にソ連邦は崩壊し、ロシアやウクライナなど多くの共和国が分離独立しました。

（6）　日本文化をチェコスロバキアに紹介する目的で、茶道、華道、書道、陶芸、和太鼓などの団体が参加し、プラハ市内で展覧会やデモンストレーションをするイベントでしたが、現在は開催していません。

り絵本サークル[7]」のことが話題に上り、「手作り絵本を来年のプラハのフェスティバルに展示しませんか？」という提案がありました。

帰国後、急きょ「手作り絵本の会」の会員たちと相談した結果、「参加しよう！」ということに決定し、翌年、私は雑誌取材のためではなく、イベントへの参加者としてプラハへ行くことになったのです。

私たちは、手作り絵本のほかに、綿アメづくりや風船ヨーヨーのための道具、折り紙なども持参して、日本の子どもたちの遊びもプラハで紹介することにしました。さらに、私が撮影していた子どもたちの写真も、「日本の子どもたち」として展示することに決まりました。

その準備に忙しい日々を送っていたころ、私が住んでいる新座市の「東北コミュニティセンター」で「テレジン収容所の幼い画家たち展」（主催・〈アウシュヴィッツに消えた子らの遺作展〉新座実行委員会）が開かれることになったのです。

そのとき初めて、第２次世界大戦時にナチス・ドイツ[8]がテレジンにユダヤ人強制収容所を造っており、その場所は、プラハから約１時間で行けるということを知りました。テレジン収容所には、15,000人という大勢の子どもたちが収容され、優秀な絵の先生だったフリードル・ディッカー[9]さんが子どもたちに絵の指導をしていたこともこの展覧会で知りました。描かれた子どもたちの絵が、4000枚も残っているというのです。

戦争が終わったとき、テレジン収容所で生き残った子どもたちは100人ほどでしかありません。あとの子どもたちは、テレジンやアウシュヴィッツ[10]をはじめとするほかのユダヤ人強制収容所で死んだり、殺されたというのです。背筋が寒くなる話ばかりでした。

テレジンは、プラハから北に約60kmにある町です。そこにある強制収容所内で秘かに子どもたちが絵を描いていたことを知った「手作り絵本の会」の私とＳさんとＫさんの３人は、「チェコへ行ったら、必ずテレジンにも行こう」と準備をはじめました。子どもたちがどんな町に住み、どんな環境で絵を描いていたのか、強制収容所とはどんな所なのか、実際に自分の目で確かめたくなったのです。

予備知識としてあったのは、そこに収容されていたユダヤ人たちが、最後には絶滅収容所として知られるアウシュヴィッツやそのほかの収容所へ送られて殺されてしまったことや、テレジンをユダヤ人のための理想的な町として造ったとナチス自らが宣伝に利用し、国際赤十字の視察団を迎えて、美しく快適にカモフラージュされた町を見せたこと、そしてユダヤ人迫害の事実を隠そうと宣伝のための映画を製作していたことなどでした。

プラハまで行って「ジャパンウィーク・イン・プラハ」に参加するからには、テレジンまで足を延ばそうと決めた私たち３人は、日本を出発する前に、プラハからテレジンまでのタクシーと通訳を旅行社に依頼しました。「ジャパンウィーク・イン・プラハ」の展示がはじまる前にテレジンへ向かうことにして、到着する日の午後１時に、プラハ城(11)の正門前広場で通訳の女性と待ち合わせ、ということにしたのです。

1991年５月７日、私たちはプラハのルズィニエ空港に到着しました。何しろイベントに参加する100人以上の老若男女の団体です。何事にも遅れが生じます！

空港での昼食後、プラハ市内行きの貸し切りバスに乗り込んだのですが、なかなか出発しません。時間はどんどん過ぎてゆきます。早く早くと焦っても、見知らぬ国で、まったく知らない言葉と不案内な地理という状況ではどうしようもありません。

ようやくバスが走りだしたのが午後１時少し前。とにかく、プラハ城に一番近い場所で私たち３人だけ降ろしてもらいました。私たちは必死に走りました！まったく知らない土地でよくもあんなに走れたなあーと、今思うと不思議なのですが、とにかく重い体を揺らして全力で走り続けました。教えてもらったプラハ城の方角へ……、分からなくなれば感にまかせて……、時には隠れてしまうプラ

(7)　ストーリーづくりから絵、文章、製本まで、すべてを自分たちで作っています。

(8)　1933年、ドイツ総選挙で最高得票率をとった「国家社会主義ドイツ労働者党」の略が「ナチ」です。「ナチス」はその複数形となります。ヒトラーを総統として、アーリア民族の優越性を唱え、ユダヤ人の絶滅計画を実行に移しました。

(9)　(Friedl Dicker-Brandeisová, 1898～1944) 第２次世界大戦前にデザイナーとして活躍した女性です。テレジン収容所内で子どもたちに絵を教えていました。参考文献に挙げた『テレジンの小さな画家たち』で詳しく紹介されています。

(10)　ナチスが造ったユダヤ人殺戮のための絶滅収容所のことです。ポーランド語では「オシフィエンティム」と言います。

(11)　チェコ大統領府もある、プラハでもっとも有名な観光名所です。いくつかの教会や建物がある地域一帯を「プラハ城」と呼んでいます。「ジャパンウィーク・イン・プラハ」の展示会場も、そのなかの一つの建物でした。

プラハ城内のビート大聖堂

ハ城の「ビート大聖堂」の高い塔を探し、確かめながら……。

「ここだわ！」と、プラハ城の正門前広場に着いたときには、すでに約束の時間を１時間も過ぎていました。人待ち顔で立っている女性に、片っ端から予約してあった通訳者の名前を尋ねて回りました。

「アー　ユー　サーシャ？」

「……？」

またほかの人に、「アー　ユー　サーシャ？」

「ノー、……？」

結局、私たちは通訳に会うことができず、テレジン行きを断念しなければなりませんでした。

「でも、どうしても行きたいわね」

「よし、じゃあ明日行こう。ホテルでタクシーを頼もう。通訳はいらない！」

オバタリアン（当時の流行語で、元気な中年女性のことです）の強いところは、向こう見ずな実行力です。こうと思ったら、チェコ語がチンプンカンプンでも、地理などまったく知らなくても絶対にあきらめません。

次の日、私たち３人は、手帳に「I want to go to Terezin. 60$ Please!（テレジンへ60ドルで行ってくれませんか？）」と書き、ホテルの前で客待ちをしているタクシーの運転手に片言の英語で交渉しました。確か、60ドルは日本円にすると12,000円（当時）ぐらいでした。プラハにおける一般的な労働者の月額所得が２～３万円と聞いていましたから、結構いいお値段のはずでした。[12]

「OK」と、優しそうな運転手が指を丸くして了解してくれました。

「わあ、通じた！」と、他愛のない感動にひたって、３人はタクシーに乗り込みました。

もちろん、テレジンまでの道順などまったく知りません。当時のプラハでは、タクシー代を規定よりも高く要求する「ぼったくりタクシー」が多いという評判を思い出したので、少し心配になってきました。

プラハ近辺を示すチェコ語の地図は持っていますが、チェコ語が読めません。タクシーが走りだしてからＳさんがソワソワと地図を広げたり、外を見たりと……。運転手もこちらも、たどたどしい英語でのやり取りしかできません。私たちの不安感が伝わったのでしょう、運転手が道端に車を停めて、私たちが広げている地図を指でたどりながら「Here is Terezin（テレジンはここだよ）」と、テレジンまでの道を教えてくれました。

この運転手の親切さに感激した私たちは、いっぺんに「チェコびいき」になってしまいました。見知らぬ日本人の客である私たちに、途中でリンゴを買ってくれたり、アメを渡してくれたりしたのです。日本では考えられないようなサービス（？）ぶりでした。

１時間ほどでテレジンに到着。駐車場にある小さな売店の壁にはアメリカの女優マリリン・モンロー（Marilyn Monroe, 1926～1962）の大きなポスターが張られていたほか、コーヒーの看板もあります。何となく、モンローの写真にホッとひと息ついた私たちは、まずはコーヒーを注文しました。

そのコーヒーには、カップの底にコーヒー豆の粉がそのまま沈んでいたのです！　そんなことを知らないＫさん、思いっ切りコーヒーを飲んでしまったのです。粉まみれになった口から「ペッペッ」とはき出しながら、みんなで大笑いをしたことも懐かしい思い出です（悲しいことに、Ｋさんは2020年に彼岸へと旅立ってしまいました。合掌）

運転手に待ってもらい、ひと休みしてから３人で目的の「テレジン・ユダヤ人強制収容所」へと向かいました。

(12)　当時プラハでは、チェコ通貨の「コルナ」よりも米国ドルのほうが喜ばれました。そのため、日本で円をドルに換えて持参していました。

2 初めての「ユダヤ人強制収容所」

入り口はすぐに分かりました。100メートル以上向こうに、収容所の周りを囲んでいる土塁を半円形にくり抜いた石造りの門があります。その縁(ふち)には、白と黒の縞模様がくっきりと塗られています。この風景は、事前に写真で確認していました。

入り口まで続いている並木道の右手は、広い国立墓地です。赤や黄色、白、緑と、色とりどりの花輪が供えられた大きな墓標がいくつか並び、その周りには平らで小さな墓石群が整然と広がっています。没年だけが刻まれていて名前のないもの、番号(13)だけのもの、そして何も書かれていない墓石もありました。

誰にも知られず、どんな一生だったのかも顧(かえり)みられることなく、黙って並べられたままとなっている白い石のお墓です。大きな十字架とユダヤの象徴である「ダビデの星」がすべてを見下ろしています。

墓石のいくつかは、緑の芝生のなかで太陽の光を美しく反射しています。とても悲惨な生涯を終えた人々が埋葬されているところとは思えないほど、開放的で明るい光景です。生前、人間として扱ってもらえなかった何万人もの人たちの存在がここにある、という実感がまったく湧いてきません。私たちは、来る途中で折った何羽かの折り鶴を供え、手を合わせることしかできませんでした。

墓地を後にして、鮮やかな黒と白に塗られた入り口を入ると、右手に受付の小

テレジン強制収容所小要塞の入り口

入り口横にある広い国立墓地と「ダビデの星」

さな窓がありました。駐車場に観光バスが５～６台停まっていましたから、そのバスに乗ってきた人たちでしょう。若い、ドイツ人らしい30人ほどの団体客がチケット売り場に並んでいます。

入場券

「５分ほど待てば英語でのガイドが来ます」と言うので、私たちはチケットを買ってからベンチで待つことにしました。入場料は、何と２コルナ（約10円）！　信じられないほど安い料金です[14]。

ドイツ語の看板

真っ直ぐ続く道の右手にレストラン（看板に書かれていました）とは思えない殺風景な机と椅子の棟があり、左手には２坪か３坪くらいの狭い売店があります。

しばらくして、ガイドさんが出てきて説明がはじまりました。所々しか分からない早口の英語を聞き流しながら、私たちは先ほどのドイツ人の後ろについて進んでいきました。

「ARBEIT MACHT FREI」

アウシュヴィッツ絶滅収容所の写真でよく見るドイツ語の文字が、まるで歓迎する言葉のようにアーチ状に掲げてあります。かつては、ユダヤ人収容者を歓迎していたのでしょう。

「働けば自由になれる」という意味のこのドイツ語は、今の私たちには単なる標識にしか見えません。でも、ここが収容所だったころにこの文字を見た人たちは、

(13)　強制収容所に入ったユダヤ人には、すべて番号がつけられていました。
(14)　1999年に訪れたときには、入場料は360コルナ（約1,800円）になっていました。

「救いの言葉」のように見えたのかもしれません。

初めてここへ連れてこられたユダヤの人々は、真剣にこの文字を読み、すがるようにこの言葉を信じ、必死に働いたにちがいありません。自由のために……報われることのなかった自由のために……。平和な社会に生きる現在の私たちには想像さえできない思いがあったことでしょう。

この文字の下をくぐると、所々が剥げているオレンジ色の壁の平屋が並んでいます。一番初めに入った部屋は、細い木でつくられた3段ベッドが部屋の大部分を占めていました。各部屋は6畳から8畳ぐらいで、窓のない部屋ばかりです。

この3段ベッドには、ギュウギュウ詰めになって寝なければならなかったと言います。狭い部屋に30人、50人、100人と……。一体、どのようにしてそれだけの人々が生活できたのかと不思議に思うほどです。

当時のことを表す記録には、「寝返りを打つときには、全員が一緒に動かなければならなかった」と書かれています。そんな状態で、人は眠れるものなのでしょうか？

同じような部屋が続き、さらに奥へ歩いていくと、20畳ぐらいの広いシャワー室がありました。天井に細い管が何列も並んでおり、その管にシャワーの蛇口（じゃぐち）がついています。ここからお湯が出て、子どもたちや大人たちのやせ細った体を洗い流したはずです。しかし、それは何日に1回か、いや何か月に1回だったのだろうとふと思いました。

私の、このような想像は甘かったようです。説明によれば、このシャワー室は赤十字の視察団用に造られたもので、1回も使われることがなかったということ

木でつくられた3段ベッド

ひんやりとした洗面所

でした。

洗面所も同じです。壁には何の装飾もなく、ただ並んで張りつけられてある鏡と、その下には洗面台があります。ズラーッと横一列に並んでいるそれらの洗面台も使われることはなく、くすんだ灰色をしていました。

次のボイラー室には、天井に届くような錆びたボイラーが残っていました。一瞬、死体焼却場かと思ってドキッとしましたが、シャワー用のボイラーだったという説明にホッと胸をなで下ろしました。

次から次へと、暗くて狭い部屋が続きます。収容所だったころを思わせるような暗くてどんよりとした空気が私の心に広がってきて、気分が重くなってきました。ほんの１畳ほどの個室には、まん中が窪んだだけの鉄製のトイレが置いてありました。「拷問用か？」と思わせるような、太くて重い、真っ黒な鉄の鎖がかかっています。触ってみたところ冷たい……。背筋が寒くなるような光景ばかりです。

部屋が途切れて建物の外に出ると、真っ青な空。これまでとはまったく違う、現在の平和そのものの明るさです。

建物の間に深い堀がめぐらされている場所に出ました。下のほうに少し溜まっている透明な水に、さわやかな青空が映っています。土手には野の花々が咲き誇っています。黄色い花はタンポポなのでしょう。このようなのどかな風景は今も昔も変わらないはずなのに、かつてはこのタンポポも暗い黄色をしていたのではないかと思えるほど、収容所の中が暗く感じられました。

説明を続けるガイドさんと若いドイツ人たちは、あちこち寄り道をしながらゆっくりと見ていく私たちを置き去りにして、かなり先まで行ってしまいました。あたりには誰もいません。みんなはどこに行ったのかしらと見回すと、高さが人の背丈ぐらいの暗いほら穴（？）の入り口が右手にあります。どうやら、トンネルになっているようです。かすかですが、その奥のほうから人のざわめく気配が感じられました。

「あそこよ、きっと」と、私たちはそのトンネルに入っていきました。入り口から射し込む光がすぐになくなり、真っ暗になりました。所々、ぼんやりと裸電球が足元についているだけです。天井は頭スレスレの高さしかありません。暗いトンネルはずーっと続いていて、どこまで歩けば出口に出られるのかまったく分か

ずーっと続いている暗いトンネル

りません。上下左右は石の壁です。地下をくり抜いて造ったのでしょうか。テレジンは軍事要塞として造られた、とも聞いていました（のちに、近くを流れるオフジェ川とラベ川の氾濫に備えて造られたものもあったと知りました）。

冷たい石の壁伝いに、ほとんど手さぐり状態で真っ暗なトンネルを歩いていくと、縦20センチ横15センチ厚さ20センチぐらいにくり抜かれた、明かりとりの窓がありました。外には、明るい光と草の緑、黄色や赤の小さな花も見えます。ふと、可愛い絵、テレジンに収容されていた子どもが描いた、赤い花と羽を広げて飛んでいるチョウチョの絵が思い出されました。外の明るい世界で自由に飛び回るチョウチョになりたい！　という思いが実感となって胸に迫ってきました。

しかし、また真っ暗な穴のようなトンネルが続いていました。歩いても歩いても、出口の明かりが見えてきません。何十分も、何キロも歩いているような気がしてきました。いったい、どこまでこの闇のなかを歩いていけばいいというのでしょうか。

人は理解できない事柄には不安と恐怖を覚えます。観光客でしかない私でさえ、不気味な不安を感じてしまう暗闇の世界です……。

約57年前、子どもたちは、突然、両親や兄弟と切り離され、これからどうなるのかも分からずに、こんな真っ暗なトンネルを歩かされたのでしょうか？　怯えながら、それでも必死に前を向いて歩いていったのでしょうか？

こんな深い暗闇のなかを、子どもたちに理由も知らせずに歩かせ続けるなんて……。黙々と、あるいは泣きじゃくりながら、「ママー！」と叫びながら、怖がって走る子どもたちの後ろから、怒鳴り散らすナチスの兵士たちが追い立てたのでしょうか……。

しばらくこのトンネルを歩いていくうちに、私は突然、まったく突然、「ワァーッ」という声がこみ上げてきて、大声で泣き出してしまいました。確かに感傷的な気分になっていましたが、今考えても、どうして急に号泣しはじめたのか分かりません。きっと、あたりいっぱいに染み込んでいた当時の子どもたちの声にならない声が、私の口をついて出てきたのでしょう。何にも言えなくなってしまった子どもたちの、「どうして……？　なぜなの？」という声が聞こえてくるような気がしたのです。

今思うと恥ずかしいほど泣きじゃくりながら、私はやっと暗闇のなかから光の世界へと出ることができました。そこには、５月の太陽の光があふれていました。木々の緑、草、花、そして新鮮な空気を存分に吸い込むことができる自由がありました。

この収容所にいたユダヤ人と子どもたちは、今私が感じたように、外界の光を「明るいもの」として感じられたのでしょうか？

どうしてここにいなければならないのか、さっぱり分からなかった子どもたちにとっては、この明るい光も暗くて重いとばりでしかなかったのかもしれません。そのとき初めて私は、現在の平和な時代に何も知らずに生きている大人たちや子どもたちに、何も言えなくなった当時のテレジンの子どもたちの声を、どうしても伝えたいと思ったのです。

あれから30年が経ち、子どもたちはトンネルのあるテレジンの小要塞には収容されず、大要塞のゲットーに収容されたと知りましたが、30年前の子どもたちの声は、今でも忘れることができません。

3 「VEDEM（ヴェデム）」を読んでみたい

テレジン収容所内には、かつて小要塞と大要塞がありました。小要塞の入り口が、あの白と黒に塗り分けられた半円形の門です。チェコで一番厳しい刑務所として使われていました。ナチスは大要塞を「ユダヤ人ゲットー」にしました。現在、さまざまな施設が、両方の元要塞内に造られています。

小要塞の「ユダヤ記念館」には博物館、資料館、売店などがあり、大要塞には「ゲットー博物館」や「展示場」、そしてクレマトリウム（死体焼却場）などがあります。そこには、子どもたちの絵や刺繍、そして当時の写真が展示されています。それらのどこに足を運んでも、悲惨さが満ちあふれています。

「どうして私たちはここにいなければならないの？　どうしてこんな生活をしなければならないの？　ユダヤ人だというだけで……」

という声は、聞こうと思わなければ聞こえてこないでしょう。

1991年に、小要塞にあるユダヤ記念館で、子どもたちがつくった人形や刺繍を見ました。そして、当時「男の子の家」だった「L417」（現在は「ゲットー博物館」）と呼ばれた建物で、男の子たちがナチスに隠れてつくっていたという雑誌「VEDEM（ヴェデム）」を知ったとき、わけも分からずさまざまな思いがこみ上げてきました。

「どんな内容なのだろう？　どうしても読んでみたい。これを日本語に訳して、日本の大人や子ども、みんなに読んでもらおう。テレジンに大勢の子どもたちが

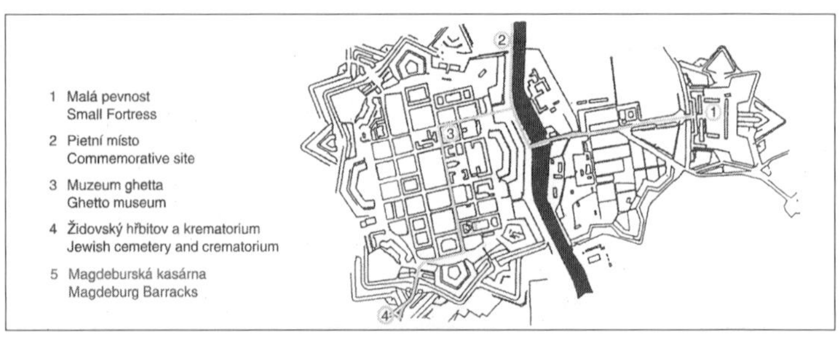

右側の①が小要塞、川を挟んで左側が大要塞（ゲットー）

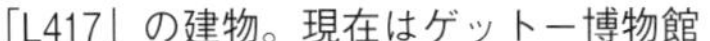
「L417」の建物。現在はゲットー博物館

「L417」の２階廊下

いて、ひどい環境のなかでどのようなことを考え、どのように生きていたのかを知ってもらおう。13歳から15歳という、死に直面していた子どもたちの声を……」

ここでは、女の子たちも雑誌を出していたことを知りました。しかし私は、どうしても男の子たちが言いたかったことを知りたいと思ったのです。たぶん、ちょうど同じ年頃の息子がいたからでしょう。

当時、私の息子はまだ小学３年生でした。仕事で遠くへ取材に出掛けるときは泊まりがけになることもありましたし、１週間以上家を空けるときもありました。でも、息子は、長く留守をすることに対して不満や不平を言ったことはありませんでした。もちろん、子どものことが心配でないわけではありませんが、父親や姉兄と一緒の生活に不自由はあまりないだろうと、楽観主義の私は出掛けていました。そんな私に、「まだ小学生なのに、仕事とはいえ残していくのはかわいそう」と言う人もいました。

テレジン収容所に収容された子どもたちは、10歳になると家族から離されて「L417」のような「男の子の家」で暮らすことになっていました。私の息子は９歳。ほとんど同じ年齢の子どもたちであったことに愕然としました。

テレジンだけではありません。アジア、アフリカ、チェルノブイリ、広島、長崎、沖縄……と、数えきれないほどの多くの子どもたちが、大人の勝手な論理や欲望のために、そのかぎりない可能性を秘めた人生を抹殺されているのです。これからの子どもたちには、決してそんな思いをさせてはなりません。子どもたちを守るのは、私たち大人の責任であり義務です。私たちの子どもたち、孫たち、またその子どもたちへと、永遠に引き継いでいかなければならない責務なのです。「VEDEM」に何が書かれているのかは分かりません。でも、彼らが遺したという言葉だけでも、私たちは知る必要があるのではないでしょうか。私だけでなく、少しでも多くの人たちに「VEDEM」を読んでもらい、子どもたちが生きていたという事実を知ってほしいと思ったのです。

「VEDEM」を知るためには、まずはチェコ語で書いてあるというその雑誌を手に入れなければなりません。テレジン収容所内にある資料館に保管してあるということは、チェコにいる友人に調べてもらってすぐに分かりました。

1991年に初めてテレジンへ行った翌年の1992年に再訪問して、チェコの友人を介して資料館と何回か交渉を重ねました。そして、1997年に3回目のテレジン行きを敢行しました。すべての「VEDEM」を複写するために、複写用の照明器具や三脚、2台のカメラ、大量のフィルムを持って。

うっかりしたことに、私はコピーという簡単便利な手段をまったく頭に入れていなかったのです。結局、日本から運んだこの重い「VEDEM」撮影用器材は、一度も使用することはありませんでした。

資料館の玄関で出迎えてくれた副館長のマレック・ポロンツァルツ（Marek

ポロンツァルツさん

「VEDEM」などの表紙やさし絵のコピー

Poloncarz）さんは、当時30歳という若い男性でした。何と、彼はサンダル履きという気さくな人で、以前から手紙のやり取りをしていたこともあり、何だか初対面のような気がしませんでした。そして、「VEDEM」について本を書きたいという私の申し出をとても喜んでくれました。

お決まりの挨拶の後、ポロンツァルツさんはジャラジャラという音を立てながら、大きな鍵の束を持ってきました。「VEDEM」が保管してある資料館の部屋に行くには、まず階段の前にある鉄格子のはまった扉を開けなければなりませんでした。「VEDEM」を保管する部屋まで、何と２回も鍵を使って扉を開けていかねばならなかったのです。

私が複写の件を尋ねると、この資料館には「VEDEM」のコピーが用意されているとのことでした。現物はボロボロの状態なので、そのコピーから複写（コピー）してくれると言います。

極限状態の部屋でこっそりと書かれ、みんなの前で読まれ、こっそりと回覧されて多くの人たちの手に触れ、土の中に埋めて隠されていたという子どもたちの雑誌です。あの戦乱のなかを奇跡的に50年間も保存されてきたのですから、ボロボロになるのは当然のことでしょう。全部のコピーを出していただき、手に取って見せていただいたときには、指も心も震えるような気がしました。コピーでさえも、そっと大切に扱わなければ罰（ばち）があたるような気がしたのです。

子どもたちのために大人たちがつくったという人形の写真も、数枚ほど複写してくださると言ってくれました。ここまでは順調に進んだのですが、私がすべての「VEDEM」をコピーしてほしいと頼むと、資料保管室の２人の女性が「全部のコピーはダメです」と言うのです。800ページもあるわけですから大変なことは分かるのですが、いくら理由を尋ねても「ダメです」の一点張りでした。ポロンツァルツさんは、用事があるとのことで事務室に戻っていたので、その場にいませんでした。

困った私は、通訳として来てもらっていたペトル・ホリーさん[15]に全部の「VEDEM」をざっと読んでもらい、重要なページだけコピーをお願いすることに決

(15)（Petr Holý）1997年の訪問時に通訳をお願いした大学生（当時）。「VEDEM」について、テレジン記念館、資料館との交渉などをしてくれました。

めました。

それでも大変なことです。全ページを複写するつもりで2日間はテレジンに通えるように日程を組んでいましたが、それだけの時間で全部を読み終え、必要なページを選択することなどできるでしょうか。思い悩んでいると、ポロンツァルツさんが資料保管室に戻ってきて、困っている私たちの様子を見て、即座(そくざ)に「全部コピーします」と言ってくださったのです。よかった！　と、ホッと胸をなで下ろしたのは言うまでもありません。

はるばる日本から「VEDEM」のコピーをもらいに来た理由や、使用目的といった書類を私が書いたときに交わしたポロンツァルツさんとの会話も忘れることができません。

「『VEDEM』を日本語に訳して、本をつくりたいのです」

「題名は何というのですか？」

「今は『もの言えぬ子どもたちから』を予定しております」

と答えると、すぐに了解という顔つきで承認してくれたのです。そして私が、

「『VEDEM』についての本を出版する前に、何が書いてあるのか、私が書いた内容を読まなくてもよいのですか？」と尋ねたところ、

「いっこうに構いません。どんなことでも、思ったことをお書きください。今は、そんなことを言う時代ではありませんから」

と、何のてらいもなく答えてくれました。

ナチスの時代のユダヤ人はもちろんのこと、共産主義時代にもチェコ人は言論や表現の自由はなかったのです。だからこそ、すべてに関する表現の自由を、身をもって大切な権利と感じているのだろう……と思いました。

帰国してまもなく、「VEDEM」の全ページのコピー（カラーページはカラーコピー）が、チェコから日本の自宅に送られてきました（コピー代や経費は現地で支払いずみです）。その中には、収容所内でつくられたユダヤ人聖職者ラビ、収容所の監視人、女の子などの人形の写真も入っていましたし、子どものオペラ『ブルンジバール』のポスターと背景の絵、子どもたちが描いた絵、ギデオン・クライン（Gideon Klein）の肖像画のコピーなど、すべてが貴重な宝物でした。

女の子が描いた絵

800ページに及ぶ「VEDEM」は、黒く汚れてしまったページや、紙がすれたのか、文字が読めなかったり、抜けているページもありました。残念なことに、第１号の表紙がありませんでした。きっと、テレジンの資料保管室にもないのでしょう。でも、「よくも無事に残っていてくれたね」とほめたくなるような、貴重で大切な各ページでした。

このなかに、どんな言葉が埋め込まれているのか……？　読む前から胸がドキドキしました。

悲しみ、怒り、疑問、生きたいという願い、ひどい生活への不平不満、ヒトラーへの疑問と憎しみ、生きることへの不安……まったく自分の意志など入り込む余地がなく、恐ろしいテレジンに収容されてしまった子どもたちの叫びや思い出、夢、希望など、何も言えなかった子どもたちの「心のはけ口」でもあったであろう雑誌「VEDEM」を、１日も早く読みたい、人々に伝えたいと、心から願った日々の連続となりました。

そして、決して繰り返すことの許されない事実を多くの人が知ることで、戦争や差別などが起こらないように、平和な歴史をつくっていかねばならないと思ったのです。もちろん、「VEDEM」をつくった子どもたちのためにも、これからの子どもたちのためにも……。

-4-

/Pokračování/

Stavěli tesaři, stavěli latrinu,
vařili kuchaři pokrmy z tuřínu,
a po tom tuřínu v prosinci a v říjnu
chodíme zas denně stale na latrinu.

Jede jede poštovský panáček,
jede jede poštovský pán.
Má sebou balíky pro pány veliký
ani s lístkem nepřijde k nám.

Já jsem z Kutné Hory, z Kutné Hory,
přeškolený švec.
V bance řiditelem, řiditelem,
byla jiná věc.
Když se na mne přijde ptát
nějaký ten kamarád,
já jsem i v civilu, i v civilu
boty dělal rád !

Strážník jsem a strážník budu,
pendrek v ruce nosit budu.
Pendrek mám od Löwensteina
Co mám dělat nemám šajna.

Enyky benyky Kripo jde,
ábr, klábr, domine
teď přestanem zpívati
sic nás basa nemine.

/Mezi lidem posbíral -nger./

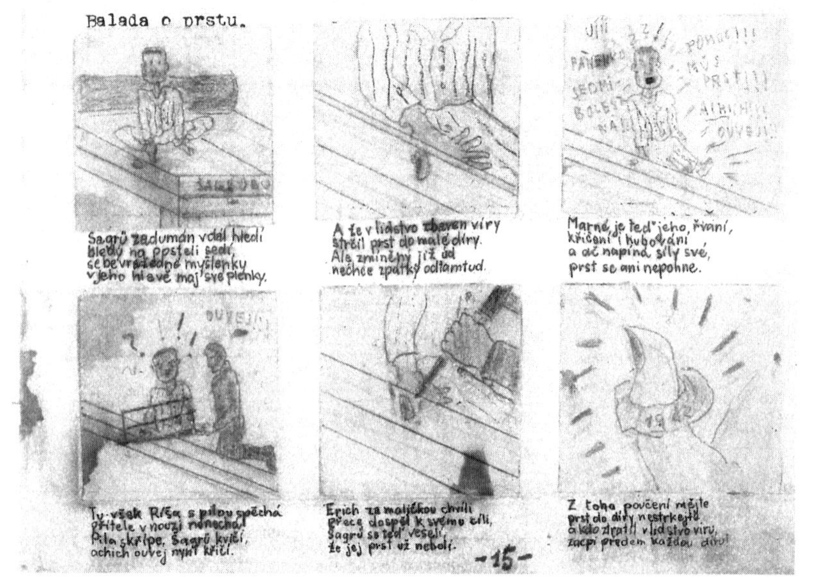

VEDEM３号（1943、１月１日）「指ものがたり」作者不明

第2章

なぜ、ユダヤ人は迫害(はくがい)されたのか？

1 ユダヤ人の歴史

第２次世界大戦時のホロコーストに関して、私たち日本人がまず不思議に思うことは、

「なぜユダヤ人は、このような理不尽な目に遭わなければならなかったのか？」

「なぜユダヤ人は、何百万人もが殺されるまで、おとなしくナチスに言われるがままになっていたのか？」

「なぜ子どもたちにまで、あのような悲惨な目に遭わせたのか？　親がどうして子どもたちを守れなかったのか？」

などといったことです。これらのことを訝(いぶか)り、怒る人もいます。私もそう思っていました。

「なぜ、ユダヤ人は黙って迫害(はくがい)され続けたのか？」

まず私は、この疑問から入ることにしました。この問題については、これまでにたくさんの本が出版されています。ユダヤ人問題は、長く続く歴史的な課題なのです。

日本人にも、人種差別や偏見がいっぱいあります。たとえば、朝鮮半島を植民地にして、そこに住んでいた人々を苦しめた時代。中国に対する侵略や中国人への虐殺行為。北方先住民族であるアイヌの人々に対する横暴。恥ずかしいことに、現在でも朝鮮学校に通う子どもたちに偏見をもち、嫌がらせをする日本人がまだいるというのも事実です。

私たちは、このような事実を「事実」として直視しなければなりません。なぜ、そんなことが起こってしまうのか？　どうしたら、そのような差別や偏見をなくすことができるのか？　「VEDEM(ヴェデム)」を読んでもらう意味は、そこにあると言えます。

ユダヤ人の迫害については、ユダヤ人の歴史から知っていく必要があります。ユダヤ人に対する大量虐殺を「ホロコースト」と呼んでいます。「ホロコースト」のもとの意味は、ギリシャ語で「神への捧げ物」という「すべてを燃やす」[(1)]だったのです。つまり、「すべてを焼き尽くす」という対象が、ナチスにとってはユ

ダヤ人だったのです。では、なぜそんな恐ろしいことが考えられるようになったのでしょうか。

すべての方角を海に囲まれている日本と隣国との国境は、海の上です。隣国は海の向こうですから、言葉や文化が異なる民族に直面するという日常はありません。ところが、ヨーロッパ大陸はそうではないのです。川を挟んでいる場合などは国境線がはっきりと分かりますが、「道一本向こうは別の国」とか「隣の建物は隣の国」という国境もヨーロッパには実際にあるのです。

線で引かれた国境のすぐ向こうでは、違う言葉が話されています。また、同じ町のなかでも、さまざまな国の人たちが暮らしています。町内に住む人びとの出身国や言葉が違うという例がたくさんあるのです。お互いが理解するためには、誰しも言葉に頼ることになるわけですが、違う言語ではその理解ができませんし、かえって誤解を招くこともあります。

また、複雑に民族が混じりあっているヨーロッパでは国同士の戦争があり、民族の対立があり、弱い民族と強い民族、支配する国の人々と支配される国の人々が同じ地域で生活することになります。そんなとき、弱い民族の人たちは、自分たちの国土があればそこへ逃げることができますが、ユダヤ人には自分たちの国土がなかったのです。

ユダヤ人が信仰の対象としている『旧約聖書』によれば、ユダヤ人（ヘブライ人とも呼ばれます）の祖先は、ウル[2]という町に住んでいました。私たちが「世界４大文明発祥の地」の一つとして覚えるチグリス・ユーフラテス川流域にあり、そこではメソポタミア文明が発達していました。

紀元前1700年頃[3]、祖先のアブラハムは、神のお告げによってユダヤの一族をカナンという所に移住させた、と伝えられています。カナンとは、現在のイスラエル・パレスチナ地方のことです。そこを故郷としているユダヤ人は、どんなに困

（1）　ユダヤ教における全燔祭（ぜんはんさい）の「丸焼きの供物（くもつ）」という意味もあります。
（2）　メソポタミアのもっとも南部、シュメール王朝が栄えた地域です。現在のイラク南部となります。
（3）　ユダヤ人の歴史は、調べれば調べるほどさまざまな説があります。年代や記述にズレや言語表現の差がたくさんありますが、ここでは百科事典などの記述を参考にしました。

難な境遇のなかにいても、神が約束してくれたカナンの地へ帰ることを夢としてきたのです。

さらに、ネゲブ（イスラエル南部地方）に移住したユダヤ人たちは、ひどい飢饉にあって、アブラハムの孫にあたるヤコブ（別名イスラエル）たちの時代にエジプトへ移住しました。食べる物がないためにほかの国へ行くのですから、裕福な生活が待っているわけはありません。ユダヤ人たちは、エジプトで400年間も奴隷として過ごし、ピラミッド建設などに使われていたと言われています。

その後、有名なモーゼに率いられたユダヤ人たちはエジプトを逃げ出します。そのとき、映画『十戒』などに描かれた有名な奇跡（エジプト軍に追いつめられたときに、紅海が二つに割れて道ができ、ユダヤ人は助かったという話）が起こり、それから40年間、ユダヤ人たちは理想の地カナンを目指して放浪することになりました。

「VEDEM（ヴェデム）」には、「モーゼについての論文募集」などの記事（11号・1943年2月26日）も掲載されています。ユダヤ人にとって、モーゼは偉大な祖先なのです。

さまざまな苦難の後、モーゼの後継者であるヨシュアに統率されたユダヤ人はカナンにたどり着き、12の部族が、サウルによって紀元前1000年頃にイスラエル王国として統一されます。夢に見たカナンの地、「イスラエル」に住み着くことができたのです。

その後、巨人ゴリアテを倒した英雄ダビデが、紀元前993年に2代目の王となりました。ダビデ王の次の王が智恵と栄華で有名なソロモン王ですが、その死後、すぐに「北イスラエル王国」と「南ユダ王国」に分裂し、北イスラエル王国は紀元前722年にアッシリア帝国[4]によって滅ぼされ、南ユダ王国はその従属国となりました。

そして、紀元前586年には、南ユダ王国もバビロニア[5]に滅ぼされて、国民のほとんど全員が「バビロン捕囚（ほしゅう）」と言われる捕虜になってしまいました。

ユダヤ人の中心的役割を果すためのユダヤ教の神殿があった国がなくなり、よりどころとなるすべてが破壊されたことになります。そのためユダヤ教は、世界のどこに住んでいてもその信仰をはっきりと守るために、厳しい宗教になっていったと言われています。

紀元前532年にバビロンを滅ぼしたペルシャのキュロス王は、ユダヤ人にエル

ハヌカの祭り　　（提供：イスラエル大使館）

サレムへ帰ることを認め、自治を許可しました。紀元前４世紀頃のアレクサンドロス大王も、ユダヤ人を優遇したと伝えられています。しかし、紀元前198年にユダヤ人を支配したシリアのセレユウス王朝は、紀元前167年に「ユダヤ教禁止令」を発令しました。ユダヤ人を弾圧しはじめたのです。それに対抗してユダヤ人は、一族のマカビ（別名ユダ）を指導者として反乱を起こしました。ゲリラ戦を駆使（くし）してシリア王に勝ち、紀元前164年にはとうとう独立を果たすことになりました。

このときにはじまったのが、シリア人に汚された聖堂を清めて、イスラエルの神に仕えることを記念したお祭り「ハヌカの祭り[(6)]」です。これは、ユダヤ暦第３月の25日から第４月の２日まで、８日間続きます。太陽暦では12月頃にあたりますが、現在も「ハヌカの祭り」はユダヤ人の大切なお祭りとして続いています。

（4）　メソポタミア南部から起こり、古代オリエント最初の世界帝国を築き上げたセム系の国家です。

（5）　現在のイラク・バグダッド以南の沖積平野を中心としたメソポタミア南部を指す歴史的呼称です。紀元前587年頃が、ネブカドネザル２世の新バビロニア帝国の全盛期でした。

（6）　ユダヤ教神殿を取り戻したとき、１日分の油で８日間もロウソクが灯っていたという故事から、８本のロウソクを毎晩１本ずつ灯し続けるという光の祭りです。ハヌカとは、「再奉献」という意味です。

このように、さまざまな故事伝説が伝わるユダヤ民族の独立でしたが、それも長くは続きませんでした。紀元70年の９月には、ローマ帝国がユダヤ人を現在のイスラエルから追い払ってしまったのです。とうとう、ユダヤ人にとっての国土としての国がなくなってしまいました。私たち日本人にたとえれば、日本の国土が他国に占領されて日本列島から追い払われ、帰ることのできる国土がなくなったということです。

何度も何度も国を追われたユダヤ人ですから、さまざまな国に住み着くことになり、その結果、ユダヤ民族は国土をもたない民族となりました。国を追われて世界各地に離散したユダヤ人のことを「ディアスポラ（diaspora）」と呼んでいます。「ディアスポラ」とは、「散らす」という意味のギリシャ語「diaspose」に由来しており、「散らされた者」という意味で使われたのです。

イスラエルの聖地エルサレムは、キリスト教、ユダヤ教、イスラム教[7]という三つの宗教の聖地です。11世紀にはイスラム教徒が支配していましたが、当時イスラム教徒は、ユダヤ人を迫害することはなかったと言います。

キリスト教がローマ帝国の国教となった紀元306年からユダヤ人に対する迫害がはじまりましたが、実際にユダヤ人への襲撃や殺戮（さつりく）がはじまったのは、1095年、ウルバヌス２世[8]が唱えた聖地奪還の「十字軍宣言」の遠征のときからと言われています。十字軍は、キリスト教の聖地であるエルサレムをイスラム教から取り返

エルサレム遠景

そうということではじまったのですが、その行為は、キリストを殺したとされる異教徒のユダヤ人に対する宣戦布告でもあったのです。

キリスト教徒によるユダヤ教徒への迫害は、まずキリストを処刑したという宗教的な理由からはじまり、ユダヤ人を社会的に最底辺部に置くことにつながりました。12世紀から13世紀には、ユダヤ教徒がキリスト教徒と親しくすることを禁じ、ユダヤ人に対して職業制限を設けたため、ユダヤ人の生活範囲は狭くならざるを得なかったのです。

つまり、ユダヤ人は医者や弁護士、ユダヤ人以外の教師になることが禁止され、キリスト教徒がなることを禁止されていた金融業などの職業に就かざるを得なかったという歴史的な背景があります。

また、ユダヤ人だけを隔離して生活させる「ゲットー(9)」が造られました。そこには、ユダヤ人の教会であるシナゴーグや学校などが造られましたので、教育に関してはユダヤ人独特のものが行われることになったのです。

それ以後も、ユダヤ人は多くの国から追放されたり、一般市民とは隔離されるということがたびたびありました。たとえば、イギリスでは1290年から1650年までユダヤ人が追放されましたし、フランス、スペイン、ポルトガル、ドイツなどでも、1394年から約100年間、ユダヤ人追放が起こりました。これ以外にも、ロシア、ウクライナで1881年から1920年に「ポグロム」(ロシア語で「虐殺」という意味)と呼ばれるユダヤ人襲撃殺害事件が起こるなど、つい最近まで至る所でユダヤ人に対する迫害があったことに驚いてしまいます。

そして、ユダヤ人迫害の歴史的背景の延長上に、ヒトラーのナチス・ドイツ国家によるユダヤ人絶滅計画ができあがっていったのです。歴史的に苦しめられ続けてきたユダヤ人は、なぜナチスのヒトラーにあれほどまでに迫害されたのでしょうか？　また、その理由は何だったのでしょうか？

(7)　610年にマホメットが神の啓示を受けて創唱しました。ユダヤ教の『旧約聖書』、キリスト教の『新約聖書』の後に、神がマホメットに授けた『コーラン』が一番正しい教えだとしています。

(8)　(Urbanus II, 1042～1099) ローマ教皇で、教会改革を唱えました。

(9)　この言葉は、1516年、ヴェネチアで初めてユダヤ人居住地の名称として使われました。

2　ユダヤ人がナチスに迫害された理由

アジアの極東に位置している日本では、ヨーロッパ各国の宗教や社会構造、そして経済的な地位などに関してよく分からないというのが実感です。昔からユダヤ人は、ヨーロッパにおいて独特の地位を築いていましたが、ユダヤ人が600万人も殺害され、民族絶滅寸前まで迫害された理由としては、次の４点が考えられます。

第１に、宗教上の理由があります。

ユダヤ人は、歴史に現れた当初からさまざまな苦しみを味わってきました。ユダヤの人々のなかには、やがて救世主（メシア）が現れてユダヤ民族を苦しみから救ってくれる、という期待が常にありました。キリストはユダヤ人として生まれ、初めはユダヤ人の救世主として迎えられました。しかし、キリストは救世主ではないとして殺したのがユダヤ人だとして、キリスト教徒はユダヤ人を許そうとはしなかったのです。

キリスト教以外の宗教は宗教ではない、と見なされたほど、ヨーロッパではキリスト教は強い民衆の信仰と権力者の庇護を受け、キリスト教の法王は、時には為政者よりも強い権力をもつことになりました。したがって、キリストを裏切って処刑をし、ましてやその後もキリスト教に従うことなくユダヤ教を頑固に守り続けるユダヤ人たちは、多くのキリスト教徒にとっては不可解な、憎むべき存在となっていったのです。

「汝の敵を愛せよ」という有名なキリストの言葉から考えれば矛盾することになりますが、12世紀から13世紀にかけてキリスト教会は、キリスト教徒とユダヤ教徒が親しくすることを禁止しています。

ユダヤ人は、キリスト教徒の血をユダヤ教の儀式に使っているという「血の中傷」があったり、伝染病が発生したり、悪質な事件が起こったりすると、すべてユダヤ人が犯人だというデマが流布しました。濡れ衣を着せられたユダヤ人がたくさん殺されたという話は、ヨーロッパの至る所に残っています。

キリスト教の宗教改革を起こしたマルチン・ルター(10)が、強烈なユダヤ人迫害主義者だったことを知って驚いてしまいました。彼は、ユダヤ人に対して「キリスト教徒の血を嗅いで回る飢えた犬」と言い、「ユダヤ人の強制収容・強制労働」や「ラビ（ユダヤ教の聖職者）による教育の禁止」など、差別やボイコットを主張していたのです。

プラハのユダヤ人街(元ゲットー)にある旧新シナゴーグ

1964年、キリスト教のカトリック教会は、やっとユダヤ人がキリストを殺したという罪を否定する姿勢を見せました。キリスト生誕2000年にあたる2000年３月、カトリック教会のローマ法王ヨハネス・パウロ２世（John Paul II, 1920～2005・第264代ローマ教皇）は、反ユダヤ主義などの教会の罪を認めるミサを開いています。

キリスト教とユダヤ教、そのほかすべての宗教が協力しあわないかぎり世界の平和は達成できないでしょう。少しずつでも、お互いが理解しあう努力の姿勢が出てきたことに救われる思いがします。

ユダヤ人が迫害された第２の理由は、経済上や社会上の理由からです。

宗教上の問題だけではなく、教会や国家が宗教上の迫害を敷衍（ふえん）して社会的な迫害を認めたことが、さらに意味のないユダヤ人迫害の歴史につながっていきました。たとえば、強制的にユダヤ人を特別居住区（ゲットー）に居住させたり、周囲に壁を造って、日が暮れると門を閉じ、ゲットーから町に出るときは帽子をかぶる、上着に黄色の印をつけさせるなどの規則を設けたのです。これらは、明らかにユダヤ人は特別な存在だという差別を助長するものとなりました。

(10)　(Martin Luther, 1483～1546) それまでのカトリック教会を批判して、キリスト教改革を唱えました。カトリックの「旧教徒」に対して「新教徒（プロテスタント)」と呼ばれています。

自分を嫌っている社会に受け入れられるためには、誰にも負けない確固たる力が必要となります。ユダヤ人に許された職業は、前述したように金融業などしかありませんから、頼れるものはお金であり、社会的地位であり、確固たる学問となりました。

シェークスピアの『ベニスの商人』に登場するシャイロックは、強欲なユダヤ人の金貸しとして描かれています。このような人物像が、中世ヨーロッパにおける典型的なユダヤ人像でした。

社会的にもヨーロッパ社会に受け入れてもらえなかったユダヤ人たちは、自らの生活を守らなければならなかったのです。それでも、1791年にフランスで市民権が認められたことをはじめとして、プロイセン（現在のドイツの一部）などで徐々に、ユダヤ人に市民権が認められるようになりました。

そこでユダヤ人たちは、自らの地位を確立するためにさらなる努力を繰り返すことにしました。一生懸命勉強をし、お金を貯め、人一倍働いたのです。力を発揮することができる時代と環境を得て、多くのユダヤ人が学者、事業家、医師、弁護士、そのほかさまざまな職業において地位を確立していきました。

ユダヤ人からは、科学者、言語学者、音楽家、小説家など、優秀な人がたくさん輩出されています。世界的によく知られているユダヤ人では、アインシュタイン、ノーベル賞を創設したノーベル、画家のシャガールやモジリアニ、俳優のチャップリン、人工語エスペラントの創始者ザメンホフ、音楽家のメンデルスゾーン、心理学者のフロイトなどがいます。また現代でも、コンピュータ開発のノイマンなど、多くのユダヤ人が活躍しています。

もちろん、貧困階級のユダヤ人も大勢いますが、それはユダヤ人以外の一般社会でも当然とされる社会構成です。いずれにしろ、偏見や悪質な先入観のない社会をつくらなければならないということです。

さて、当時、ユダヤ人のそうした才能を恐れる人々がいました。ヒトラーはまず、ユダヤ人は優秀なアーリア人であるドイツ国民にとっては害のある人種だ、と宣伝したのです。徹底的にユダヤ人を悪人と見立て、ドイツ国民の民衆心理をうまく利用して、昔からのユダヤ人に対する偏見を国家が「正当なものである」としたのです。

ユダヤ人に対する偏見を正しいものであると主張したヒトラーは、ナチスがド

反ユダヤ運動の絵葉書

イツ社会に受け入れられると、その偏見を利用して、1942年に堂々と「ユダヤ人絶滅宣言」を実行に移していきました。現代社会ではとても信じることができない、驚くべき狂気としか言えない政策です。

ユダヤ人は故意に悪者にされ、嘘によって悪人にされ、権力者や実力者などからも偏見を助長する言葉を浴びせられるようになりました。たとえば、ヒトラーがもっとも好んだと言われている作曲家のワグナー（Wilhelm Richard Wagner, 1813～1883）は、バイエルン王ルドヴィヒ２世[(11)]に次のような手紙を書いています。

「……ユダヤ民族というのは、人間の敵としてこの世に現れ、あらゆる人間の高貴な精神と対立する存在だと思います。ドイツは将来、ユダヤによって破局を迎えるでありましょう……」（『５千万人のヒトラーがいた！』74ページ）

これは、完全にユダヤ人に対する敵意と偏見にほかなりません。ワグナーだけが特別ではありませんでした。19世紀には、『グリム童話』で有名なグリム兄弟（Jacob Ludwig Karl Grimm, 1785～1863:Wilhelm Karl Grimm, 1786～1859）さえも、ユダヤ人を嫌う文章を残しています。

『ユダヤ人陰謀説』という本もあります。また、『シオン賢者の議定書』という本が1903年にロシアでセルゲイ・ニルス（1862～1929）によって出版[(12)]され、ベストセラーになりました。この本は、「ユダヤ秘密政府の一員が、世界支配のための方法をある会議で報告した際の講演記録」という体裁になっています。その要

(11)（Ludwig II., 1845～1886）政務よりも芸術を愛好し、ワーグナーの保護者となったり、莫大な国費を投じてノイシュバンシュタイン城などの建設を行いました。

旨は以下のようなものです。

「ユダヤ人がありとあらゆる策謀策略を弄して、他民族や国家を腐敗、堕落、転覆させ、最終的に世界を支配し、永遠のユダヤ王国を樹立、全世界をユダヤ教で覆い尽くす」（『ユダヤ教の本』より）

ただし、1921年、この『シオン賢者の議定書』は、帝政ロシアの秘密警察の偽造文書をニルスが出版した事実無根のものだと判明しています。

いずれにせよ、ユダヤ人への恐怖をかき立てることで迫害の正当性が一層真実味を帯びてきます。さらに、雑誌や本でユダヤ人に対して敵対心をあおるという人々が登場してきます。心理学者を動員して、心理学を応用したヒトラーのプロパガンダ（宣伝）は、非常に巧みで有効だったと言われています。ドイツ民族の優秀性や未来への希望を主張し、それを阻止する者としてユダヤ人を徹底的に弾圧したわけです。

人間のいじめや偏見は、ねたみや優越感から生まれてきます。相手が自分よりも弱い立場にあると感じると、いじめにかかります。それは、人間の弱い心から生じるものです。そして、誰かをいじめてもいいという論理を国家や社会がつくりだせば、人々は堂々と弱い人たちをいじめにかかるのです。それが偏見や迫害となって定着してしまいます。

ヒトラーはユダヤ人を悪人にすることによって、ドイツ市民がユダヤ人に対して暴力を振るってもかまわないという錯覚を植え付けました。ヒトラーのユダヤ人いじめに倣って、ドイツの人々はユダヤ人の商店や家を襲ったのです。

その最初であり、大規模なものが1938年11月９日の「クリスタル・ナイト（水晶の夜）」です。ユダヤ人の商店や家が徹底的に破壊され、多くのユダヤ人が殺されました。飛び散ったガラスが水晶のようにキラキラと美しかったことから「クリスタル・ナイト」と呼ばれています。何とも皮肉な命名です。

その報告をしたドイツのゲシュタポ長官ハイドリヒ（Reinhard Tristan Eugen Heydrich, 1904～1942）に向かって、ナチス幹部の空軍最高指令官ゲーリング（Hermann Wilhelm Göring, 1893～1946）は、

「何という愚か者達なんだ！　ユダヤ人は殺すだけにしておいて、彼等の財産は破壊せずにナチの物にすべきだった……」（『５千万人のヒトラーがいた！』より）

と、怒ったというのです。

この日に殺されたユダヤ人は、200人（1,000人という説もあります）もいたと言われています。また、この日に壊されたガラス製品などの価値は約600万マルク（約６億円）に上りましたが、それらの損失をすべてユダヤ人に払わせているのです。大変な略奪と暴虐（ぼうぎゃく）に対するナチスの対応は、このように理不尽なものだったのです。

当時のユダヤ人が所有していた巨額の財産が、全部ナチス・ドイツ国家に入りました。フランス人の、あるジャーナリストの言葉が残っています。

> 例えばフランス、オランダ、ベルギーなどのユダヤ人の約７万世帯の財産管理をしたのはローゼンバークというドイツ男でしたが、この人物は、空（から）になったユダヤ人の家屋に天下御免で入り込める権限を持たされていたので、自分と自分の一族のために、どれだけの物品を手に入れたか測り知れないほどです。
>
> とにかく、この男の役目は、ユダヤ人の家々で押えた宝石貴金属、現金は言うまでもなく、家具、芸術品、家庭用品、衣類などを貨車に積んで、ドイツに向けて発送することでした。その貨車の台数だけでも、３万台にのぼったと言われています。（『５千万人のヒトラーがいた！』より）

強制収容所送りになったユダヤ人は、収容所には50キロの荷物しか持ち込むことが許されませんでした。そして、空家となった自宅の鍵は、ナチスに渡さなければならなかったのです。ユダヤ人が必死に働き、蓄えていた貴重な金品や不動産は、すべてナチス・ドイツの財産となったのです。

現在でも、膨大な量のユダヤ人の金（きん）や貴金属、そしてお金がスイス銀行にあると言われています。ヨーロッパ各国で、ユダヤ人による名画、骨董品などの返還要求も報道されています。

(12)　この本は、作者不明とする注釈書もあります。同書のウソを徹底的に評論したノーマン・コーンの著書『ユダヤ人世界征服陰謀の神話――シオン賢者の議定書（プロトコル）』（内田樹訳、ダイナミックセラーズ、1991年）が邦訳されています。

ヒトラー　　　　（提供：写真集『ヒトラー』芳賀書店刊）

さらに、こんな社会風潮もありました。ユダヤ人たちから仕事を取り上げれば、そのあとには失業中のドイツ人が就業することができます。失業中のドイツ人にとっては、ホッとすることだったのでしょう。

「ユダヤ人から仕事やお金を取り上げて、アーリア人であるドイツ人が生活の安定を得るというのは当然のことだ」と、ナチスは国民に思い込ませたのです。正常な社会であれば、他人の不幸の上に立った幸福がどんなものであるか分かるはずなのですが、それをうまく隠して、ユダヤ人の犠牲を当然のことであるとしたのです。

もちろん、すべてのドイツ人失業者がユダヤ人の仕事を奪ったわけではありません。ヒトラーは、アウトバーン（高速道路）を造ったり、軍隊を増強して国民に仕事を与えていました。これは、ヒトラーが国民の人気を勝ち取った大きな理由ともなりました。

失業者が600万人もいたドイツで、ヒトラーは失業者をなくすという政治的実績を残したと一部では賞賛されていますが、これをヒトラーの業績とするのには無理があります。その背景には、ユダヤ人や反ナチス主義者への迫害による職業の剥奪、そして収容所送りによって略奪した金品があったことが明白だからです。

「国家社会主義ドイツ労働者党」という名称を略したものが「ナチス」なのですが、これを見ても分かるように、ヒトラーは労働者の味方のふりをしていました。

失業者をなくしてドイツ経済を復興させたことは「ヒトラーの奇跡」と言われていますが、ドイツの共産主義化を恐れた企業家たちがヒトラーの欲望を見破れずに、独裁を助長させてしまったとも言われています。

失業者は職業を得、ドイツ国民の優越性のもとに気分よく生活し、未来への希望（偽りのものであったにせよ）を得て、国民が選挙でヒトラーを選んだのです。「VEDEM（ヴェデム）」には、「自分の父親を尊敬せよ！」（26号・1943年6月11日）という記事があります。それに、この問題が論じられています。

> 労働者の進歩や社会平等に反対する保守主義者に対する苦しい戦いを選ぶ代わりに、穏やかな家庭の平和を守ろうとお金の道を選んだことが、強制収容所への道につながったのです。

目の前の職業や金銭的な安定のために、苦しいけれども平和への本質的な道を見失った大人たちのことを、子どもが冷静に書いているのです。そして、次のようにも書いています。

> 自分たちの運命は国家の政治体制によって決められてしまうから、岐路（きろ）に立たされたとき、自分たちはしっかりと判断し、行動しなければならない。

政治家によって翻弄（ほんろう）されるのではなく、自分たちが政治をつくっていかなければならないと、記事を書いた子どもは言っているのです。ナチスが選挙で勝って政権を取ったのは、大多数の国民の投票によるものにほかならなかったわけですから、この言葉の意味が現在においても重くのしかかってきます。

現代を生きる私たちも、お金を得るためにもっとも大切な「平和の道」が見えなくなってしまうことがないとは決して言えません。しっかりとした、判断力と実行力、そして勇気が必要なのです。

さて、迫害の第３の理由です。時代背景とナチスに対する世界各国の対応という問題が挙げられます。重複するかもしれませんが、第１次世界大戦で負けたドイツは失業者にあふれ、たくさんの賠償金を戦勝国に支払わねばならず、仕事がなく、すべての国民が貧乏で、希望のない毎日を強いられ、みんながつらい生活をしていました。まさしく、誰かを犠牲にすることでストレスの解消を図るといったような時代でした。

そんなときに現れたのがヒトラーでした。ヒトラーは、「ドイツ民族は優秀である」と国民に自信をもたせました。これについては、当時の日本も同じでした。日本民族は優秀だから、アジアを指導し、導かねばならないという考え方です。世界中を日本語にするのだから英語などは必要としませんでした。「鬼畜米英(13)」という言葉さえ、当然のように使われていたのです。

私が中学生になって初めて英語の授業があったとき、母が「私の時代には、英語は必要なくなるからといって授業がなくなったから、全然分からないの」と、寂しそうに言ったことを覚えています。また日本は、朝鮮半島を植民地として日本語を強制し、日本の姓名を名乗るように命令し、人々を労働力として日本に連れてきたりもしました。

それらが間違いだったことは今では分かっていますが、その時代を生きた人々は、その行為は正しいことであると思っていたのです。いつの時代においても、何が本当に正しいことかを常に考えて、行動していかなければならないと思います。

ところで、ヒトラーのナチス党は、1924年の総選挙では6.6％、1928年には3.5％の得票率でしかありませんでした。それが1930年には、投票者総数の18％を得票して107人の議員が当選したのです。さらにヒトラーは、うまく国民を巻き込んだおかげで、1932年には37％、1933年の総選挙では288議席を得て第一党となりました。

ヒトラーは、1934年にヒンデンブルグ大統領（Paul Ludwig Hans Anton von Beneckendorff und von Hindenburg, 1847～1934）が死亡すると、すぐに大統領と首相を兼ねた「総統（そうとう）」として独裁者の地位を確立しました。まず、自分に反対する軍人、政治家たち約500人（1,000人とも言われていますが、現在でも正しい数字は不明です）を殺しました。

政治犯（ナチスに反対する人たち）として、最初に強制収容所に入れて処刑した人の数は約25,000人と言われています。また、精神障がい者や身体障がい者を対象に行った「安楽死計画」により、約10万人が殺されています。さらに、障がい者たちをなくすことでどのくらいの食費や医療費、生活費が節約されるのかに

ナチスによる「死の輸送」。屋根のない車両で、数千人の囚人たちがテレジンなどへ運ばれた。

ついて計算までさせています。

これら以外に、ジプシー（ロマ民族）約50万人、ポーランドの知識人や指導者が約100万人、ソ連の政治委員と戦争捕虜の47万人と餓死者約300万人、さらにユダヤ人の約600万人がナチスによって殺されているのです。そのほかにも、数えきれない人々が殺されたと言われています。

『あのころはフリードリヒがいた』という本があります。作者はドイツ人ですが、子どもの頃に仲のよかったフリードリヒというユダヤ人の子どもが、どのようにしていじめられ、その家族が離れ離れになり、ドイツ人がどのようにしてユダヤ人の迫害を当然のことのようにして進めていったのかについて書かれています。

作者自身も、ドイツ人の集団のなかでユダヤ人の家を襲ったりしています。それに「快感さえ覚えた」とも書いています。フリードリヒは、空襲のときに地下室に入れてもらえず、最後には死んでしまいます。ユダヤ人だからというだけで、子どもでさえも安全な場所に入れてもらうことができなかったのです。

現実に、1933年の選挙によってナチスが政権を取るやいなや、ユダヤ人はすさまじい勢いで生活の権利を奪われていきました。あちこちに造られた強制収容所へ無理やり送り込まれ、生きる権利さえ取り上げられてしまったのです。職業を

(13)　アメリカ人やイギリス人は鬼や獣（けもの）と同じである、という意味です。

奪い、子どもたちが学校へ行くことも禁止し、プールや公園、そして娯楽施設で楽しむことも禁止し、ラジオなどを取り上げたほか、最後には自由に道を歩くことさえ禁止しました。それだけでなく、前述したように家まで取り上げられ、まったく身動きがとれなくなってしまったのです。

こうした情報は、遅かれ早かれ世界に伝わります。ナチスはユダヤ人絶滅計画をカモフラージュするために「テレジン・ユダヤ人強制収容所」を造って、これを宣伝に利用しました。こうしたヒトラー政権の行いに対して、ほかの国々は口を閉ざしていました。

1935年、ナチス・ドイツがヴェルサイユ条約を無視して、禁止されていた徴兵制を復活させ、再軍備宣言をしたときもそうでした。1938年にチェコのズデーテン地方をナチス・ドイツが勝手に併合したときも、イギリス、フランス、イタリアは、当事国のチェコを加えずにミュンヘン会議でナチス・ドイツの権利を了承してしまったのです。

子どもたちは、悪いことをすると叱られることで「善悪」を覚えていきます。叱られなければ、悪い行為とは思わずにまた同じ悪さをすることでしょう。次元は違うかもしれませんが、それと同じようにヒトラーを非難し、その行為を遮（さえぎ）る国がなかったことがナチス・ドイツを増長させる結果になったと言えます。

そしてドイツ軍は、ポーランド、ベルギー、フランス、ユーゴ、ギリシャなどを次々と占領して、1941年までにヨーロッパの大部分を支配下に置いたのです。それらの国々は、ナチスの指導どおりにユダヤ人迫害（はくがい）を進めたわけです。

わずかに、デンマークやフィンランド、スウェーデンが、ナチスからユダヤ人を守ったことが伝えられています。また、日本人の杉原千畝（ちうね）[14]氏がユダヤ人のためにビザを発行して救ったこと、シンドラー[15]氏やスウェーデンのワレンバーク[16]氏がそのような状況のなかでユダヤ人を助けました。これらの人々を描いた本も出版されています（『救出者』など、参考文献一覧参照）ので、ぜひ読んでみてください。

このような世界情勢を見ても、当時、ユダヤ人が逃げていけるような安全な地域はほとんどなかったと言えます。その現状は、次の文章からも分かります。

「このような状況から脱出するため、難民（ユダヤ人）たちは必死になって、自分を受け入れてくれる国のビザを求めた。不思議なことにアメリカもイギリスも難民受け入れを拒否した。オーストラリアは“踏みとどまって戦わずに移民を望む者は卑怯である”という政府声明を出したほどである。連合軍側各国は難民たちが危機に陥っているということを知らなかったわけではない。しかし何度か会議がもたれた後、参加諸国は難民の受け入れ責任をお互いになすり合っただけだった」(『私のなかの「ユダヤ人」』より)

ナチスによるユダヤ人虐殺が表だって知られてきたのは1942年頃と言われています。ユダヤ人の難民問題が拡がってきても、アメリカは難民の受け入れを積極的に認めませんでした。1938年に開催された「エヴィアン会議」(スイス・ジュネーヴ湖近くの地名)でも、1943年にイギリスと「難民対策会議」をバミューダで開催したときも、参加国の姿勢は依然として否定的なものでした。ドイツは、このような世界の動き方に自信を深めて、一層ユダヤ人絶滅を実行していったのです。

最後となる第4の理由は、ユダヤ人たちがドイツ人を信用して、ユダヤ人絶滅を実行するなどとは夢にも考えず、逃げたり反抗したりという行為に走らなかったことです。

ナチス・ドイツ政権を嫌って、すぐに外国へ亡命したユダヤ人がたくさんいました。多くのユダヤ人が、住んでいた国からアメリカやスイスなどへ亡命しています。しかし、ナチスを信じて「そんなひどいことはあり得ない」と思った人々、亡命できるような知人や親戚のいる国がなかった人々、逃げるためのお金がなかったユダヤ人たちは、有無を言わさずユダヤ人強制収容所へ送られて殺されたのです。

(14) (1900〜1986) 1939年8月からリトアニア日本領事館の副領事を務めました。日本の通過ビザをユダヤ人に発行して、約6,000人のユダヤ人亡命者を助けました。

(15) (Oskar Schindler, 1908〜1974) ドイツ人でナチ党員の実業家でしたが、1,200人のユダヤ人を救いました。映画『シンドラーのリスト』は、その経緯を映像化したものです。この映画を観ることによって、多少なりともゲットーでのユダヤ人の生活などを理解することができます。

(16) (Raoul Gustaf Wallenberg, 1912〜1947) スウェーデンの外交官です。1945年にソ連に捕らえられるまでに、多くのユダヤ人を助けました。

そうでない人たちのなかには、『アンネの日記』の著者であるアンネ・フランク（Annelies Marie Frank, 1929～1945）の家族のように、隠れ家に住んだという人たちもいました。『アウシュヴィッツの子どもたち』という本を読むと、そのときのユダヤ人の複雑な心境がいろいろと語られています（以下の引用はすべて同書から）。

「これはポーランドの状況だ。私たちのところではこんなことが起きるはずがない。その当時の雰囲気は、大体そんなものでした」

「私たちが気持ちの上でいかに準備不足であったかは、ドイツ軍の進攻で戦車が入ってきたとき、子どもたちが道ばたに立ち、あらゆる機会に戦車を触っていたという事実が証明しています。私たちはそれらが、段ボールの戦車だと聞かされていました」

以上はチェコスロバキアで生まれ、テレジン収容所の「L417・５号室」にいたユダヤ人の体験談です。ユダヤ人協会のなかで、ポーランドへ逃げた人たちに小包を送る仕事をしていたこの一家は、自分たちが同じ状況になるとは夢にも思わなかったのです。

「私たちは1939年まで、クトナ・ホラ(17)で平和に暮らしていました。ユダヤ人とキリスト教徒との関係は、1939年以前は問題ありませんでした。何か不気味なことがありそうな気配は一切しませんでした。そんなにひどいことがあり得るとは、だれも思いつかなかったのだと、私は思います」

このように述懐（じゅっかい）しているのは、父親が医師だった女性です。

「私はドイツ人を知っている。彼らは文化民族だ。そんな悪いことはしないだろう」

「私たちの親類からは、1942年に（強制収容所に）連行されたのが最初でした。その当時私たちは、もうこれで十分にひどいのだから、これ以上ひどくなるわけがないと信じていました」

これは、クリスマスにキリスト教徒の家へ家族ぐるみで招待され、ユダヤ教の祝日にはキリスト教の家族を招いて祝ったという少女の言葉です。このように、みんなドイツ人を信じて楽観的だったのです。しかし、突然、ユダヤ人は収容されてしまったのです。

「それはまさしく青天（せいてん）の霹靂（へきれき）でした……ユダヤ人たちはそれに対する準備ができ

ていなかったのです。何が起きたのか、ユダヤ人にとってはほとんど理解できなかったのです。人々はショックを受けました。そしてゆっくりと考える間もなく、何百人という人たちが鉄道車両に乗せられたのです」

東欧諸国のユダヤ人たちは、「突然、わけもわからず、あっと言う間に」追い立てられて強制収容所に送られたのです。

「もちろん移住について論議した。しかし『何よりもまず』お金の持ち合わせがないために挫折しました」

このように言ったのは、貧しいベルリンのユダヤ人家族です。

「父は自分のことを自信たっぷりに考えていました。彼は（第１次世界大戦のドイツ軍の）前線の兵士として勲章を受けています。ユダヤ人たちはこの国（ドイツ）のために、自ら危険を冒し、また血を流したのです。それがもう何の意味ももたないというのでしょうか。（中略）父は多くのことが自分と直接関わりがあるとは感じていませんでした。それはまるで、隣の家が火事で燃えていても、自分の家はこの火事とは関係ないといったようなものでした。人々は水が自分の首のところにくるまで、このように考えていたのでした。ヴォルフガング・ヴマアムートの両親にとって、彼らの身の周りで起きていることをほとんど理解できませんでした。彼らは『ここまでは大丈夫、でもこれ以上ひどくはならない』と自分に言い聞かせていたので、多くのことを我慢したのです」

この父親のように、ユダヤ人は自分が住む国の国民に同化していました。ですから、ドイツに住むユダヤ人は、ドイツ人以上にドイツに貢献し、それを誇りに思っていたのです。

しかし、ヒトラーは、「ユダヤ教徒だけではなく、たとえユダヤ教を捨てていても、その祖父母４人のうち３人がユダヤ人だった者は完全なユダヤ人である」と定義づけました。さらに、「両親の片方がユダヤ人であるか、あるいは祖父母に１人でもユダヤ人がいる場合、その子どもあるいは孫はユダヤ人である」としました。たとえキリスト教徒であっても、父母や祖父母にユダヤ人がいれば強制収容所行きを免れることができなかったのです。

しかし、ほとんどのユダヤ人たちがドイツを信じていたのです。というよりも、

(17)　プラハから約60キロ東にある古い町で、現在、世界遺産に指定されています。

リディツェ村（上が1942年、下が破壊されつくした1945年）

犠牲になったリディツェ村の子どもたちの銅像

ドイツ人が民族絶滅などと言い出すとはとても想像できなかったのです。だから、すべてのことに我慢をしていたのでしょう。

もちろん、数少ないユダヤ人の反抗もありましたが、すべてはナチスの銃によって弾圧されています。ユダヤ人への迫害は徹底的であり、一種の狂気であったと言えます。

1942年５月、プラハでナチス軍を指揮していたハイドリヒが暗殺されました。暗殺犯の出身地だったという理由で、プラハ郊外のリディツェ村のすべてが破壊されました。この村の住民はユダヤ人ではありませんでしたが、成人男性すべてが虐殺され、残された村民は強制収容所へ送られ、子どもたちの一部はアーリア人化するためにドイツ人家庭へと送られました。村の建物はすべて壊されて、地上はブルドーザーで平らにされました。一つの村を完全に消滅させたわけです。

私も、この村を何回か訪れています。現在は博物館があり、犠牲になった子どもたちの立像が立てられています。かつて村があった辺りは草地となっており、世界各地から贈られた美しいバラ園を見ることができますが、当時の風景は想像することもできません。銅像の子どもたちのあどけない表情は、ただ「どうして？」と語りかけているようで、見ていると胸が熱くなります。

銃を突きつけられ、食べ物も住居も自由もなかったユダヤ人たちは、信じる以外になす術もなかったのでしょう。我慢することが「善」となる場合と、逆に「悪」を増長してしまうときがあります。人があまりにも素直で、優しくて我慢強かったとき、悲惨な歴史がつくられているように思えます。

他人の痛みに気付くことができない人々が傲慢になるという例は、私たちの周りにも、私たち自身にもあります。私たちは、他人の痛みに気付かなければなりません。使い古された言葉かもしれませんが、ユダヤ人の迫害は一人ひとりの思いやり不足以外にない、と言えます。

21世紀になって20年以上が過ぎた現代社会においても戦いの絶えない世界に対して、まさしく叫ばなければならない言葉です。

3　強制収容所と絶滅収容所

ユダヤ人迫害についての長い歴史と社会的な背景や民族的な偏見、それにナチス・ドイツのさまざまな計画が増幅して、「ユダヤ民族絶滅」という正気では考えられない計画が実行されました。

ナチスは、1933年２月に国民と国家の保護という名目で「非常事態宣言(18)」を出し、言論、報道、集会などの自由を国民から取り上げました。デマや中傷、そして濡(ぬ)れ衣(ぎぬ)など、ありとあらゆる手段を使って、ナチスに敵対する勢力を徹底的に弾圧できる状況ができあがってしまいました。

また、同年３月の「全権委任法(19)」の制定は、ヒトラーに全権を委任するということでした。ヒトラーは「国民のため」という大義名分をつけて、何でもやりたいことができたわけです。ヒトラーは、合法的にドイツにおけるすべての権力を握ったことになりました。

先ほども述べたように、一般民衆にもユダヤ人を敵だとする心理作戦を駆使(くし)して、ユダヤ人を襲わせたり、迫害させたりしました。それはユダヤ人だけでなく、ドイツ人に敵対する者に対しても同じでした。

そして、同年５月には、「ドイツについて好ましくないことが書かれている書物はすべて焼却せよ」という命令が出されました。それには、ドイツの学生や教授たちが実際に手を下しています。ドイツ各地の図書館や大学で、全蔵書の３分の１が燃やされたと伝わっています。

この事件を「ホロコースト」（すべてを焼きつくす）とアメリカの『ニューズウィーク』誌が報道したことから、以後、ナチスのユダヤ人虐殺を「ホロコースト」と呼ぶようになったとも言われています。

ドイツでユダヤ人の生活権を脅(おびや)かす法律などを挙げてみましょう。以下のようなことを定め、ユダヤ人が生活することさえできないように締め付けていったのです（掲載した日付は公布された日です）。

1935年9月15日——ユダヤ人とドイツ人の結婚が禁止され、ユダヤ人はドイツの公民にはなれないなど、「ニュールンベルグ法」（公民権法・ドイツ人の血と名誉を守る法）でのユダヤ人の権利の剥奪（はくだつ）。

1935年9月30日——ユダヤ人の公務員は全員解雇される。

1937年7月2日——ドイツの学校に、ユダヤ人の生徒が通学することを一部禁止する。

1938年8月17日——ユダヤ人は、ユダヤの名前を名乗らなければならない。ドイツ名の者は、その上に「イスラエル」または「サラ」という名をつけなければならない。

1938年11月9日——ユダヤ人に対する略奪、殺人などの大規模な迫害行為が起こった「水晶の夜（クリスタル・ナイト）事件」発生（34ページ参照）。

11月12日——ユダヤ人の商店や手工業所は営業停止。ユダヤ人が劇場や映画館、音楽会、展覧会へ入場することを禁止する。ドイツ在住のユダヤ人に10億ライヒマルクの弁償金を課す。ポグロム（「水晶の夜事件」などの迫害行為）で受けた損害はユダヤ人自身の費用で始末しなければならない。

11月15日——ユダヤ人の子どもは、全員ドイツ人の学校から退学させられる。

12月3日——ユダヤ人の運転免許証や自動車に関するすべての許可証が取り上げられる。

12月3日——ユダヤ人は自分の営業所を売却し、また有価証券や宝石類を供出（きょうしゅつ）しなければならない。

12月8日——ユダヤ人が大学で修学することを禁止する。

1939年3月15日——ドイツ軍がチェコに進撃。

9月23日——すべてのユダヤ人は、ラジオ受信機を警察に供出しなければならない。

(18) ナチスの陰謀による国会議事堂放火事件を口実にして、共産党などの敵対する政党やユダヤ人への弾圧がはじまりました。
(19) 4年間にわたってヒトラーに独裁権を与える法律です。

1940年７月29日――ユダヤ人が電話を所有することを禁止する。
1941年９月１日――６歳以上のユダヤ人が、ユダヤの星を服に着けずに外出することを禁止する（下の写真参照）。
1941年10月14日――ユダヤ人の国外への輸送が開始される。
12月26日――ユダヤ人が、公衆電話を使用することを禁止する。
1942年１月20日――ヴァンゼー会議（ユダヤ人問題の最終的解決。ユダヤ人絶滅計画と考えられています）。
２月17日――ユダヤ人が新聞、雑誌を講読することを禁止する。
４月24日――ユダヤ人が公の交通機関を使用することを禁止する。
５月15日――ユダヤ人が犬や猫や小鳥などを飼育することを禁止する。
６月19日――ユダヤ人はあらゆる電気、光学器具、タイプライター、自転車を供出（きょうしゅつ）しなければならない。
６月20日――すべてのユダヤ人学校が閉鎖される。
９月19日――ユダヤ人に対する肉、卵、牛乳の配給を停止する。

（『あのころはフリードリヒがいた』より）

1933年当時、ドイツ国内に50万人もいたユダヤ人が、1939年までに30万人が国外へ去り、1942年にドイツにいたユダヤ人は13万人、1944年には15,000人と言われています。

なぜ、ユダヤ人たちはこんなにひどい国に残っていたのでしょう。誰しも、今まで安心して暮らしていた土地から、まったく知らない所へ行くことにはためらいがあります。ましてや、全財産をナチス・ドイツに取り上げられ、ほとんど何も持っていくことが許されなかったユダヤ人たちは、それまで暮らしていた土地に残る以外に選択肢がなかったのです。

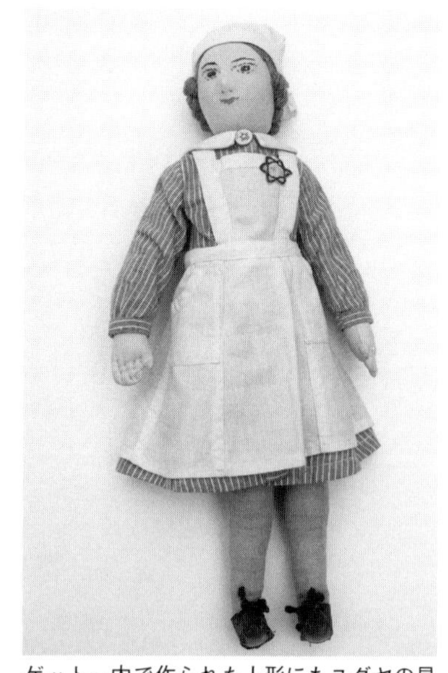

ゲットー内で作られた人形にもユダヤの星
（エルナ・ボノヴァー作）

ユダヤ人を強制収容所に輸送するまでの、ナチスの行動を見てみましょう。

東ヨーロッパのポーランドやハンガリーなどでは、ユダヤ人は日常的に痛めつけられていましたので、ユダヤ人の収容は有無を言わさず、素早く徹底的に行われました。つまり、考える時間さえ与えないように行われたということです。

東欧のユダヤ人たちは、ナチス・ドイツがユダヤ人を殺していることを薄々感じていましたし、強制収容所に送られることが自分たちにとっていいことだとは決して思っていませんでした。しかし、家を取り上げられ、ゲットーに閉じ込められ、食べ物もないという生活のユダヤ人たちは、新しいユダヤ人の町に送られると言われれば、少しは疑いながらも一縷の希望をもたざるを得なかったのです。「ゲットー狩り」と称するユダヤ人連行が徹底的に行われ、あらゆる隠れ場所をナチスはしらみつぶしに捜しました。どう猛な犬が使われたほか、抵抗するユダヤ人たちはすぐに撃ち殺されました。

１人50キロまでの荷物を持って強制収容所へ送られ、さらにそこから絶滅収容所へ送られると、到着した途端に「生」か「死」という選択が待っていたのです。有名なアウシュヴィッツ絶滅収容所のヨーゼフ・メンゲレ博士[20]は、自分の前に立ったユダヤ人を一目見るか見ないかの速さで、指を「右」と「左」へ振って、生か死を決めていたのです。

右へ行かされた者はそのまま「死のガス室」へ、左へ行った者も、生きてはいられないほどの激しい労働をさせられた後、食べ物もないまま飢え死するか病死、過労死、そしてガス室への道が待っていたのです。それは、ユダヤ人たちに考える暇を与えないほどの素早さと強制的なものだったと言われています。

東欧のユダヤ人たちが、座るすき間もないほどのギュウギュウ詰めの家畜運搬列車に押し込まれ、収容所に着いたときには何人もの人が死んでいたというほどだったのに対して、西側のユダヤ人たちは比較的穏やかな方法で収容所に運ばれたようです。職業を与える、新しい生活が待っている、などと嘘をつかれ、貨車ではなく客車に乗せられ、食事を楽しませ、収容所に着いたあとも最初は丁重

(20)　(Josef Mengele, 1911～1979) アウシュヴィッツ絶滅収容所の医務長でした。戦後、ドイツから逃げて生き延び、南アメリカで苦労のない生活を送ったと言われています。

に歓迎されたと言います。そのあと、ガス室などに入れられたのです。どちらにせよ、ユダヤ人は「死への道」を歩かされたわけです。

収容所には、「強制労働収容所」、「強制収容所」、「絶滅収容所」という３種類がありました。「強制労働収容所」は、ユダヤ人を働かせるために造られた収容所です。ナチスはそこにドイツの工場を造って、ユダヤ人を働かせたあと、ドイツの民間会社へ労働力としてユダヤ人を送り込みました。会社に賃金を払わせましたが、その賃金を受け取るのはユダヤ人ではなくナチスだったのです。ナチス・ドイツがあれほどまで急激に強い国になった背景には、ユダヤ人を労働力として奴隷のように使ったからだとも言われています。

「VEDEM（ヴェデム）」（11号・1944年３月５日）のなかには、子どもたちがアメリカの黒人奴隷と自分たちとを比較している文章があります。

> 黒人奴隷は、黒人市場で売られました。家族も一緒に売られて、死ぬまで家族と一緒にいることができました。昔の奴隷の時代と僕たちの時代はどのように違うのだろうか？　僕たちもテレジンで、黒人と同じように叩かれ、お腹をすかせています。

黒人の奴隷は家族が一緒だったのに、自分たちは家族と離れ離れになっている。黒人奴隷よりもひどい境遇ではないか、と言っているのです。

このような「強制労働収容所」に入るほど若くなく、労働力にならないユダヤ人たちは「強制収容所」に送られました。そこでは、ユダヤ人たちのすべての財産、持ち物、洋服、靴などが取り上げられ、髪の毛まで剃られました。その膨大な量の金品は、ナチス・ドイツの財産となってスイス銀行へ送られたり、洋服などはドイツの一般庶民に安く売られ、髪の毛は軍人用の靴下などに織り上げて利用し尽くしたのです。もちろん、強制労働収容所と同じく労働をさせたことは言うまでもありません。

そして、働けなくなった人々や、生かしておくだけの必要がないと見なされた人々が送られたところが「絶滅収容所」です。

1939年にドイツに降伏して、ナチス・ドイツに占領されたポーランドでは、ユダヤ人の居住区ゲットーを建てて、ポーランド国内のユダヤ人を集めて住まわせ

絶滅収容所	殺人作業開始	殺りく者数	生存者数
ヘルムノ	1941年12月	36万人	3人
アウシュヴィッツ	1942年2月	150万～200万人	数千人
ベルゼック	〃　3月	60万人	2人
ソビボール	〃　4月	25万人	64人
トレブリンカ	〃　7月	80万人	40人以下
マイダネク	〃　9月	50万人	600人以下

ていました。ひどい環境のために餓死者や病死者がたくさん出ましたが、ユダヤ人を絶滅するために時間がかかりすぎている、とナチスは考えたのです。そこで、ユダヤ人強制収容所があちこちに建てられ、さらに絶滅収容所が造られたわけです。

アウシュヴィッツの監視塔と電流が通っていた鉄条網

有名な「アウシュヴィッツ」は、絶滅収容所と同時に強制収容所としても造られました。相次いで造られた6か所の絶滅収容所については表にまとめました。数字にはいろいろな説がありますが、一般的に言われている数字を列挙しています（『アンネ・フランクはなぜ殺されたか』による）。

そのほか、強制収容所はポーランドだけで3,800か所、ヨーロッパ全体では11,500か所あったと言われています。

元々テレジン収容所の建物は、1780年10月、オーストリアのヨーゼフ2世皇帝[(21)]が、プロシャ軍の進入からボヘミ

(21)　(Joseph II., 1741～1790) ハプスブルグ家出身の神聖ローマ皇帝です。農奴解放令、商工業の育成などの啓蒙(けいもう)政策を強行しましたが、1784年、ドイツ語の強制による中央集権的な施政が非ドイツ系の民族の反発を招きました。

ア、プラハなどを守るために造った要塞でした。皇帝がこの要塞に母親のマリア・テレジアの名前を付けたことから、「テレジン」という名前が残ったのです。

その後、第１次世界大戦には捕虜収容所となり、ロシア、イタリア、セルビア、ルーマニアの人々が収容され、亡くなった人は墓地に埋葬されました。そのあと、刑務所として使われるようになりました。

第１次世界大戦後、チェコスロバキアとして独立してからも、テレジンは軍隊の駐屯地として使われていましたが、1939年、チェコ（ナチスはチェコを保護領とし、スロバキアを独立させて、チェコスロバキアを解体しました）に侵攻したナチス・ドイツ軍は1940年にここを強制収容所とし、まずは町のはずれにある小要塞（私が初めてテレジンに行ったときにショックを受けたトンネルのある収容施設が、この小要塞だとあとで知りました）をナチスに反対する人々の刑務所としました。ユダヤ人だけでなく、さまざまな国の人々が捕らえられてここに収容されました（16ページの図、および見返しを参照）。

次にナチスは、大要塞の町全体をユダヤ人のゲットーにしました。それまでそこに住んでいた住民約6,000人を強制的に立ち退かせ、多くのユダヤ人たちを収容したのです。

当時は鉄道の駅はありません。最寄りのボフショヴィツェ駅から歩かされてテレジンに到着したのです。その後、収容されたユダヤ人たちによってテレジンま

テレジンで使われずに残る線路

での線路が敷設され、テレジンにも駅ができましたが、今ではその駅もなく、所々に線路が残っているだけです。

子どもたちは、突然、荷物をまとめさせられ、家族と一緒に家を離れ、貨車に詰め込まれ、到着した駅から歩かされたのです。それでも、「禁止」だらけだったチェコの町から新しい町に期待して、ここに来たのです。

テレジン収容所に送り込まれた収容者の大部分は、チェコとスロバキアのユダヤ人たちでした。テレジンで亡くなった人の数は約4万人。アウシュヴィッツ、そのほかの絶滅収容所へ送られた人は約14万人。生き残った人は約1万人。子どもたちは約15,000人が収容され、生き残ったのは約100人だと言います。

テレジンには、チェコで活躍していた音楽家、芸術家、作家、文化人が集まることになりました。最初、芸術家たちは隠れて創作活動をしていましたが、それを知ったナチスは、外国の視察団や宣伝のために、文化活動の場を彼らに与えたのです。

ゲットーの中では、オペラ、ピアノ・コンサート、オーケストラ、子どもたちのオペラなどの上演があり、画家による展覧会、詩人や俳優の朗読会など、さまざまな文化活動が行われました。当時のポスターなどが残されています。

作家のカレル・ポラーチェク[(22)]、ピアニストで作曲もしたギデオン・クライン[(23)]、ビクトル・ウルマン[(24)]、ハンス・クラーサ[(25)]、ピアニストで指揮者のフランティシェ

(22)　(Karel Poláček, 1892～1944）チェコの人気作家です。テレジンに収容されてからは、子どもたちにプラハの文化について講義をしたりして収容所内で活躍していました。1944年、ポーランドへ移送され殺されました。『ぼくらはわんぱく5人組』(1990年、岩波文庫）ほか、児童文学が日本語に訳されて出版されています。また、「VEDEM」に連載された「オフサイドの男たちはテレジンに行く」は、ベストセラーだった『オフサイドの男たち』に倣って子どもたちが創作したものです。

(23)　(Gideon Klein, 1919～1945）将来を期待されていた若いピアニストであり作曲家です。テレジンを訪ねた日本人ピアニストの志村泉さんが偶然プラハで彼の作曲した楽譜を手に入れ、日本で初演しました。1999年と2000年には、テレジンでも演奏されています。

(24)　(Viktor Ullmann, 1898～1944）ウィーンでシェーンベルクに作曲を学んだあと、プラハで活躍していた作曲家、ピアニストです。

ク・シェヒテル[26]、カレル・アンチェル[27]、そのほか多くのユダヤ人芸術家が活動しました。残念なことに、以上に紹介した芸術家は、アンチェルを除いてすべて絶滅収容所に移送されて殺されました。

彼らは、国際赤十字の視察団の前で演奏しています。ナチスはユダヤ人の有名人について聞かれると、「テレジンで元気に活動しています」と答えたと言われています。ただし、視察団が来る前に見苦しいという理由で、何千人という老人たちがアウシュヴィッツへ送られています。また、視察団が帰ったあと、オペラに出演していた子どもたちや合唱団として歌った人たちがアウシュヴィッツへ送られてガス室で命を落としています。

「VEDEM（ヴェデム）」に書かれた子どもたちの文章を読むと、「おや、収容所内でこんなことがあるの？」と思うことがたくさん出てきます。たとえば、「VEDEM」の編集長であったギンズ君は、たびたびプラハから小包を受け取っています。また、テレジンから月に１回だけ、検閲を受ければドイツ語の手紙を外部に送ることもできました。

さらに、テレジン内で発行された切手や、収容所内で通用するお金もありました。切手は外部へ手紙を出すときに使われていたのですが、これもテレジン収容所が、ユダヤ人迫害を隠すための宣伝として使われていた証拠の一つと言えるでしょう。もっと驚くことに、「L417」の１号室の担任だったアイシンゲル先生はゲットー内で結婚式を挙げていました。

これらのことから、テレジン収容所は私たち日本人が知っているアウシュヴィッツなどの絶滅収容所とはかなりかけ離れたイメージをもってしまいます。前述のように、テレジンはアウシュヴィッツなどの絶滅収容所とは違った意味の強制収容所だったわけですが、結局は絶滅収容所への一時中継所でしかありませんで

ゲットー内で使用された切手

ゲットー内で使用されたお金

した。

詳しいことは次章で紹介する「VEDEM（ヴェデム）」を読んでいけば分かります。テレジンは「死のロビー」と呼ばれたアウシュヴィッツへの中継収容所であり、国際世論をごまかすための「カモフラージュ収容所」だったということを覚えておいてください。

また、テレジンは、ナチス・ドイツに常に監視されていましたが、ユダヤ人たちが比較的自由に生活できる大要塞（ゲットー）と、川を挟んで約1キロ離れたところにある小要塞（独房などのある刑務所）とに分かれていました。この小要塞が、現在の「テレジン記念館」となっています。

繰り返しますが、子どもたちが住んでいた建物の「L417」はゲットー内にあり、町の配置については、見返しなどに掲載したイラスト図を参照してください。また、参考のために、テレジンを中心としたヨーロッパの地図を次のページに掲載しておきます。

(25)　(Hans Krása, 1899～1944) 子どもたちのオペラ『ブルンジバール』などをつくった作曲家です。今もその活動を残すために、ドイツ人のガビー・フラトウさんが「ハンス・クラーサ基金」をつくって、世界にテレジンの芸術家を紹介する活動をしています。

(26)　(Rafael Schächter, 1905～1944) ピアニスト、指揮者。1941年、自由な活動が許されるとだまされ、志願建設団としてテレジンに到着しました。隠れて民謡などを歌っていましたが、やがて合唱団を結成しました。1942年、オペラ『売られた花嫁』を収容所内で上演したほか、音楽活動を行いました。1944年にアウシュヴィッツへ移送されて命を落としました。

(27)　(Karel Ančerl, 1908～1973) プラハで有名な指揮者でしたが、1942年にテレジンに収容されました。収容所内にある楽器でオーケストラを結成するなど、音楽活動を行いました。アウシュヴィッツから生還後、楽壇に復帰し、アメリカを演奏旅行中の1968年、「プラハの春」事件で帰国できずに亡命しましたが、亡命先のトロントで亡くなりました。

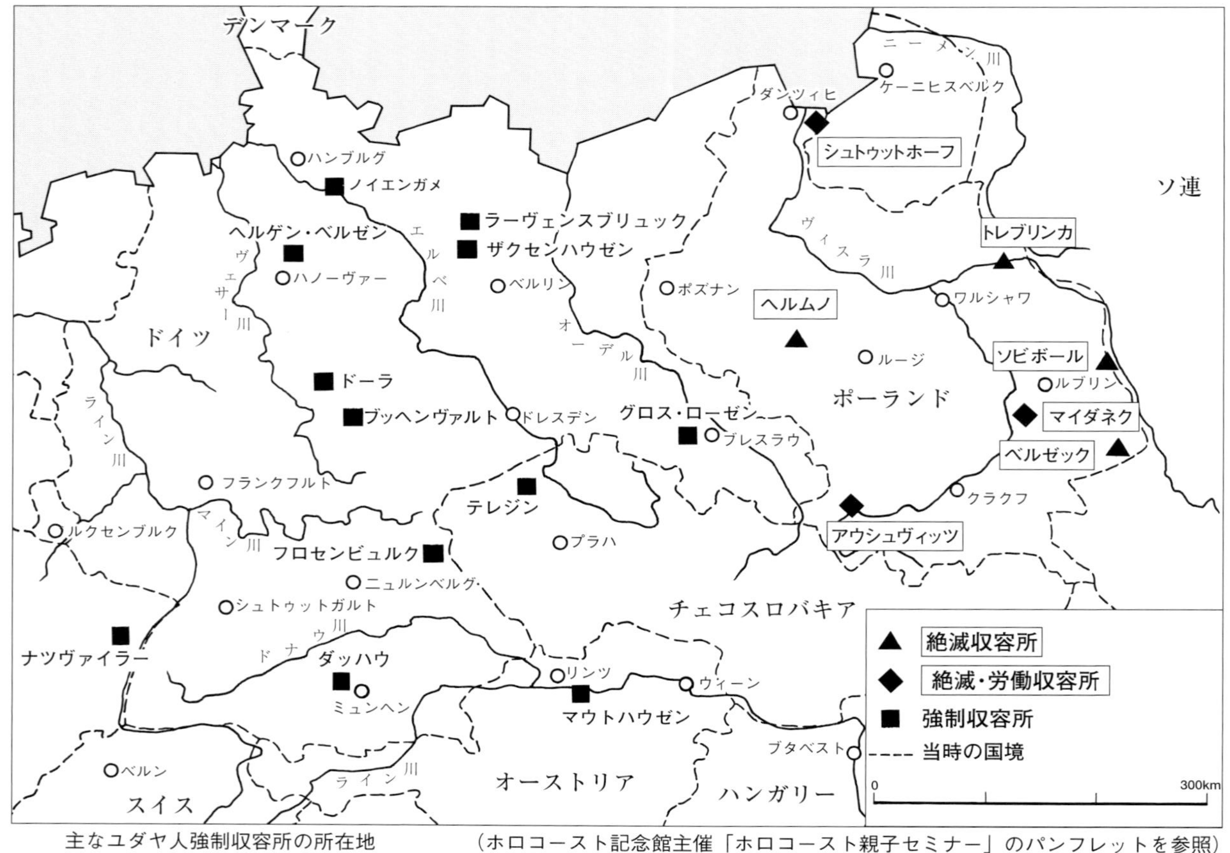

主なユダヤ人強制収容所の所在地

（ホロコースト記念館主催「ホロコースト親子セミナー」のパンフレットを参照）

第3章

「VEDEM（ヴェデム）」には何が書かれていたか？

1 「VEDEM（ヴェデム）」について

今までの生活を取り上げられたユダヤ人がテレジンに到着すると、子どもたちと家族は別々に分けられました。10歳以下の子どもは親と一緒にいることが許されましたが、10歳から15歳の子どもたちは、ぞれぞれ「男の子の家」「女の子の家」に分けられ、16歳以上の子どもは大人と一緒に労働者として扱われました。

「L417」の建物に収容された子どもたちの年齢には、いろいろな説があります。テレジン記念館が現在発行しているパンフレット「テレジン」および「テレジン・ゲットー博物館」が作成している小冊子とギデオン・クラインによって書かれた「L417年次報告」では10歳から15歳、シュヴァルベルクが書いた『子どもたちは泣いたか』では10歳から16歳、1995年に発行された英文の『WE ARE CHILDREN JUST THE SAME[(1)]（僕たちだって同じ子どもさ）』という本では13歳から16歳となっていますが、これは「L417」の1号室にいる子どもたちの年齢です。

すべてを統合しますと、親から離された子どもたちの年齢は10歳から15歳となりますが、「L417」の1号室に集められた子どもたちは年長組だったようです。コトウチュさん（「VEDEM（ヴェデム）」の副編集長でした。絶滅収容所から奇跡的に生還し、2008年に死去されましたが、本書を書くにあたって多くのことを教えてくださいました）の話では、13歳から15歳の子どもたちだったそうです。日本でいうと中学生にあたります。日本の子どもたちが、もし、ゲットーという特殊な場所に収容されて生活したとしたら、「VEDEM」に書かれているような行動をとることができるのだろうかと考えさせられました。そして、日本の大人たちは、子どもたちのためにこれだけの努力ができるだろうか、とも思いました。

「L417」の「男の子の家」には10部屋あり、これから読んでいくことになる「VEDEM」は1号室の子どもたちによって出されたものです。ほかの部屋、たとえば10号室では「ニュース」、7号室では「リム　リム　リム」という雑誌がつくられていましたが、1号室の「VEDEM」が一番長く、また一番頻繁（ひんぱん）に出されていたようです。

「VEDEM」は、1942年12月18日（金）に出された1号から1944年6月頃（最後のページに発行日がありません）までの約１年半、毎週金曜日に発行されていました。その全ページ数は800ページにも上ります。本書には、特にみなさまに読んでほしいと思うものを掲載しました。「VEDEM」のほんの一部ですし、子どもたちの言いたいことの10分の１にも満たないでしょう。

７号室でつくられていた新聞「リム　リム　リム」

子どもたちは、テレジンでの自分たちの生活やプラハでの思い出、希望を歌った詩と絶望的な詩、ポーランドのアウシュヴィッツなどへ送られていく友達への別れの言葉、ケンカの話や創作小説、童話、エッセイ、クイズ、スポーツを楽しむ様子やスポーツに対する批評、論説、文化、テレジンの中にあった施設や大人たちのことなど、興味をもったことを書き残しました。もちろん、まだまだ書きたいこと、残したいこと、伝えたいことはいっぱいあったはずです。

死と向きあった生活のなかで発行され続けた雑誌「VEDEM」ですから、私は暗く、冷たく、恨み、悲しみ、恐れや苦しいことばかりが書かれた雑誌と思っていましたが、その内容の真剣さ、知識の豊富さ、質の高い論説、想像力を駆使した楽しいお話、冒険小説、仲間たちへの励まし、自分自身への戒め、反省、大人への要求など……暗さをほとんど感じさせない内容と、虐げられた環境のなかでも失われることのなかった鋭い感性、そしてはつらつとした子どもたちの生きる姿勢に心から感動しました。私のほうが教えられ、かえって励まされることがいっぱいあったと言ったほうがいいでしょう。

（1） この本は、１号室のメンバーで生き残ったコトウチュさんとオルネストさんと編集者のクジーシュコヴァーさんがプラハで出版されました。

「VEDEM」はチェコ語ですが、日本語では「僕たちは導く」となります。1号室の雑誌がこのタイトルになったのには特別な思いがあったようです。というのも、1号室は「L417」の中でリーダー的な役割を果していたからです（9号「仏陀が寝ているときは……」他の記事より）。ただし、「導く」という意味は、ほかの子どもたちを「教え導く」ではなく、「道案内としてみんなを導く」という意味に捉えてください。「1号室はいつも一番だったし、一番になろうとしたのです」と、『僕たちだって同じ子どもさ』のなかでオルネスト君が言っています。

子どもたちは、金曜日の夜になるとテーブルの周りに集まり、「VEDEM」に記事を書いた人がそれぞれ自分の記事を読み、それをみんなが聞いて確認するという形で発行されました。ですから、「VEDEM」は1冊しかなかったのです。その頃の話を、テレジンからアウシュヴィッツ、さらに旧西ドイツのブッヘンヴァルドに「移送」され、奇跡的に生き残って、プラハに住んでいらっしゃったクルト・イジー・コトウチュさんからお聞きすることができました。

「『VEDEM』は、すべて自分たちで発案して発行したものです。編集長はギンズ君でした。私は、彼の助手のようなものでした」と、コトウチュさんは懐かしそうに話してくれました。

「『VEDEM』に記事を書いたのは、その活動に興味をもっていた子どもたちだけで、多くの子どもはあまり興味がなかったようです。これは世界のどこでも同

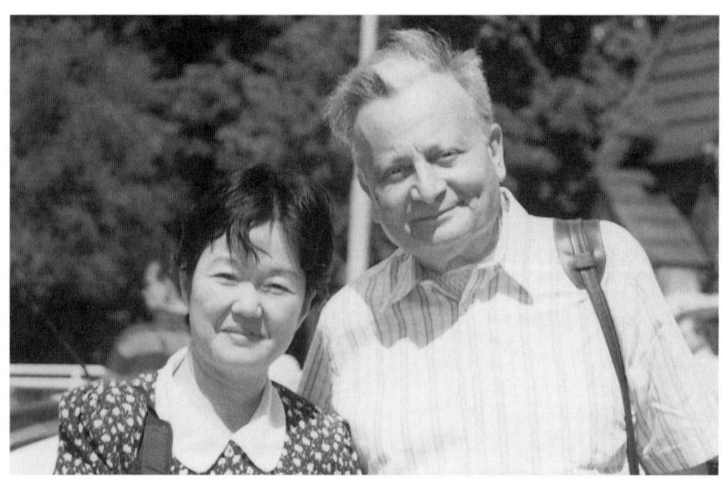

筆者と故コトウチュさん（1998年撮影）

じように、男の子たちはスポーツのほうが好きだったということです。文学に興味があるのは限られた男の子だけでした。『VEDEM』を記事でいっぱいにするのは難しかったですが、ギンズ君のおかげで続けられたと言えます。

彼自身も記事をたくさん書きました。疲れることを知らない子どもでしたが、彼もそのほかの仲間たちも、昼間の仕事である畑仕事や木材運びなどが大変だったので、夜まで書くということはありませんでした。その日の出来事は、その週の号に書いていました。ある子どもは、とても長い記事を書くだけでなく、イラストも入れました。社説は、アイシンゲル先生(2)やほかの大人たちが書きました。

1号室の子どもたちの考え方は、ほとんど大人と同じような考え方になっていました。まだ13歳から15歳という成長期の子どもたちでしたが、残酷な運命が大きく影響したのでしょう。子どもたちはそこで、時には早熟と思われるほど精神的に大人っぽくなっていきました。特にハーヘンブルク・ハヌシュ君(『Ha－』のペンネーム)は素晴らしい書き手で、目立っていました」

「VEDEM」を読んでみますと、よく投稿している子どもとほとんど書いていない子どもがいることが分かります。でも、それは仕方のないことです。子どもたちは、それぞれに自分の得意、不得意を知っていましたし、自分が活躍できる場を承知して生活していたのです。

「VEDEM」は、前述したように、編集長であるペトル・ギンズ君(当時14歳)がすべてをつくっていました。コトウチュさんはギンズ君の助手として手伝っていたと言っていますが、こと「VEDEM」の編集に関しては、ギンズ君はすべてを自分でやらなければ気がすまなかったと言っています。記事を書いたり、表紙のさし絵、カットを描いたり、記事の割り付けなどといった編集作業も、すべてギンズ君が行っていました。

「彼は、私よりも1歳年上でした。その頃の1年の差はとても大きなものです」と言うコトウチュさんも、たくさんの記事を書いています。

(2)　ブルノの学校で教えていましたが、1942年にテレジンに収容されました。テレジン内で結婚し、1944年、アウシュヴィッツ絶滅収容所に送られて亡くなっています。

また、「VEDEM」は29号まではタイプで打たれ、30号からは手書きになっています。１号室にいた子どもの母親が事務室で働いていたので、最初はタイプが使えたようですが、30号からはそのタイプが使えなくなり、手書きになったそうです。所々のページは、真っ黒であったり、ほとんど白で読めなかったり、二重に文字がにじんでしまっているほか、なくなっているページもあります。戦後まで残っていたことが不思議なくらいですから、これは仕方のないことです。

「VEDEM」のなかには、「雑誌をつくるための、にじまない紙はあるでしょうか。スポンサーを探しています」（39～40号・1943年９月17日）と、紙が不足している記事も掲載されていました。

収容所の中でナチスに隠れて出されていたのですから、すべては秘密に行わなければなりません。大変な緊張と労力が必要だったと思われますが、その件に関してコトウチュさんは次のように語ってくれました。

「私たちは、そんなに怖いとは思わなかったですね。まだ、自分たちが何をやっているのか充分に理解できていなかったのです。それに、テレジンは小さな町(約398ヘクタール）で、囚人（ユダヤ人のこと）でいっぱいでした。一番ひどいときには、約５万人（10万人という記録もある）の囚人が住んでおり、監視人が町の周りを見回っていましたが、建物の中にはあまり入ってこなかったです。監視人をユダヤ人の見張り役は知っていましたので、チェックをしに来るときには、先に行って知らせることができました。見つかる可能性はほとんどなかったです」

「危険なことではなかったのですか？」という質問に対して、オルネスト（59ページの注参照）さんは次のように答えています。

「当時は、結果がどうなるかなんてあまり考えなかったのです。冒険でしたし、自由の気分を味わえたのです。でも、アイシンゲル先生にとっては大変危険なことだったでしょうね」（『僕たちだって同じ子どもさ』より）

「VEDEM」は、そんな状況のなかで出されていたのです。金曜日の夜は、子どもたちにとってははけ口のない不満や欲求、そして感動した心などを吐露（とろ）する場として重要な場であると同時に、時間でもあったのでしょう。

2 1号室の子どもたちの組織

テレジンでの子どもたちの日常生活は、第３章のなかで少しずつ分かってくると思いますが、「L417」の「男の子の家」には10部屋があり、それぞれに40〜50人の子どもたちが生活していました。「L417」全体をまとめている寮長のようなユダヤ人の大人がいて、毎日のスケジュールや子どもたちの役割を決めて指示をしていました。10部屋には、それぞれに「マドリフ」という担任のような大人がついており、寮長の計画に従って各部屋の子どもたちを指導してまとめていました。「L417」の寮長は、のちに登場するオティークさんです。「VEDEM」を出していた１号室のマドリフはアイシンゲル先生でした。

子どもたちは、朝７時から夕方の７時頃まで畑仕事や木材運びなどといった仕事をさせられていました。ナチスはユダヤ人絶滅を目指していたわけですから、子どもたちに対しても、身体的・精神的に成長させようという配慮はまったくなかったのです。

10歳から15歳の子どもたちといえば、もっとも成長する時期です。その時期を無視され、やがては抹殺しようとするナチスの策略のなかで、ユダヤ人の子どもたちの将来を心配するたくさんのユダヤ人の大人たちがいました。彼らは、親と離されて暮らす子どもたちのために教育の場をつくってほしいと、何度も何度もナチスと交渉し、その結果、やっと許されたのが1942年でした。

「週に１回だけ、子どもたちを集めて遊ばせてもいい」というものでしたが、歌を歌うことと、ゲームで遊ぶことだけしか許されませんでした。そこで大人たちは、子どもたちの教育のために、ナチスに隠れて勉強の時間をつくったのです。勉強をする時間には教室の外に２〜３人の見張り番が立ち、ナチスの兵士が来ると口笛を吹いて合図を送ります。すると、子どもたちはそれまで勉強していた本やノートを急いで隠して、歌を歌ったり、ゲームをしたりしているふりをするのです（これについては、83ページの「４　テレジンでの生活と環境」で詳しく述べます）。

このような生活のなかで、それまでユダヤ人の大人たちの言うままに日々の生活を送っていた子どもたちが、ある日、アイシンゲル先生にすすめられて自分たちの自治組織をつくることになります。そのいきさつが、「VEDEM」１号の最初に書かれていました。

●SHKID(シュキド)の男の子　（１号・1942年12月18日）

1942年12月11日サヴァト（土曜日）の前夜に、大変なことが起こりました。それは、私たちのテレジンでの歴史に、とても大きな影響を与えるに違いありません。

私たちは、自分たちの自治組織をつくったのです。今日まで男の子たちは、マドリフの指示に従って、時々怒鳴られながら秩序を保っていました。きれいに整理整頓され、規則正しい毎日を過ごし、きちんと挨拶をして、文化的な生活を続けていくために、マドリフたちが計画を立てて指示を出していました。私たちは彼らの言うとおりに、まるで操(あやつ)り人形のように、言われるままに行動していたのです。

ですから、今まで私たちがもっていた意欲はほったらかしにされ、忘れられて、それぞれの才能も無視され、私たちは何も考えることすらしませんでした。マドリフが、みんなの代わりに考えてくれたからです。そして、指示されなかったことはやらなくてもよかったのです。

でも私たちは、集団生活をしている仲間の良心を信じています。なぜ

テレジンのゲットー内の風景。いつも監視人が見張っていた。

なら、もし自分勝手でだらしなくて、不潔で、怠け者の人がいたとして、その人の悪い行いでみんなが困ってしまうと分かれば、そんな行いを許すはずはないからです。(後略)

(サインなし)

この文章が、誰によって書かれたのかが重要です。すべては子どもたちの意志で進められたのか、あるいは大人の力が入っていたのかがある程度分かるからです。コトウチュさんにこの記事の筆者を尋ねましたが、「アイシンゲル先生かもしれないが、分かりません」という答えでした。そのため、「僕たち」とするところを「私たち」としました。この文章がアイシンゲル先生のものだとしたら、アイシンゲル先生は、子どもたちと自分を同じ目の高さに置いてこれを書いたことになります。どうやらアイシンゲル先生は、子どもたちの才能を伸ばすことがうまい、非常にすばらしい教育者だったようです。

先に紹介した『僕たちだって同じ子どもさ』という本のなかで、オルネスト君はアイシンゲル先生について次のように言っています。

「私は、幸運なことにアイシンゲル先生が率いる子どもたちの一人でした。ゲットーの奥の3段ベッドがぎっしりとつまった小さな部屋の中に、アイシンゲル先生は私たちのために素晴らしい世界をつくりました。子どもたちは思ってもみなかった才能を発展させ、そこに、子どもたちの秘密の雑誌ができたのです」

自分たちの組織という形を示唆(しさ)された子どもたちは、それまで指導され、やらされていた仕事や生活規則を自分たちでこなしていくことの重要さに気付きました。役や係が決められ、子どもたち自身が個人と集団という枠のなかで力を発揮していこうとしたのです。見出しにある「SHKID(シュキド)」とは、ロシア革命後のセント・ペテルブルグにあった孤児たちの学校「Shkola imeni Dostoyevskovo」の頭文字から取られたものです。当時、ロシア革命とソ連は、チェコスロバキアの人々にとっては憧れだったと言います。アイシンゲル先生がよくその話をしており、「その影響が大きかった」とコトウチュさんから聞きました。これが理由で、子どもたちは自分たちの自治組織を「SHKID 共和国」と呼んでいました。

次の文章を書いた「スワティー」とは、コトウチュさんのペンネームです。

●政治的なレポート （1号・1942年12月18日）

僕たちの生活に大きな変化がありました。この日、僕たちの家では新しい活動がはじまったのです。つまり、自分たちの自治会をつくったのです。

これに基づく投票は、12月11日の金曜日に行われました。そのときの司会はマドリフがしました。投票の結果は予想どおりでした。なぜなら、投票した人の意見は大体統一されていたからです。

自治会のプランは、ツェズィンゲル先生(3)が次のようにつくりました。

１号室への指示および規律と秩序の責任は、３人の最高委員会にあります。委員長としてロート君、彼の代理（副委員長）はマロディ君とラウブ君です。

２番目の委員会の６人は、いわゆる実行部です。それぞれの部門において責任をもちます。食事担当はクラウス君、秩序担当はザプネル君、スポーツ担当はＨ・ポラーク君、演劇やほかのお楽しみ会の担当はベック君、文化担当はコトウチュ君、我々の雑誌の編集者はギンズ君。

３番目には６人の生活係。彼らには、部屋の細かい仕事が任されます。フィールグット君は暖炉係、カウデルス君は部屋の飾りつけ、ゴールドシュタイン君は洋服ダンスの係、ラックス君は靴棚係、ポペル君は忘れ物係、最後にＺ・ポラーク君は事務係で、プレク君は食事担当のお手伝いです。

これらの係のほかに、特別係が決められました。ボスコヴィツ君は電気係、Ｐ・レーヴィ君は家具・修繕係、ヴィルハイム君は鍵係、カウフマン君は絵描き、ベアムト君は看護師です。部屋で何かすばらしいことをした人は「英雄」の称号がもらえるでしょう。

これらの各係の誇りの印として、最高委員会は帽子に「N」を刺しゅうします。実行委員会の帽子には「U」、生活係が「B」、特別係は「S」、英雄には「G」が刺しゅうされます。

スワティー（聖人）（コトウチュ）

この組織を図にしてみました。投票の結果、各委員が決められて自治会が発足したわけですが、子どもたちのグループらしく、彼らは発足の旗揚げ式をしています。初代委員長になったロート君が、自治会の発足宣言を読み上げました。

図－1　「L417」の組織図

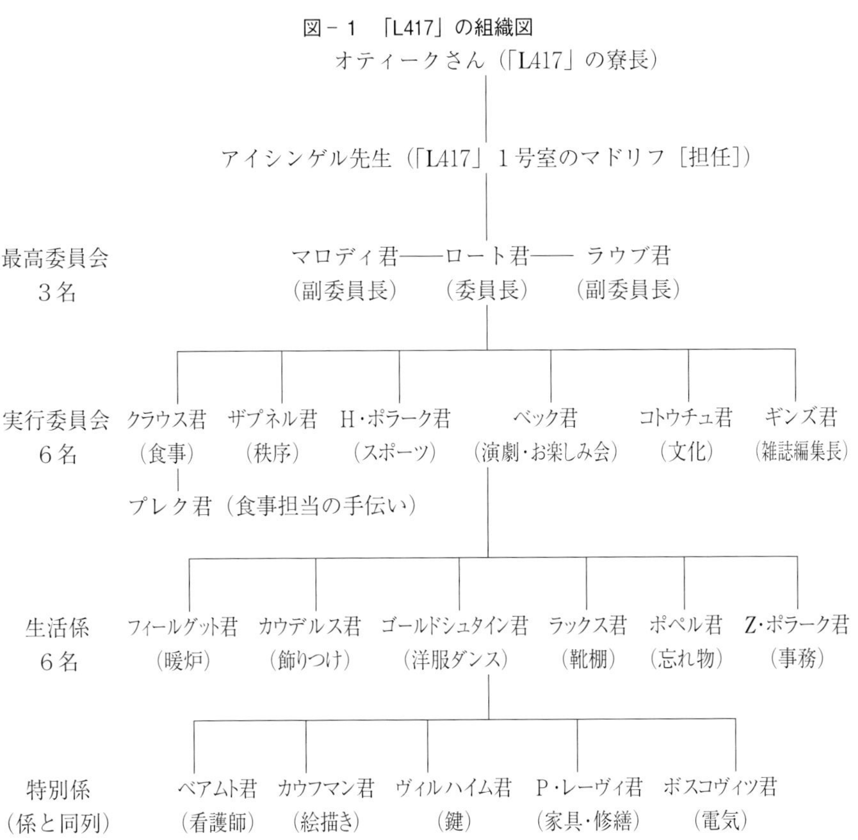

（註）委員長のロート君は、のちに投票でコトウチュ君と交替。以後、コトウチュ君が委員長。ギンズ君は最後まで「VEDEM」の編集長。

（3）　以後、先生の名前がたくさん出てきます。「先生」「教授」「博士」などと、さまざまな称号で呼ばれています。コトウチュさんは、「アイシンゲル先生と2、3人の先生以外はほとんど覚えていない」とのことでした。分かっている人のみ説明を入れていきます。

●僕たちの自治会の発足宣言 （２号・1942年12月25日）

12月18日、金曜日の夜、オティークさん（「L417」の寮長）が出席したとき、僕たちの自治会の活動が正式にはじまりました。つまり、僕たちの雑誌の第１号が出版されたということです。

金曜日。オティークさんが、整理整頓ができているかどうかのチェックに来たときに僕たちの歌が流れ、僕たちの旗が揚げられました。すべては、次のように行われました。

最高委員会は、ドアとポールに向かって立っていました。その後ろには、６人の実行委員が１列に並び、彼らの右には係員と特別係員、ベッドの間には、３列に１号室の仲間たちが立って準備を整え、オティークさんを待っていました。

ドアが開けられ、オティークさんとデムネル夫妻(4)が現れたとき、秩序委員が「気をつけ！」と号令し、みんなは無言で気をつけをしました。

初めは静かに、それから次第に強くなる僕たちの歌が流れ、雷のような強い音になってから僕たちの旗が揚がりました。フォルテッシモの強い音が終わると、ヴァルテル・ロート君が前に出て、最高委員会の委員長として次のようなスピーチを述べました。

「旗は高く揚がりました。１号室は、自分たちの旗をもっています。それは、将来の仕事や未来の共存のシンボルです。

また、僕たちの１号室は自治会をもっています。どうして、それをつくったのでしょうか。僕たちは、単に、押し付けられた運命を、苦しみながら生きるために集まっただけのグループではいたくないからです。

僕たちは、友人と仕事と規律との間で、意識をもった活動的な組織をつくりたいと思っており、自分たちの運命を楽しい意味のある現実に変えたいのです。僕たちは、僕たちの若さが映(は)え、育つはずだった土壌や仕事、喜び、文化を不当に取り上げられています。

彼ら（ファシスト）は、一つの目標をもっています。それは、僕たちを肉体的ではなくて、精神的、道徳的に破滅させることです。彼らは、それに成功するでしょうか？　いいえ、決して成功しないはずです。

僕たちは、これまでの文化の基盤を取り上げられても、さらに新しい文化をつくります。かつての喜びの原点から引き離されても、新しい、もっと楽しく、もっともっと輝かしく歌える生活をつくります。

僕たちは、整理された、きちんとした集団としての共存生活から隔離されても、組織された秩序や規律、そして相互信頼の下(もと)に自分たちの新しい社会をつくります。

憎しみや、数多くの悪意によって一般の人間社会から引き裂かれた僕たちは、自分の心を憎しみや悪意で固めたりはしません。隣人への愛と、人種差別、宗教差別、民族差別への反対が、現在も将来も、僕たちのまず最初の法律になります！」

このスピーチは、深くみんなの心の中に受け入れられました。

ロート君のスピーチが終わってから、先生が短いスピーチをして、ロート君が読み上げた宣言を守りたいかどうかと僕たちに尋ねました。僕たちは大きな声で、「約束します！」と答えました。決して忘れられない、すばらしい時間でした。

（サインなし）

子どもたちの新しい出発です。このような力強い言葉が13歳から15歳の子どもたちの口から発せられたことは、まさに人間のすごさ、すばらしさだと思います。このような子どもたちの「法律」を私たちがどのように受け止めて、受け入れ、現代と未来の世界にどのように実現させていくかが現在問われています。私たちは、ここに掲載された子どもたちの「発足宣言文」にこたえていかなければなりません。

SHKID(シュキド)共和国の発足宣言文を読み上げ、初代委員長になったロート君のことを、コトウチュさんは次のように語っています。

（4）　1919年生まれ。「L417」の管理人。その建物の管理、掃除、水道や電気の配線、トイレ、窓にガラスを入れることなどの面倒を見ていました。男の子に対しては間接的な影響しかなかったようです。「夫人のことはよく思い出せません。『L417』できっと掃除婦として働いていたのでしょう」（コトウチュさんの話）

「彼は、頭がよくて自信のある子どもでした。お金持ちの家の子どもで、指導者になることが決まっているかのように委員長になりました。でも、いくつかふさわしくないこともあったので、途中で、投票によって私が選ばれました。それがいつだったかは覚えていません。ギンズ君はずっと編集長をしていました」

子どもたちは発足式を祝し歌を歌ったと言っています。その一節を紹介します。

すべての人は　僕らの兄弟　クリスチャンだろうと　ユダヤ人だろうと
僕らは　胸を張って前進しよう　シュキド（SHKID）共和国こそ僕、
そして君　　『僕たちだって同じ子どもさ』より

2015年、私はテレジンから生還してアメリカのフロリダに住んでいるシドニー・タウシク（当時はスデネク・タウシク）さんを訪ねました。テレジン後の生き方をお聞きして、記録したかったからです。そこで、もう聞くことはできないと思っていたこの「シュキドの歌」を、タウシクさんははっきりと覚えていらっしゃって歌ってくれたのです。その声は、60年以上前にテレジンで歌ったときのままのように私には思えました。その映像は、私の貴重な宝物となっています。

また、宣言文のなかに出てきた「旗が揚がりました」の「旗」は、象徴的な意味で書いたのであって、実際にはなかったとコトウチュさんは懐しそうに説明してくれました。ただし、旗の代わりに「シュキド共和国」のシンボルマークを描いたバッチがあったそうです。図柄は「VEDEM」に何回も描かれています。

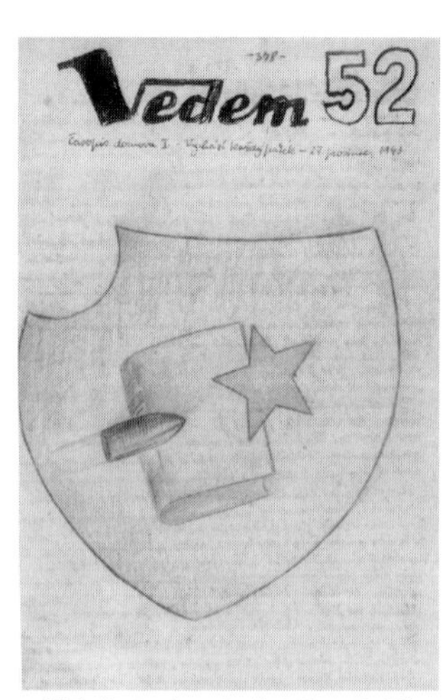

僕たちのバッチ（52号の表紙）

「バッチの背景にある本は、知識と教養の必要性を象徴しています。ロケットは、黄色い星で象徴された未来への飛翔。１号室のみんなが好きだった、ジュール・ベルヌ(5)の小説に出てくる宇宙船のイメージも入っています」と、コトウチュさんが説明してくれました。

前述したように、金曜日の夜、みんなは１号室の粗末なテーブルの周り集まって、記事を書いた人が読み上げました。少年たちは、一人ひとりの言葉に耳を傾け、歓声を上げたり、怒ったり、時には泣いたりしたかもしれません。そして「VEDEM」は、読み終わると３段ベッドの中段に寝ていた編集長のギンズ君の布団の下に隠されたのです。

また、「VEDEM」が収容所内で評判になり、読みたい人が増えてくると、１号室からほかの部屋の子どもたちや大人たちに回し読みされるようになり、最後にギンズ君のベッドに帰ってきたともコトウチュさんは言っていました。

４号の表紙はきれいな色とデザインで描かれており（口絵最終ページ参照)、少年たちの才能が感じられます。また、さし絵なども入れられて読みやすくしてあります。編集長だったギンズ君は、平和な世の中であれば作家かジャーナリストのような職業に就いて、きっと立派な業績を上げたと思われます。惜しい人材が無残に殺されていった当時の状況を考えると、やりきれない気分になります。「VEDEM」には、原稿が集まらないという記述なども出てきますが、何十ページという分厚い号もあり、「VEDEM」に取り組む子どもたちの熱意と努力が行間からひしひしと伝わってきます。

以下では、「VEDEM」に掲載された記事を、それぞれのテーマごとに分類整理して掲載することにします。また、内容が多岐にわたっていますので、本書に掲載することのできない記事や創作文がたくさんあることが何よりも残念です。記事に筆者名のあるものはそのまま入れました。また、ほとんどの記事はペンネームで書かれていますので、調べて分かった人だけ本名を入れました。掲載の号数、発行の年月日を記述通り記載しましたが、1943年12月に出された52号の次からは、新たに１号（1944年１月）となっております。

４号「海ぞくの歌」に描かれているさし絵

（5） (Jules Gabriel Verne, 1828～1905) フランスの小説家で、科学冒険小説を書き少年に人気がありました。代表作に『海底2万マイル』、『15少年漂流記』など。

3 テレジンへ来るまで

テレジンへ来るまでのことを子どもたちは、「オフサイドの男たちはテレジンへ行く」という題で連載しています。これは、チェコの人気作家カレル・ポラーチェクの小説『オフサイドの男たち』をもじって書いたものです。ポラーチェクは、チェコの一般的な市民の日常生活を書いて共感を得た人気作家でした。ポラーチェクの作品の主人公は「ナチェラデツ」。子どもたちも、そのままナチェラデツを登場させて書いています。

小説『オフサイドの男たち』の内容は、商店主のナチェラデツが、友人のハバースコさんと彼の息子と３人でサッカーの試合を観に行き、面白おかしく批評したり解説したりするというお話です。ナチェラデツは「スラーヴィエ」というサッカークラブの熱狂的なファンで、日本でたとえれば、Ｊリーグ好きの男性たちが、いろいろとサッカー談義に花を咲かせる話と言えます。

また、この『オフサイドの男たち』は、1932年頃にチェコで映画化され、主人公をユダヤ人の俳優フゴー・ハースが演じました。

ポラーチェクもまた、テレジンに収容され、子どもたちに講義をしています。「最後の講義について」（５号・1944年１月22日）の記事のなかに、「月曜日にカレル・ポラーチェクが『ロシアの文学について』という講義のシリーズをはじめた」とあるほか、チェコのマサリク(6)大統領や、「金曜会」と呼ばれたチェコ知識人とカレル・チャペック(7)の会合などについてさまざまな講義が続けられたそうです。

その後、ポラーチェクは、1944年10月19日にポーランドへ移送されて戻ってきませんでした。彼の講義は、まさに子どもたちへの遺言になったと思われます。

子どもたちは、ナチェラデツというごく普通のプラハの市民が、突然強制収容所に来なければならなかった状況と、収容所へ来てからの変化を、７回にわたって「VEDEM」に連載しました。

●オフサイドの男たちはテレジンへ行く・第１章　（９号・1943年２月12日）

静かな夜のとばりがプラハの空に広がっていた。喫茶店やクラブは人々で混雑し、まじめな男は奥さんの待つ我が家へと急いでいた。

ナチェラデツさんは、ため息をついてトランプを置いた。そして、大きなお腹のところに付けられた小さなポケットから時計を取り出してみると、もう10時近いのにびっくりして、ダメンシュタイン夫人にお礼を言い、店のご主人とも別れて下の階へ戻った。

彼は、奥さんのヘドヴィチュカさんと、今までいた店と同じ建物に住んでいたのだ。

自分の部屋のドアの前に来て鍵を出そうとポケットへ手を入れた途端、

「あっ、大変だ。今日はお昼に鍵を部屋の中に置いたまま出てきてしまった」

と思い出し、ひどくビクビクしながらベルを鳴らした。家の中からは、動物の鳴き声や文句を言う声が聞こえてきた。

ドアがそっと開き、そこには怖い顔をして火かき棒を持った大きな体のナチェラデツ夫人が立っていた。そして、彼を見た途端、お腹の底から大きな声を出した。

「まあ、リハルド。強盗かと思ったわ」

「オフサイドの男たちはテレジンへ行く」さし絵

（６）（Tomáš Garrigue Masaryk, 1850～1937）第１次世界大戦で亡命後、1918年、チェコスロバキア共和国の成立と同時に初代大統領に選ばれました。

（７）（1890～1938）チェコで最も有名な作家です。カレル大学で哲学を学んだ後、ベルリン、パリに留学。代表作に「ロボット」という言葉をつくった戯曲『R・u・R』やSF小説『山椒魚（さんしょううお）戦争』などがあります。

ナチェラデツさんは、帰りが遅かったことを叱られなかったので、ホッとして奥さんを部屋の中へ連れ戻した。

「ヘドヴィチュカ、何だって？ 私が強盗だって？ 何を考えてたんだい？ 私はただ、ダメンシュタインさんとトランプをしていただけだよ」

「やっぱりね、あなたはトランプにサッカー……私はかわいそうな女。私がどんな夢を見たか分かる？ 私、何か変な予感がするのよ。あなたには分からないでしょうね。今日、何かが起こるわ……」

でも、ナチェラデツさんはもうそんな話は上(うわ)の空で、奥さんが話している間に服を脱いで、ベッドに入った。すぐに部屋の中に彼の静かないびきが流れはじめた。

ナチェラデツ夫人はそれを見て、「もっといい人と結婚すればよかったわ」とため息をつき、彼のそばに寝た。窓から差し込む月の光が寝ている夫婦を照らす以外に、彼らの眠りを邪魔するものは何もないかのように思えた。

そのとき、廊下を急ぎ足で歩いてくる音が聞こえ、誰かがベルを鳴らした。2人はそのまま眠っている。ベルが2回、3回、さらに激しく鳴った。

ナチェラデツ夫人は急に目が覚めた。「泥棒だ」という思いが脳裏(のうり)を横切り、急いでナチェラデツさんを起こして言った。

「リハルド、私を守って」

ナチェラデツ夫人は、チェックのガウンを引っかけてドアへ急いだ。そして、アマゾネス（勇敢な女性戦士）のように勇気を奮ってドアを開け、思い切って外へ出たが、

「ユダヤ人の強制輸送命令です。ここにサインをお願いします」

という声を聞いた途端、雷に打たれたような放心状態で部屋の中に戻った。それ以上、ナチェラデツ夫人には何も聞こえなかった。ただ一つの単語だけが、口から漏れた。

「リハルド……」

そして気を失い、菩提樹が切り倒されるように倒れた。

Ca−Kr

普通の生活をしていたナチェラデツ。友達とトランプをしていて、ちょっと帰宅が遅くなっただけで奥さんにビクビクするほど気の弱い普通のプラハ市民だったナチェラデツの生活に、突然「ユダヤ人強制輸送命令」が来たところで第１章は終わりました。第２章から第６章までは、長くなりますので要約します。

「ユダヤ人強制輸送命令」が来てからの１週間は、持っていく荷物（１人50キロ以内とされていた）の準備で過ぎ、夫妻が出発する日には親戚や知人がたくさん集まってくれました。出発の時間が近づくにつれて、女たちは大粒の涙を流し、男たちも興奮してきます。ナチェラデツさんは、テレジンから帰ってくるまで自分の店を知り合いのエマンさんに任せることにしました。最後のお別れをして、ナチェラデツさんの家族は、泣いている親戚を残してユダヤ人の集合場所になっているヴェレトルフ[(8)]へ行きました。

ヴェレトルフで３日間過ごした後、ナチェラデツさんの家族が乗せられた電車がテレジンへ着きます。テレジンの駅（実際はテレジンに近い駅）で、さらに別の地域へ行く新しい輸送列車をみんなが待っていましたが、ナチェラデツ夫人は誰かに荷物を持っていかれてしまいました。心配する夫人でしたが、「それはAK[(9)]だろう」と友達に言われ、AKの利点を思い出してホッとします。

テレジン駅で指示する警官に従って、ユダヤ人たちは行列になって歩き出します。やがてテレジンの門が見えてきたとき、夫人は自分の荷物がないことを思い出し、気を失ってしまいます。

一方、ナチェラデツさんは、そんなことには無頓着でした。そのとき、新しい命令が大声で叫ばれます。

「ナチェラデツ、996番、掃除当番。掃除部隊に行け」

（8）　1891年、プラハで産業博覧会が開かれた場所です。今も当時の美しいアールヌーヴォー様式の「産業宮殿」と呼ばれる建物が残っており、見本市などが開かれています（82ページの写真参照）。

（9）　「ARBEIT　KOMMAND」の略。1941年にテレジンへ送られた最初のユダヤ人たちに名付けられました。若い男たちばかりで、町に必要な収容施設、たとえば兵舎の中のベッドなどをつくっていたため、ＡＫ輸送の人たちはテレジンから東（アウシュヴィッツなど）へ輸送されませんでした。また、ほかにも利点があったようですが、のちにそのような有利なこともなくなりました。

掃除部隊長になったナチェラデツさん

ナチェラデツさんは名前を呼ばれて掃除部隊長になりましたが、その後、指示されるまま、入所手続きをするために労働事務所に行きます。そこで短い取り調べを受けますが、彼は頭が混乱していて、「奥さんが２人いる」とか「自分は鉛管工です」とわけの分からないことを言ってしまいます。事務所の役人に能力のある鉛管工と思われたナチェラデツさんは、溶接機を持った２人の見習いを付けられて、壊れた水道管を修理するために仕事場へ行かせられます。そこでナチェラデツさんは、溶接機をあちこちいじり回して、「まず、ガスを出してから火をつけなければならない」と、いつか本で読んだことを思い出し、ガス栓を開けてライターで火をつけます……。すごい爆発音が上がり、ナチェラデツさんは気を失ってしまいます。

目が覚めると、ヴルフラビー病院のベッドの上でした。片足は紐で吊るされ、片目は見えず、歯が３本なくなっていて発音もおかしくなっています。

しばらく入院生活をして、ナチェラデツさんは、ゆっくりですが確実に回復していきました。骨折だと思っていた足は捻挫だと分かりました。

爆発でケガをしたナチェラデツさん

初めて外出の許可が出た日のこと。喜んで松葉杖をつき、足を引きずって出掛けようとしたときに、２人の頑強な男に捕まって無理やり連れ去られ、何人もの人が寝ている臭い部屋に押し込められます。突然入ったせいか、そこにいたみんなが彼に飛び掛かってきました。ナチェラデツさんは、肉体的にも精神的にもショックを受け、隅（すみ）のほうに隠れました。ヘドヴィチュカ夫人や子どもたちを思い出して涙を流していると、優しそうなお年寄りが来て、

「あなたが言った２人の奥さんとはどういうことですか？」と、聞かれました。

最初の取り調べのことを思い出したナチェラデツさんは、

「私には、妻は１人しかいない。病院に戻る」

と、口から泡をふきながら全身まっ赤になって怒って、お年寄りを突き倒して逃げ出しました。

以上が第５章までのあらすじですが、続きの第６章には、「VEDEM」発行の金曜日までに原稿が間に合わなかったらしく、次のように、ちょっと嫌みでユーモアのある記事が掲載されています。そして、いよいよ最後の第７章です。

●オフサイドの男たちはテレジンへ行く・第６章　（14号・1943年３月20日）

もしもし、ナチェラデツさんはどこにいますか？　もしかして、見出しの下に隠れているのではありませんか？　きれいなイラストはどこにありますか？　どこにもありません。なるほど、カウフマンとラクスの怠け者はあなたを書くのを忘れたんですね。（中略）

こんなことでは雑誌はつくれません。協力すれば、仕事はうまくいくと言われているのに。

Yer

●オフサイドの男たちはテレジンから去る・第７章　（15号・1943年３月27日）

さて、僕たちの雑誌の親愛なる読者のみなさま。前号にナチェラデツさんが現れなかったので不思議だったでしょう。彼は登場できなかったのです。なぜなら、傷害罪のために刑務所に入れられていたからです。

みなさまご存じのとおり、この前、ナチェラデツさんは精神科の先生

（優しそうなお年寄りとして登場した人）を突き倒しました。そして、別の精神障がい者（臭い部屋にいた人たちのこと）の供述によって傷害罪に問われたのです。

でもみなさま、この程度のことで悲しんではいられません。これよりもっとひどいニュースが相次いでいます。

ナチェラデツさんはポーランドへ去りました。これは、匿名（とくめい）希望の人物から公的に確認した情報で、僕たちの編集室でも確認されています。

みなさま、泣かないでください。（ナチェラデツさんへの）せんべつは受け取りません。お葬式の花も受け取りません。でも、親愛なる読者のみなさま、一つお知らせしたいことがあります。ナチェラデツさんが足を引きずりながら片方の足を電車に乗せたとき、自分の最後の思い出を「VEDEM」の読者たちのために「書いてもよい」と編集部に言ってくれたのです。

Ca－KR（たぶんカウフマンとラクス）

「VEDEM」だけでなく、テレジンに関して出版されたいろいろなパンフレットや本を読むと、普通の生活を送っていたユダヤ人たちが、どのようにしてテレジンに連れてこられたのかについて書かれています。どの家族も、1939年３月にナチス・ドイツがプラハに侵入してくるまでは、安定した楽しい生活を送っていました。しかし、ナチス・ドイツが侵攻してくると生活が一変したのです。

まず、ユダヤ人の日常生活はどんどん狭（せば）められていきました。子どもたちも例外ではありませんでした。今まで通っていたプラハの小学校へ行くことが禁止され、ユダヤ人だけの学校が指定されました。しかし、それもほんの少しの間だけで、第２章で述べたように、やがて学校へ行くことさえ禁止となったのです。もちろん、公園やプールや遊園地へ行くことも禁止。やがて家が取り上げられ、食べ物さえも、チーズや果物をユダヤ人が食べることを禁止するという規則までがつくられたのです。

仕事を取り上げられ、貴金属や住居、電話などの通信手段も、すべてが取り上げられたとき、人間はいったいどうやって生活していけばいいのでしょうか。絶望して自殺した人の話、隠れ住んだ人たち、亡命した人たち、今まで仲のよかったチェコ人やドイツ人の友達が急に冷たくなって遊んでくれなくなったという話など、挙げたら切りがありません。そして、最後に、強制収容所への「ユダヤ人強制輸送命令」が来るのです。

次は、コルテーズ君の記事です。

●僕のテレジン到着　（？・1944年5月1日）

1944年3月24日、僕はテレジンに来るという名誉を与えていただきました。正確には、ボフショヴィツェ（駅）です。そこでワゴン車に押し込まれ、僕たちは噂と伝説で有名なテレジンに着いたのです。

ワゴン車を降りると、制服を着て、ドイツ語で何事か叫んでいる男たちが登場しました。後で分かったことですが、彼らは僕たちに「もし、生き残ろうとするなら、金時計やお金を渡せ」と叫んでいたのです。さらに彼らは、僕たちを丸裸にして検査しました。金時計やお金を、本当に全部差し出したかどうかを確かめたのです。何人かの人は、いくつかのものを見つけられて没収され、領収書代わりに顔を殴られました。

こうして僕たちは、まったく違う世界へ入ったのです。そこでは（シュロイスカと思われます。81ページ註を参照）、ユダヤ人はウーステツカー兵舎(10)の病院の管理下にいたので、シラミの検査をされ、チフスの（予防）注射を打たれました。それらがすべて終わると、やっとゲットーに入りました。黄色いリボンのついた黒い帽子をかぶった、とても偉そうに振る舞っている男たちに連れられてシラミ取りの部屋に入れられ、僕たちは身体中に石鹸をつけられて洗われました。それと同時に、彼らはたくさんの質問をしてきました。

「プラハは変わったか？」とか「プラハでは、喫茶店とレストランは閉鎖されているのか？」、「バーツラフ像(11)は倒されたのか？」などです。

(10)　「兵舎」という表記は、テレジンにドイツ軍が駐屯したときに、ドイツ各地の兵士が宿泊した建物につけられた名残です。
(11)　910年頃から929年にかけて、プラハの中心部のバーツラフ広場に建てられたボヘミア王の像のことです。

ほんの数分の間に、たくさんのくだらない話を聞き、頭が混乱してしまいました。

（中略：原文不明）

僕たちは、ようやく夜の11時にハノーヴァー兵舎に連れていかれて、ベッドを与えられました。睡眠のことについては、何も語りたくありません。なぜなら、夜中に３回も警報が鳴るし、ノミなどの虫に関しては、言わずもがなのものすごさでした。

これが、僕がテレジンに到着したときのすべてです。

コルテーズ

「ユダヤ人は、ナチスの言葉を疑いながらも一縷（いちる）の望みをもたざるを得なかった」と、第２章で書きましたが、そのとおりの文章が「VEDEM」に書かれています。次のカレル・シュタイン君の文章を読むと、喜んでテレジンに来て、まだ希望をもって働いていたことが分かります。

●輸送車に乗って （？・1944年５月１日）

（前略：原文不明）

９月から、僕のたくさんの友だち（孤児院の子どもたちと思われます）に、新しい居住地への出発命令が出されていました。僕も毎日、期待してはいなかったけれど輸送命令を待っていました。

1942年12月10日に父が亡くなり、僕が住んでいた孤児院の院長が、17日に産業宮殿に入らなければいけないと知らせてくれました。

僕は、テレジンでの滞在を少し楽しみにしていました。なぜなら、母と弟にそこで再会できるはずだったからです。でも、孤児院と別れるのはつらいことでした。それは、僕の自由なすばらしい日々や、子ども時代の終わりを意味すると感じられたからです。

産業宮殿に３日間滞在した後、午前９時にプラハを出発しました。列車による最後の旅の後、ボフショヴィツェ駅に着きました。駅の線路で叔父さんが僕を待っていてくれて、１時間ほど歩いてテレジンに着きました。最初の３日間はシュロイセ[12]にとどめられて、その後、「男の子の家」（「L417」のこと）の中に僕の生活する部屋が決められました。

数日後、一番若い労働者として農業労働をさせられました。そこで、現在まで働いています。特に、春にすべての花、すべての木が冬眠から目覚め、新しい命が生まれるときは、僕たちにとって仕事はとても面白く感じられます。なぜなら、収容所で生活する僕たちにも、近いうちに新しい生活がはじまるのだろうという期待があるからです。

「輸送車に乗って」さし絵

カレル・シュタイン

筆者のカレル・シュタイン君は、春に花や木が目覚めるのを見て、自分たちにもきっと新しい、もっと希望のある生活がはじまるだろうと期待しています。冬のような寒々としたゲットーでの生活では、希望をもつことだけが生きているあかしだったのでしょう。

また、ここに出てくる産業宮殿は、「オフサイドの男たちはテレジンへ行く」に出てくるヴェレトルフ（見本市・75ページ）と同じところです。ここは、1891年に見本市の産業宮殿として造られました。花や天使などの彫刻がたくさん施された、アールヌーボーのとても洒落た大きな建物があり、門を入った正面の広場は

(12)　ドイツ語の「シュロイセ＝水門」で、建物の名称。その建物に、テレジンに来た人、または輸送で去る人々が一定期間（たとえば１日～２日間）隔離され、待機させられました。そこでは荷物がチェックされ、没収されました。そこで、スラングである「シュロイスカ」からもう一つの面白い単語がゲットーの中で生まれました。「シュロイゾヴァト」という動詞で、「何かを盗む」という意味です。

産業宮殿（ヴェレトルフ）

かなりの広さとなっています。

夏のある日、私はその産業宮殿の広場に立ちました。カレル・シュタイン君の記事に出てくるように、ここに何万人ものユダヤ人がかつて集められて、テレジンやアウシュヴィッツへ送られたのです。70年以上前のことを想像するのは簡単ですが、そのときのユダヤ人たちの心の中を想像することはとても難しいです。

夕焼けの中にそびえ立つ美しいアールヌーボー様式の建物とその周りの彫刻、そして、裏にある噴水広場では噴水ショーが開催されていました。それを観るために向かう多くの家族のさざめきは、平和そのものです。このどこにでもあるような普通の情景とはまったく反対に、70年前には、さまざまなユダヤ人たちの叫び声がこの場所に響きわたっていたのです。

そのような情景を、現在の私たちは映画などで観ることができます。しかし、事実はもっともっと悲惨だったはずです。ふと、コトウチュさんが言った言葉が思い出されました。

「経験した人でなければ分からないことです」

私たちは、少しでもユダヤ人たちが味わった想像を絶する体験を知り、再び人間としての間違いを犯すことのないように努力するしかありません。

4 テレジンでの生活と環境

突然、普段の生活から切り離されてテレジンへ輸送されてきたユダヤ人たちは、まず年齢と男女別に分けられました。「L417」は「男の子の家」、「L410」は「女の子の家」でした。

両親から離れて生活する子どもたちの教育について、テレジンにいたユダヤ人の大人たちは、「青少年育成協議会」をつくって真剣に考えていました。子どもたちへの教育は認められていませんでしたが、10人位の先生役（先生としての教育を受けていたのは３人位）は、このことについてお互いに相談しあっていました。その報告書には、次のようなことが書かれています。

●若者たちへのユダヤ人教育について

（ホーム「L417」年次報告・テレジン・期日不明）

「強制収容所ができて間もなく、多くの若者たちの教育が『青少年育成協議会』と呼ばれる団体に任されていた頃、両親や教師たちはみんな、どこから手を着けてよいか分からなくて困っていました」

「毎日のようにゲットーに送られてくる人たちは、その大部分が中流階級の人々でしたが、利害の反する持論をもっていることが多かったので、衝突は避けがたいことでした」

「『Ｌ417』で暮らしているのは10歳から15歳までの少年で、全員が保護領（チェコはドイツの保護領でした）出身者で、言葉はチェコ語でした。その半数以上の子どもたちが、非ユダヤ的環境で育っていました」

「青少年育成協議会と『Ｌ417』の指導者との衝突は、結局、基本的に政治色のない教育という点で合意しました。この合意は、表面的にはうまくいきそうに思えましたが、また別の子どもたちのグループ、いわゆるホーム（ホーム№.１が１号室）が『Ｌ417』にもでき、各ホームが独自の特徴、つまり、再び政治的な色彩をもつようになってしまったのです。特にすばらしかったのは年長のホーム（１号室のことと思われる）

で、教師経験者（アイシンゲル先生は教師をしていた）の指導を受け、ほかのホームの生活とは違った成果を上げています。子どもたちの投票によって選ばれた『生徒自治会』がホーム内の管理にあたり、機関誌(VEDEM）を発行したりして、ほかのホームとは違う何か文化的な匂いがする活動の場となっています。

子どもたちは、歴史的なことをふまえて物事を考えるように教わっています。ユダヤ人問題は、社会的背景のなかで説明されています。当然の結果として、そこで育てられた子どもたちは、国際的な出来事に対して、特に現在の状況に対して、一般とは違った対応ができるようになったのです。通常よりも広いイデオロギーの基盤に根ざしたこのようなユダヤ人教育がなされれば、同化[(13)]への指導を必要としないばかりか、ユダヤ人としての自覚を、現代的で、真に進歩的なものにすることができるのです」

ギデオン・クライン

ギデオン・クライン

ギデオン・クラインは、前述したとおりピアニストであり作曲家でした。彼は、プラハに住んでいた最後の２年間、ユダヤ系の孤児たちに音楽を教えていたことがあります。ですから、テレジンに収容されてからも、子どもたちの教育問題に関して真剣に取り組んでいました。

ギデオン・クラインのピアノ曲を聴いて感動した私は、コトウチュさんに彼のことについて質問をしました。しかし、答えは次のとおりでした。

「私は、ギデオン・クラインを知りません」

私が心底がっかりしたのは言うまでもありません。それでも、「VEDEM」の1944年3号に「ラテン語のギデオン先生……」という記事がありました。ギデオン・クラインと同一人物だったと思われます。

ギデオン・クラインだけでなく、子どもたちの教育や将来に対して、すべてのユダヤ人たちが必死に考え、実行していたことは事実です。

そんな大人たちの真剣な眼差しのなかで、子どもたちはどのような生活を送っていたのでしょうか。1号室の担任だったアイシンゲル先生は、同じ部屋で子どもたちとともに寝起きしていました。それは特別なことでした。普通、各部屋の先生は子どもたちと一緒に暮らすことはなく、「L417」の中に別の部屋があったのです。

アイシンゲル先生が、子どもたちとの生活を特に熱心に実践し、大切にしていたことが分かります。まず、朝の様子です。

●目覚まし　（5号・1943年1月15日）

朝7時です。うっとうしく目覚まし時計が鳴りはじめると、「ベッドから出て！」と、プルツェク[(14)]の寝床から声が響き、ブンブルーチェク（男の子の名前）が泣き出します。

（中略）

部屋中が静かに寝ていても、プロファー[(15)]が叫んでいます。

「病人のリストをつくるから、病人は手を挙げてください」

（中略）

また、プルツェクの声が聞こえてきます。

「どうして、まだみんな起きてないんだ。今日もまた、（仕事に行く者は）荷物を運んで、遮光ブラインドを下げて……」

(13)　ユダヤ人と他民族の同化の問題は、ユダヤ人にとって民族の存在そのものの問題でもあったのです。前述（43ページ参照）のように、多くのユダヤ人は自分の生活している国の国民になろうと努力していたのです。

(14)　アイシンゲル先生のあだ名で、「小さい人」の意味です。先生は、背が低かったからそう呼ばれていました。

(15)　これもアイシンゲル先生のあだ名です。

洗面所へすぐに行かなくちゃ。

これで朝のドタバタはおしまいになり、新しい日がはじまります。

ファドレイ（男の子の愛称）が一緒に書いた。ql

アイシンゲル先生は、まず子どもたちを起こしにかかりますが、みんなはなかなか起きません。いつも委員長のロート君が初めに起きて、先生と口論になったようです。ある朝のこと、ロート君と口ゲンカをした日のアイシンゲル先生の話を聞いてみましょう。

●社説 （５号・1943年１月15日）

（前略）

あの、暗い朝の私たちのケンカの主な原因は、委員長（ロート君）が起きなかったということではありません。あれはいろいろな不満に加わって、私の我慢が爆発してしまったのです。私が（委員長に）「起きるように」と言っても無視されたのは初めてではなかったし、ベッドにいろいろなものが置いてあったのも初めてではありませんでした。そのことは、オチャス（男の子の名前）も知っています。

「９時になれば、全部片づいている」という彼の言いわけは、決してほめられたものではありません。なぜならば、すべての仕事を管理すべきポスト（委員長）にいる者としては、朝の掃除など、彼は自分のものをもっと早くから片づけておかなければなりません。それにもう一つ、彼のものは、９時になってもきちんと片づいていなかったのです。

シンゲル（アイシンゲル）

先生は、起床や掃除などの日常生活について、子どもたち自身が責任をもってするように指導していたようです。でも、それはかなり難しいことです。イタズラ盛りの13歳から15歳ぐらいの男の子たちですから、アイシンゲル先生の言うことをきかなかったことは容易に想像できます。それで、時折衝突したのでしょう。でも、子どもたちは、先生に絶対の信頼を置いていたようです。先生も、全体がまとまっていれば、細かいことをあまりうるさくは言わなかったようです。

コトウチュさんは『僕たちだって同じ子どもさ』のなかで、子どもたちの日常生活について次のように話しています。ただし、以下の引用文は、読者のみなさんにより良く理解していただくために、私がコトウチュさんとお会いして聞いたことや、そのほかの資料からも補足してまとめたものです。

「『L417』には1号室から10号室まであり、各室に30～45人ぐらいの男の子たちが暮らしていました。各室に担任のような先生がおり、1号室と5号室が年齢の高い子どもたちの部屋で、毎日40人位が選ばれて労働を課せられ、そのほかの子どもたちは『L417』の中で1日を過ごさなければなりませんでした。

『VEDEM』がつくられていた1号室に暮らしていたのは、40～45人の男の子たちでした。朝6時か7時に起きます。冷たい水で顔を洗ってベッドを整え、部屋や廊下やトイレや庭の掃除をしてから朝食になります。いつも朝の点呼があり、『L417』の家にいる子どもたち全員が廊下に並ばせられ、全体の責任者（寮長）だったオティークさんがその日の予定を指示します。

仕事に行く子どもたちは仕事場へ行進していき、そのほかの子どもたちは隠れて授業を受けます。仕事は、主に畑仕事やゲットーの中の木材運びなどで、私は畑へ行くのが楽しみでした。

労働の後の授業はナチスから厳しく禁じられていましたが、こっそりと授業が行われていました。ナチス・ドイツのＳＳ（親衛隊）が突然入ってくる危険があったので、ほとんどが屋根裏部屋(16)で秘密に行われました。そこのほうが安全だったのです。もちろん、授業中は何人かの子どもが見張りをしていました。ＳＳが来たときには、掃除をしているふりなどをしなければならなかったからです。1日に3時間から4時間あった授業内容は、数学、歴史、地理、そして選択科目のヘブライ語などでした。

(16)　2階の天井と屋根の間の空間です。テレジンでは特に大切な部屋となりました。非合法の授業などの活動をしていましたので、SSの急な巡回のときには、合図を送って対応させるという必要がありました。マグデブルグ兵舎の屋根裏部屋では、歌や劇の発表会、「L203」では文学の講演などが行われていました。

図－2 テレジン・ゲットー内の地図(以下は当時の名称)

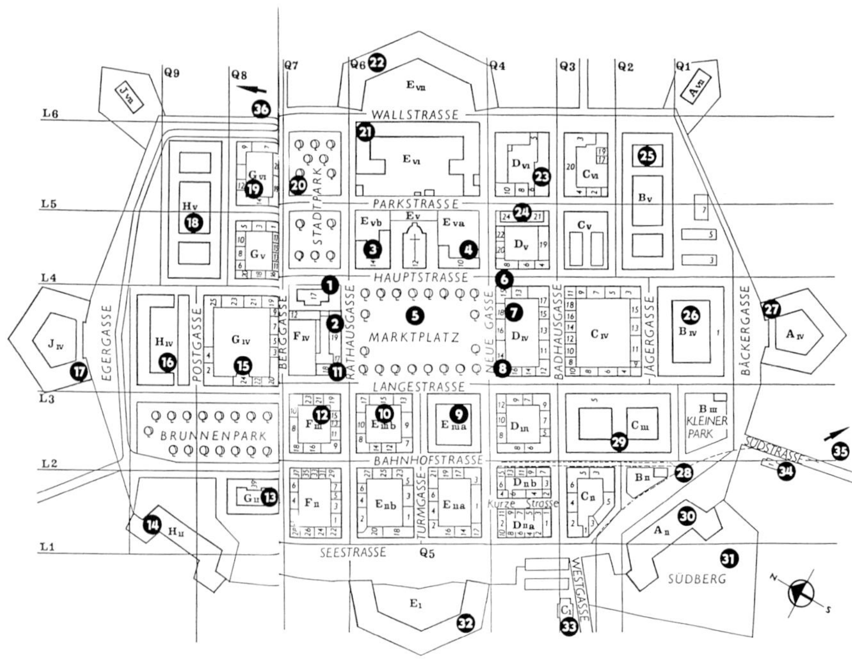

❶ L417「男の子の家」、現在は「ゲットー博物館」
❷ 現テレジン市庁舎
❸ 要塞司令部。後に郵便局と青年の家
❹ L410「女の子の家」
❺ 広場。視察団来訪時以外は立入禁止
❻ 店
❼ 喫茶店
❽ ゲットー司令部
❾ 老人の家・診療所
❿ ゲットー監督者詰め所
⓫ 幼児の家・調理場
⓬ 子どもの家
⓭ ゲットー監視所
⓮ 建築作業場
⓯ ヴィクトルカ（1階は食堂・上階は住居）
⓰ ポドモクリー兵舎
⓱ ウスチー兵舎
⓲ ドレスデン兵舎
⓳ 乳幼児と母親の家・図書室
⓴ 都市公園。視察団来訪時は遊園地
㉑ ウルフラビー兵舎
㉒ カヴァリール兵舎
㉓ 消毒所
㉔ 元馬小屋・家具工場
㉕ マグデブルグ兵舎
㉖ ハノーヴァー兵舎
㉗ パン工場・食糧倉庫
㉘ 収容者が造った鉄道の引き込み線
㉙ ハンブルグ兵舎
㉚ 老人の家（シュロイスカ）
㉛ 南の丘（スポーツ用グランドのバシュタ）
㉜ ズデーテン兵舎
㉝ 病棟（ソコルホール）
㉞ 葬儀場
㉟ 墓地と死体焼却場
㊱ オフジェ川岸。遺灰が投入された。

授業の後の昼食は、バラック（兵舎）の炊事場に並んで、食事券と引き換えにブリキ容器に入ったごちゃまぜの食べ物をもらいます。午後は、その日に習ったことの復習や、サッカーなどの体育活動、大掃除、その他です。本当の意味での自由時間は、だいたい夕方の４時から５時の夕食前です。そのときに、ゲットーの中に両親や親戚がいる子どもはそこへ行きます[(17)]。

夕食の後は、部屋の仲間たちだけで就寝までの楽しい時間を過ごします。時には、テレジンの中で催されていた劇、朗読会、コンサートを仲間たちと観に行ったりしました。暗くなってから、石炭を盗みにも行きました。入っていった地下室から出られなくなって、死にそうになったこともありました。

10時の消灯の後も、寝床の中でいつまでも話を続けました。お話が得意だったハヌシュ・コミニークという子どもがいて、面白いほらふき話などをしてみんなを笑わせました。また、消灯後のベッドでのおしゃべりは、まるで魔法の時間でした。アイシンゲル先生のお話は面白くて、何時間でも飽きることなく聞いていました」

コトウチュさんは、自分が寝ていた１号室のベッドの配置図を書いてくれました。（**図－３**参照）。コトウチュさん自身は、一番上の段にブラディ君（カナダに移住後、2018年没）と一緒に寝起きしていたそうです。ベッドの中で頬づえをついたり、ベッドに座って足をブラブラさせたりと、思い思いの格好で目をキラキラさせながらアイシンゲル先生の話を聞いている姿が目に浮かんできます。

このように書くと、ゲットー内での生活が非常に楽しいものと感じるかもしれませんが、実際は、先生と子どもたちの明日はどうなるのか一切分からない毎日だったのです。不潔さ、空腹、労働などといった不安な生活のなかで、特に男の子たちにとっては食事が一番の楽しみでした。コトウチュさんのお話にもあったように、各自に食事券がナチスより配付され、その券と引き換えることで食事をもらったとのことです。その様子が「VEDEM」にも出ています。

(17)　ただし、テレジンのゲットーの中を自由に移動することができるようになったのは1942年からだそうです。また、『アウシュヴィッツの子どもたち』には、自由時間は夕方６時から８時までとなっています。

図－3　1号室のベッド配置図

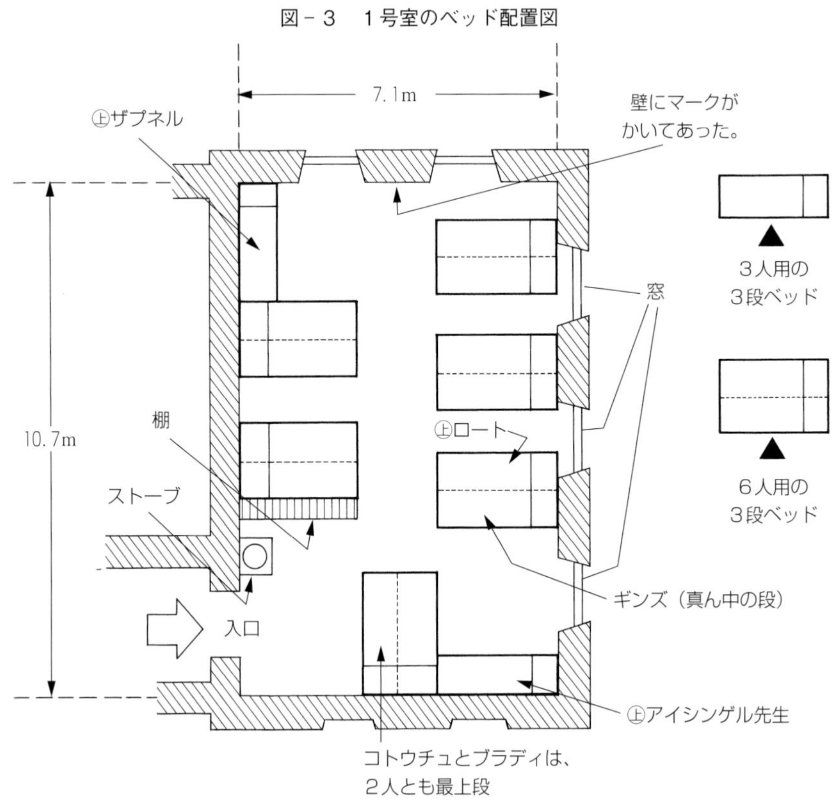

●食事券との追いかけっこ　（6号・1943年1月22日）

僕は今までにたくさんのものをなくしましたが、それが理由でこんなに走り回ったことはありませんでした。僕は、食事券を「コートの中の、右上のポケットに入れた」と誓えるくらいの自信があるのに、そこにもほかのポケットにも券がないのです。自分のベッドや棚など、考えられる場所は全部、またあり得ない場所まで探したのに、食事券は見つかりません。

仕方がないので、ズデーテン（兵舎の名前）にある食事券配付事務所に行きました。そこには、残酷な看板が掛けられていました。

「営業時間は10時から12時まで」

もう午後の４時ですから、日を改めてもう一度来なければなりません。

次の日は土曜日で事務所は休み。日曜日に、午前中の学習活動を全部休んで10時半に食事券の再配付を頼みに行っても、「君、ここではダメだよ。『Ｌ417』の食料配付所へ行かなきゃ」と、役人に言われました。

ズデーテンから「Ｌ417」までの長い道を走ったけど、どうしていいか分かりません。そこで、スィセク（仲間の名前）が「券の紛失届を出さなければならないよ」と、アドバイスしてくれました。中央事務所で紛失届を出して、その後にマグデブルグ（兵舎）にあるM. D（食事券配布所）に申請して、やっと券がもらえるというのです。９時すぎにズデーテンの食事券の事務所へ行ったら、太った役人が「じゃあ、食事券をあげましょう」と言ってくれましたが、その後で、「それはそうと、今日は何日でした？　もう31日？　じゃあ、これは意味がないですね。明日は新しいのがもらえるんだから」と言うのです。

僕は落ち込んでしまい、怒って部屋に戻りました。機嫌悪く、ブツブツとぐちりながら靴をぬぎ、お昼ご飯をおいしそうに食べている仲間たちをうらやましく見回しました。そして、靴を棚に置いたときです。

「ん？　これは何だ？」

靴の中に小さな紙が入ってる！　これは、なくなった食事券だ！

急いで器をもらって、ズデーテンへお昼ご飯をもらいに行きました。１時半になっていました。ズデーテンの食堂では、調理の人が怒って「もう、ご飯は出しませんよ！」と言うのです。頼みましたが無駄でした。

とうとう、お昼ご飯を食べることはできませんでした。券と引き換えに、僕はわざとコーヒーだけを飲みました。そこで、ことわざを一つ。

「頭で補うことができなかったら、足で補わなければならない」

（サインなし）

食べ盛りの子どもたちにとって、食事への関心は生活の大部分を占めていたと思われます。毎月初めに食事券が各自に配布され、それと引き換えに食事をもらっていたのです。

食べ物に関する記述はたくさんありますが、賢いギンズ君の、彼らしくないちょっと面白い記事を紹介します。

●ブラスポジュラって何だか知ってますか？（12号・1943年3月5日）

この神秘的な名前が付けられたものは何なのかと、僕はずいぶん考えていました。これは「ヴェルバーセク」とか「ラミーセク[18]」などと同じものかもしれないと思っていたのですが、違いました。

ある晩、（別の建物の）42号にいる人から、彼らがやっているブラスポジュラに入らないかと誘われました。僕は、どうせこれ以上なくすものが何にもないと思っていたので、祭壇の前の花嫁のように、迷わずに大きな声で「いいよ」と答えました。

何日間かは何の変化もありませんでしたが、ブフタ（お菓子）が配られたときのことです。僕がちょうど口を開けて、お菓子を31本の歯でかもうとしたそのとき、ささやくような声で「それを食べるな、食べるな」という言葉が聞こえてきたのです。

そのお菓子に、このあたりにたくさんいるドブネズミを退治するための毒でも入っているのではないかと思ったとき、「それはブラスポジュラのために必要なんだ」と、誰かが叫びました。

「そうか、食事をあげなければならない男か、神様のために必要なんだろう」と、僕は思いました。

その後、配給されたもののすべてが、あの神秘的なブラスポジュラのために少なくなっていたと分かったとき、僕はとうとう勇気を出して聞きました。

「そのブラスポジュラって、何なんだい？」

それは「BRATRSTVO SPOLEČNÉ ŽRANICE（チェコ語・大食い協力会）」、つまり「会（BRA）」、「協力（SPO）」、「大食い（ŽRA）」だったのです。ここでは、何人かが集まってグループをつくり、週に1回だけお腹いっぱい食べられるように、全員の食べ物をためておくのです。

nz（ギンズ）、一yer

不足していたのは食べ物だけでなく、テレジンではすべてのものが不足していました。ゲットー内のユダヤ人の大人たちは、子どもたちに対しては特別な配慮をしていたようですが、それにも限界があることは想像できます。

ある日、子どもたちはヤフニン博士（子どもたちの指導者の一人）から、今まで使っていたベッドの枕元にある空間をなくすことが告げられました。３段ベッドの狭いところに寝かされていた子どもたちにとって、自分だけの空間はそこだけだったようです。ロッカーなどはもちろんありません。その約50センチほどの空間にいろいろなものを置いていましたから、それを取り上げられるということは、自分の自由な場所がほとんどなくなるということです。それに対して抗議する記事が掲載されています。

●ヤフニン博士への答え　（７号・1943年１月29日）

部屋の改造について、意見を言います。

僕たちの最後の会議のときに、ヤフニン博士は僕たちの家の改造案を発表しました。それに対する答えです。

あなたの案はもっとも実用的で、衛生的だと認めます。しかし博士！

僕たちはここで、かなり制限された生活をしています。僕たちにも、私生活でのわずかな権利があるとあなたも認めますね。全世界の子どもたちが自分の部屋をもっているのに、僕たちは70×30のスペースしかもっていません。よその子どもたちは自由なのに、僕たちは鎖につながれている犬のようです。戸棚いっぱいの

普通の子どもたちは自分の部屋があるのに……
「ヤフニン博士への答え」さし絵

(18)　コトウチュさんの説明によれば、「ヴェルバーセク」と「ラミーセク」には具体的な意味はないとのことです。記事の作者のペトル・ギンズ君は、「ブラスポジュラ」という単語が何らかの言葉を使った遊びであるということを暗示するために、このような意味のない単語を自分でつくり出したそうです。

オモチャを持っている子どもたちもいるでしょうが、僕たちは彼らのオモチャ箱の代わりに、頭の後ろの50センチのスペースだけでも残してほしいのです。

僕たちは、よその子どもたちと同じです。テレジンのおかげで成長しましたが、まだ子どもなのです。僕たちがあなたの要望(19)を認めているように、あなたも僕たちの要求を認めてください。そしてまた、お互いによく理解しあうことも望んでいます。僕たちの部屋を一番住みやすく、便利にすることは、みんなの共通の願いなのです。

Pner（ザプネル）

子どもたちの抗議にもかかわらず、枕元の50センチの空間は取り上げられてしまったようです。

1月5日の特別号には、別の子どもたちの事件が掲載されています。

●「L417」1号室のクーデター　（特別号・1943年1月5日）

月曜日から火曜日への怖い夜・総理大臣が辞職・総動員

僕たちは、政府によって秘密にされていたために、理由も知らされずにすべての毛布や布団を没収されました。そのため、プルツェク大統領（アイシンゲル先生）は、みんなに知られないように総理大臣（ロート君）に毛布を貸してくれるように頼みました。彼が、風邪を引いていたからです。

総理大臣は、リュウマチだからと言って毛布を貸しませんでした。後でこっそりとカカラージュがプルツェクに毛布を提供しましたが、その毛布はいろいろなところを通って文部大臣にたどり着き、文部大臣は大統領に毛布をわたすのを断りました。

プルツェク大統領はそれを知って、文部大臣との長いケンカの後に家に入って身体（特にお尻）にケガをさせましたが、毛布はもらえませんでした。そして、自分の宮殿に戻ったときには、不思議なことにほかの毛布や枕までもが消えていました。

文部大臣のそばに、次々と支持者が集まりました。総理大臣のロート君も、友達を助けに来ました。なぜなら、プルツェク大統領から宣戦布告状が送られ、文部大臣のベイチェク君が読み上げたからです。

すべての動物（子どもたち）が反乱者のほうに加わって、その先頭には熊のミーシャがいます。騒乱とパニックが起こりました。反乱者が総動員令を出しました。人民（反乱者以外の子どもたち）は、その命令を聞かずに中立の立場にいます。みんながみんなを追いかけています。プルツェク大統領は装甲車に乗って、町中で熊のミーシャを追いかけ、長いこと捜してようやく彼を見つけました。

大変な殴り合いがはじまりました。ある店のショーウィンドウの前で、大統領もほかの者もみんなが強力なパチンコを持ってきて、壮絶な撃ち合いとなりました。熊が負けています。怒った牛のように、文部大臣が建物の２階から戦闘に加わりました。戦争の真っ最中です。そのとき、哀れな店のご主人が出てきて、破かれた遮光用のカーテンの損害賠償を求めています。

ちょうど来たばかりのロート君が、退却をすすめています。プルツェク大統領は宮殿に戻りました。しかし、大変なことが起きていました。マットレスが下に落ちており、ベッドが揺れているのです。

プルツェクは、すぐにその“揺れ”の原因に気が付きました。ベッドの下に、ドゥハーチェクという男が隠れていたのです。彼は、ベッドを分解するようにと、総理大臣に雇われていた男なのです。〔これについては、４段階の取り調べが行われて分かりました。〕

怒ったプルツェク大統領はベック大臣の家に入り込み、気が狂ったようにケンカをはじめています。勇気あるシャグリブ署名係は、負けてしまったのでロート君に「ドブネズミ」と呼ばれています。

(19)　子どもたちがそれぞれ自分のスペースにいろいろなものを置いていたので、整理整頓ができなかったり、食べ物などを置いて非衛生的だったりするから50センチの空間を取り上げて、清潔にしてほしいということです。

大統領は独裁者宣言

反乱者は勢いに乗って、宮殿の窓の下を反乱者の歌を歌いながら行進しています。大統領は独裁者の名声をほしいままにしていたので、怒って梯子(はしご)から飛び下りました。そして、総理大臣を追っかけました〔それは、ダーウィンの正しさを証明することになります[20]〕。

町のはずれの丘まで来て、２人とも片方のスリッパをなくしながら戦いをはじめました。大変な戦いの後、総理大臣が戦場から逃げました。それでもって、反乱者が最終的に完全に負けました。

ケンカの後の戦場を、汗をかきながらきれいに掃除しているこのすばらしい国民（子どもたちのこと）を見るのは、少し哀れでした。独裁者からまた大統領になったプルツェクは、彼らの力や勇気を認めました。

勝った者には栄養を
負けた人には名誉を。

従軍記者が書きました。

この記事を初めて読んだときには、文意が分からずメチャクチャな話に思えました。ところが、よく読んでみると、少年たちはプルツェク(アイシンゲル先生)を「独裁者の大統領」と呼び、仲間たちを総理大臣、文部大臣、果ては動物になぞらえて熊にしたり、ドブネズミと呼んだりしてストーリーをつくっています。そして、殴り合いや追いかけっこ、ケンカの様子がよく描かれています。実際にあった事件を、フィクション風に書いているのだと思いましたが、「よく意味の通じないところがあるのですが……」という私の質問に、コトウチュさんは次のように説明してくれました。

「特別号の『L417のクーデター』の記事は、日常のシュキド（１号室）の出来事を、大げさでユーモアたっぷりに表現したものです。男の子たちは、ふざけてアイシンゲル先生のベッドから毛布と枕を取りました。その後で、それらの取り合いがあったのです。このことは、先生と子どもたちの間に、とても平等な関係があったことを示しています。

すべては部屋の中で行われました。文章のなかで使われている表現、たとえば『町のはずれの丘』や『お店のショーウィンドウ』という表現は、部屋のある場所を示しています（例えば、アパートはベッドのこと）。また、『総理大臣』または『文部大臣』などの表現は、１号室での役目や男の子の性格によって使われました。

心理的な面でとても面白いことは、子どもたちは『L417』のいろいろな場所を、プラハのバーツラフ広場[21]の場所にたとえて名前をつけていたということです」

そこには、普通の男の子と何ら変わりのない日常生活があります。ユーモアもあります。最後の文は、大きな文字で書いてあります。「勝った者には栄養を、負けた人には名誉を」とは、ひもじい生活のなかから出てきた切実な願いだったのでしょう。それにしても、子どもたちと本気になってケンカをしているアイシ

バーツラフ像が見守るバーツラフ広場

(20)　ダーウィンの進化論によれば、人間は猿だったということです。つまり、猿のように追いかけたということと思われます。

(21)　ボヘミア王のバーツラフ像が立つプラハのメイン通り。1989年のチェコスロバキアのビロード革命のときや、1968年の「プラハの春」事件の弾圧に抗議する市民の集合場所となるなど、歴史的にも意味のある国民的な広場となっています。

ンゲル先生も魅力的だと言えます。

子どもたちの生活は、テレジンというゲットーの中だけにかぎられていました。そのうえ、心の隅には、いつも「生と死」の問題、両親や家族との別離、ナチスによるさまざまな生活上の制限などが積み重なっていました。ストレスと恐怖と不安、すべてが子どもたちを覆っていたのです。

それらのはけ口は、いったい何だったのでしょうか？　この反乱事件などはその一つだったのでしょうが、それ以外にも、うっぷん晴らしはいろいろとあったようです。

１号室で「VEDEM」が初めて発行されたときの記事には、発足式にデムネル夫妻が列席したと書かれていますが、そのデムネル先生の文章があります。かなり皮肉な書き方で、少年たちへの忠告や提案を面白く書いています。

●モットー・壊せるものは壊せ、テレジンのことわざ？（13号・1943年３月12日）

なぜか分かりませんが、もしかして、それは何かの注射の反応かもしれないし、ここではどんなことでも可能だ[22]とは分かっていますが、次のことが証明されました。

面白いことに私たちの家の住民は、15歳までの人たちだけが、ある特別な、どこにもない病気にかかっています。その病気にかかっている者だけが痛みを感じません。

どんな病気ですかって？　病人は〔潜伏期間はとても短い〕ある日、「L417」のどこかを壊すか、またはメチャクチャにしたいという我慢のできない欲望に陥ります。そして、私は部屋の安全と環境を任されていますので……もう一度言わせてください……私は部屋の安全と環境を任されていますので、私にとって非常に危険となる病気の詳細を調べることにしました。

細かな調査の後、この知られていないウイルスに感染した人は、いろいろな症状を見せることが分かりました。それぞれの病気には、さまざまな症状の人がいます。あなたたちが元気ならそれらの病人を避けることができるように、いくつかの病気の種類についてお話したいのです。

ある患者は、すべての窓を、できるだけたくさん壊そうとしています

〔軽率ではありませんか。ゲットーではガラスが不足しているというのに……いや、風通しがよくなるでしょう〕。

サッカーは、部屋での授業がない場合は廊下でやるものです〔あなたは、壁の汚いよごれが気にならないんですか〕。

紙くず用のごみ箱はいりません。……？？？……庭へ（捨てるため）の窓があるでしょう……なるほど。

地下の電球を、夜の自分の電気スタンドのために盗みましょう〔その地下で、誰かが骨を折ってもかまいませんか〕。

少年たちよ。また、新しい遊びをしていますね。もし、洗面所の排水口にたくさんのジャガイモを入れたら、すぐに洪水になります〔それは、タマネギでもヌードルでも、ほかの食べ物でも同じです〕。

灰は、決してゴミ捨て場に持っていかないこと。それをポンプの上か、ドアの間に置いとけばよい(23)のです。

どこかでよい遮光ブラインドを見つけたら、すぐにちぎらなけりゃ〔今までに、28回も厳しく叱られたのは当番だけですか〕。

トイレの便器には、陶器の破片を入れることができます〔ヤフニン博士は、それを苦労して手に入れています(24)〕。

体育館の鍵を壊すのは、数秒でできますね。

壁の隅を蹴っ飛ばすことは、専門家(25)にとっては難しくないでしょう。

タールが入っている樽からタールをこぼすのは面白いでしょう。

バフネロヴァー夫人は、廊下をきれいにふきました〔冷たい水で〕。掃除を楽しくするように、紙くずや汚い包帯をすぐに捨てましょう。

…………

私は、まだたくさんのほかの「病人の症状」を調べましたが、社説としてはもう充分に書いたと思います。そして、私は楽観的な人物ですか

(22)　何にもできないテレジンに対する皮肉が含まれています。
(23)　灰をゴミ捨て場に捨てない子どもたちへの注意と思われます。
(24)　ヤフニン博士は、便器に捨てられた、欲しくもない陶器の破片を苦労して拾っているということです。
(25)　いつも蹴っ飛ばしている子どもたちを、専門家と皮肉ったのです。

ら、子どもたちのイタズラはチフスよりましだというのが私の意見です。

さあ、子どもたちよ。私たちの建物の北側の壁はまったく壊されていないので、どうぞ積極的に私のために仕事をつくってください。

技術者・ジャーナリスト　レオ・デムネル

このように、乱暴な破壊行為やイタズラを子どもたちはよくしていましたが、だからといってそればかりではありません。

子どもたちは、部屋の整理整頓や規則的な生活をすることについても努力をしていました。それを証明するように、「ほめ言葉とけなし言葉」という欄が多くの「VEDEM」に掲載されています。3号には、次のような子どもたちの行動が書かれていました。

●ほめ言葉とけなし言葉　（3号・1943年1月1日）

・レオ・クラーリーク君は、看護の仕事を真面目にやっています。できるかぎり病人を助けます。彼はとても献身的で、真面目な看護人です。彼がずーっと仕事を続けられるように、私たちは祈っています。

・同じく秩序委員のU君……“ひげの子ども[(26)]”に感謝を表さなきゃ。彼はとても念入りに、そして厳しく約束を守り、規則も守っています。ですから、見回りの監視人が部屋に来たときには、その口から“おほめの言葉”が出たほどです。「これは素晴らしい家だ」と。

このようなほめ言葉を尊重しなければなりませんし、これからも我々の家を改善しなければなりません。家の飾りには、鎖とブラインドより、整理整頓と約束が大切なのです。

・もう一つ素晴らしいことは、ナジェジュダ・ヘブライカ君のことです。病気中のイエゼベツが急に気分を悪くして床を汚したとき、言われなくてもすすんで床を掃除しました。家をきれいにするために、少年たちは決して自分のしたくないことまでしているんですよ。

（サインなし）

別の号でも、これらのほかにたくさんの「良い行い」、「悪い行い」が出てきます。子どもたちは、自分と仲間との行動を、お互いにしっかりとチェックしていたのです。

●ほめ言葉とけなし言葉　（10号・1943年２月19日）

先週、僕たちは庭仕事と授業をする者とに分けられました。庭仕事を任された者にはまだ庭での仕事はなかったけれど、家をきれいにする仕事に関して大変な努力をしました。そのときのコパさんは、すべての遮光ブラインドを修理したり、きれいにしたということで称賛に値します。（中略）

ケンゲルのベッドは豚小屋に似ています。そこに、臭い靴下、膿のついてる包帯、かびがはえた下着などを入れています。それが理由で１号室の点数はもう３回も引かれているのに、彼は無頓着。

（サインなし）

１号室の子どもたちの日常生活を書いたものには、自分たちがいろいろな想像上の人物になってストーリーを進めていくものがいくつかあります。次の記事にある「プルツェク」のサインは、アイシンゲル先生が筆者であることを示しています。

ゲットー内の図書館

(26)　イジー・ザプネル（1928～1944）のあだ名です。彼は肉体的に成熟していたので、そう呼ばれていました。みんなのなかで一番強くて、どんなケンカにも勝っていました。１号室の中でただ１人だけヒゲを剃ることができ、ガールフレンドもいました。アウシュヴィッツで亡くなりました。

１号室のマドリフであった先生が夢を見ます。そこには、いろいろな身近な人たちが出てきます。また、ツアー、すなわち皇帝を「チフス皇帝」と呼んだりするユーモアを取り入れています。そして、子どもたちの生活の改善や夢や後悔、また、それ以外のいろいろな感情を表現しています。

子どもたちの知識は、驚くほど広く深かったようです。なぜなら、13歳前後の子どもたちに読ませる文章のなかで、ダンテ(27)を常識のように引用したり、「VEDEM」内のほかの記事のなかで、子どもたち自身が仏教やインドの思想について書いているのです。大人たちが講義をしたり、図書館をつくったりした努力が実っているのでしょう。しかし、満足に教科書もなかったであろう環境において、どのように講義をしていたのかと改めて考えさせられます。

●（見出しなし）　（９号・1943年２月12日）

仏陀（ぶっだ）は、寝ているときはゆったりと夢を見ています。ところが、マドリフが夢を見るときはそう簡単にはいきません。彼の気持ちのよい眠りは、さまざまな物音、突然鳴らされる音やわけの分からない音、人や動物たちの鳴き声、また楽器やほかの不協和音でいつも中断させられます。「Ｌ417」のメンバーが便所当番のときにはもっと悲惨です。彼の眠りは、モールス信号が書かれている紙のようにブツブツと途切れます。

今週の火曜日の夜も同じでした。マドリフの眠りは、２時間ごとに中断されました。戻ってくる当番の足音やおしゃべり、これから当番に行く者の起きる声……。

かわいそうなマドリフは、ちゃんとした家である「Ｌ417」にいるのではなく、眠るとすぐに起こされる中世スペインの拷問室にいる囚人のようです。そんなうるさい夜に、マドリフは面白い続きのある夢を見ました。ダンテが教えてくれた地獄も恐ろしいものですが、夢の中のマドリフが言うことに比べれば大したことはありません。

夢のなかでマドリフ・ブムブリーチェクは、ツアー（皇帝）チフス４世フロズニーにお願いをしていました。ツアーはいろいろな顔をもっていて、時々、オチャスやヤフニン博士、ゴウダ・レーリフやほかの偉い人の顔になります。マドリフは、恭（うやうや）しくチフス皇帝に嘆願しました。

「ツアー、お慈悲を」
「何だ、きたないウジ虫め。罪深い口を開いて申してみよ」
「陛下、一つだけお願いがあります。これは私（マドリフ）個人の願いではありません。いいえ、１号室の罪のない子どもたちのためです。彼らを憐(あわ)れみたまえ」
「静かにせい、ウジ虫め。速やかに願い事を話せ」
「私たちの部屋の番号を変えてください。たとえば、4597号室でもかまいません。それ以外の願いはありません」
「ウジ虫よ、私を馬鹿にしておるのか？　私は慈悲も深いが、怒りもすさまじく恐ろしいことを知っているのか？」
「ご主人さま、私を拷問(ごうもん)にかけ、燃える火の中に入れてもかまいません。私の願いをかなえてください」
　チフス皇帝は、大きく咳ばらいをしてハンカチで鼻をかんで言った。
「なぜ、こんな変な願いをするのか？」

「先生、シャグリブが当番なのに起きようとしないんです」
　プルツェク（アイシンゲル先生のこと）は、ベッドに立ち上がって汗だくになって叫んだ。
「何だって？　燃えるベッドから？？」
「はい先生、当番なのに起きたくないと」
「分かった」
　先生は、分かり切っているというように返事をしました。額の汗をふき、目をこらして「彼を引きずり出せ。私はもう行かなきゃ」と言うと、またベッドに倒れこんで夢の続きへ。
　………………
「偉大なる皇帝ゴスダール（ロシア語で国家または政府の意味）。私た

(27)（Dante Alighieri, 1265～1321）イタリア・フィレンツェに生まれた詩人、哲学者、政治家です。政争に敗れてフィレンツェを追放されました。放浪をしながら、「地獄」「煉獄」「天国」の３部からなる『神曲』を著しました。

アイシンゲル先生

ち１号室の者が、憐れむべき者かあなた自身で判断してください。マットレスを運んだり石炭や家具を運ぶ命令のときは、必ず１号室の50人の少年が呼び出されます。

病人のための食事、またはショーンコスト(28)を取りに行くときも、整理整頓や衛生検査や活動調査のときも、みんな１号室の者が行かされるのです。便所当番のおばさんが、冷たい手を温めたいときも１号室に来ます。

掃除当番が、トイレ掃除のためにホウキが欲しいときにどこへ行くと思いますか？　１号室よりももっと近くに２号室や３号室があるのに、それでもこのおじいちゃんやおばあちゃんたちは、まるで本能に操られるようにすべて１号室へ導かれてくるのです。新米のマドリフが来たときも、１号室で訓練……。

皇帝ゴスダール。私たちの１号室が、すべて模範的だからだとは思わないでください。これはまったく関係のない話なのです。ご自分の学生時代を思い出してください。先生たちが授業のときに指すのは、いつも出席簿１番の学生からです。そうなると、１番の人は試験までに10回も指されるのに、最後の人はどんな授業でも誰にも妨害されずに遊べるのです。

賭けましょう。もし、私が次の賭けに勝たなかった場合には、生きたままあなたの恐ろしい沸騰したお湯の鍋で煮て、それから風通しのよいところにぶら下げられても結構です。みんなに、フィシェルさんから私たちの部屋は4597号だと教えてもらえば、すべての歓迎されざる訪問者、視察者、便所当番、そのほかの人たちは、私たちの１号室に来るよりも、まず収容所長にタバコを借りに行くことになるでしょう。

そのとき、近くで苦しんでいるブムブリーチェクの耳元で優しいささやきが聞こえました。

「先生、これはチフスの薬です」

それはリーシャの声でしたが、それっきり、もう後は何が起きたのかまったく分かりませんでした。

プルツェク（アイシンゲル先生）

ていねいに読んでも詳細な状況が分からない文章と言えますが、アイシンゲル先生は夢を見てうなされているのです。1号室でつくられていた雑誌「VEDEM」は、前述したように「私たちは導く」という意味なのですが、その1号室の置かれていた立場がよく分かります。

やはり、すべてにおいて1号室の子どもたちは一番の位置にあったと思われます。何でも頼まれたり、仕事をさせられたりしている、1号室のアイシンゲル先生と子どもたちの悲鳴が聞こえるような気がしてきます。

コトウチュさんは、テレジンの1号室の子どもたちは、特別な成長の仕方をしたと言っていました。ほかの部屋の子どもたちはまだ10歳から12歳位で、社会を冷静に見て深く考えるには幼かったと言えるでしょう。年長の子どもたちが集められた1号室には、すでに大人への批判や矛盾、運命への疑問、希望などを論理的に深く考えることができる年齢に達した子どもたちがたくさんいたのです。

13歳から15歳の子どもたちがひどい運命に翻弄（ほんろう）され、それまでには想像もできなかった環境のなかで成長期を過ごしたのです。考え方はすでに大人のものとそっくりになり、子どもでありながら意識は大人になっていたと考えられます。「VEDEM」のなかでも、それらの痕跡（こんせき）をたびたび見ることができました。それがいいことであったのか悲劇的なことであったのかは考えさせられるところですが、少なくとも子どもたちが、「VEDEM」のなかでは自分の考えを最大限に表現できた事実には救われる思いがします。

(28) ドイツ語のダイエット食のことで、砂糖なし、または油なしの食べ物です。収容所の台所では、このようなダイエット食事が黄疸の伝染を防ぐときなどに必要とされていました。

5 生活のなかの生と死

ゲットーの中で子どもたちは、いつも「生」と「死」と向かいあっていました。それは食べ物がないとか、ノミやシラミや南京虫（なんきんむし）などのひどい生活状態、チフスなどの病気による死やナチスによる処刑といった目の前の「死」だけでなく、テレジンがアウシュヴィッツ絶滅収容所への中継所であったということです。「東へ」または「西へ」[(29)]行くということは、アウシュヴィッツへ、つまり殺されることを意味します。「VEDEM」の６号にそのときの様子が書かれています。最初に紹介するのは、仲間の１人であるケンゲル君が送られるときのことです。

●ほめ言葉とけなし言葉　（６号・1943年１月22日）

大きなイライラの瞬間、恐怖の瞬間が来た。移送者の名前が書かれた紙が配られている。誰の番になるか。運命は、僕たちのなかからある人を選んだ。

残酷だ。移送される仲間を、できるだけ手伝おう。友達の思いが分かれば、せめて気分よく収容所を去っていくことができるだろう。

ケンゲルが、社会活動に取り組んだ姿勢を決して忘れてはならない。時々やりすぎるけど、とてもよくやっていた。自分が面倒を見ていた人に、自分の心も与えていた。

移送車で去った人、これから移送される人に対してお礼を言いたい。「必要なときの助けをありがとう」

（サインなし）

「テレジン。その苦しみと悩みを少しの間忘れて、ほかの世界について何かお話しましょう」（10号・1943年２月19日）という、たった２行の記事もあります。いつも、テレジン収容所の子どもたちは、どうして？　なぜぼくたちはここにいるの？　ここにいなければならないの？　こんなひどい生活をしなければならないの？　お父さんやお母さん、おじいさん、おばあさん、兄弟たちとも別れて、ノミやシラミがいっぱいいる狭くて汚い部屋で、ひどい食べ物で我慢しなければならないの？　と、言葉には出さなくても疑問をもっていました。

「VEDEM」のなかには、そうした子どもたちの疑問がたくさん出てきます。

●……なぜ？　だから！　（11号・1943年2月26日）

何日か前、誰かが僕に「テレジンは暗い夢だ」と言いました。間違いです。テレジンは若い人にとって、数十年の経験を得ることができる、人生にとって有意義な場所なのです。なぜなら、ここで何かを実践的に経験することができるからです。

テレジンは、小さな世界が演じられている舞台の楽屋にあたり、そこでは俳優を素顔のまま見ることができます。君たちは俳優でもあり、観客でもあり、演劇を演出したり演じることができるのです。

テレジンは本当の世界ではありません。本当の世界は、有刺鉄線の向こう側にあります。この有刺鉄線は、消極的な町であるゲットーを、理想のために戦っている積極的な世界から切り離しています。

テレジンは、僕たち若者の人生におけるただのエピソードでなければなりません。現実と生と死に、合理的に、批判的に、そして心強く直面しなければなりません。

仲間たちよ、君たちは、テレジンで数か月を生きて道徳的、肉体的な汚さを見、お腹をすかせた老婆や乳児の死によって絶望させられた若い女性が、もしかしたら数年後、タンスの下から灰色のネズミが飛び出しただけでヒステリックに泣きわめく様子を知ることになるでしょう。

また、数年後、テレジンの輸送部で東のほうへユダヤ人を送ったり、死んでいくお年寄りや死んだドイツのユダヤ人をホレショヴィツェ駅で受け取っていた男に会ったとき、彼がセンチメンタルになって、映画の

(29)　テレジンにおいて「東へ」と「西へ」は、ともにアウシュヴィッツへ行くことを意味していました。方角的には「東」ですが、移送列車は西に位置するベルリンを経由して行くので、このような表現となります。

なかの恋人たちに感動させられていることを知るでしょう。

この男女はテレジンで生きていましたが、決して「どうして？」という質問をしませんでしたし、質問にも答えなかったでしょう。彼らにとっては、テレジンは世界の中心だったのです。彼らとは、僕（ヨセフ・コーン）と僕たち（ユダヤ人、ユダヤ人問題）のことです。

仲間たちよ、明日、その「どうして？」という質問をしましょう。その「どうして？」という質問に対して、合理的に「なぜなら」と説明しましょう。答えれば、僕たちの間には噂がなくなり、僕たちの不幸やユダヤ人集団の存在という、不幸な運命に頭を悩まして涙を流すという恥ずかしい子どもたちもいなくなるでしょう。

そして、それらに代わってここでは、単に「祈り」ではなく「自分でやります、実行します」という子どもになるでしょう。自分が信じている理想の勝利のために、積極的に戦う戦士になるでしょう。

ペペク

アウシュヴィッツ内の有刺鉄線前の立て札。「危険」

この文章を書いたペペク君は、1944年９月28日にアウシュヴィッツ絶滅収容所に送られ、メンゲレ博士が行った「生と死の選別」は逃れて助かったのですが、収容所の周りに張りめぐらされている、電流が流れている有刺鉄線に向かって歩いていって死にました。「本当の世界は有刺鉄線の向こう側にある」と書き、「自分が信じている理想の勝利のために、積極的に戦う戦士になるでしょう」と書いた彼、自分の死のために有刺鉄線に近づいたのではなく、有刺鉄線を断ち切って、向こう側の世界につながる通路をつくるために有刺鉄線をつかんだ、と私は思いたいのです。彼は、勇気をもって「自分が信じている理想の勝利のために行動した」と考えたいのです。

絶望の淵にいてもみんなに希望を語っていた若い命が、絶望に耐えられずに自ら死を選んだことが、かぎりなく悲しくつらいのです。純粋に理想を追いかけたペペク君が耐えられなかった理由は、あまりにも人間性を無視した世界を見たからかもしれません。彼が想像した以上の地獄があった、としか考えられません。きっと、成人したらみんなの役に立とうという大きな夢を見ていたにちがいない彼の遺志を、無にしてはいけないと心から思います。果たして、現代の私たちは、彼の遺志にこたえることができるのでしょうか。

やはり、テレジンからアウシュヴィッツへ移送され、奇跡的に生き続けたコトウチュさんに、「テレジンで、一番衝撃的だった思い出は何ですか？」とお聞きしました。

「その答は、とても難しいです。テレジンに来たことは、私にとっては大きな変化となりました。テレジンに入ったのは13歳のときです。ゲシュタポ(30)に連れてこられました。そのときにはもう両親がいませんでしたので(31)、自分のことはすべて自分でやらなければなりませんでした。

テレジンの環境はとてもひどかったのですが、次に送られたアウシュヴィッツやニーデル・オステン(32)はその何倍もすさまじく、ひどいところでした。テレジンでは、直接自分の『死』というものを感じることはなかったのですが、のちの絶滅収容所では『死』というものに直面しなければなりませんでした。テレジンから1,500人が移送されて、そのうち1,200人がすぐにガス室に送られて殺され、300人しか生き残れなかったのです。決して言葉では表現できない恐怖です。

テレジンでは、お医者さんが私の肺に何かを見つけたことがショックでしたが、

(30)　ナチス・ドイツの国家秘密警察のことです。
(31)　コトウチュさんのご両親は、アウシュヴィッツへ送られて死亡しています。それまでコトウチュさんとお兄さんの世話をしてくれていた祖母と叔母も、テレジンからアウシュヴィッツへ送られて死亡しています。お兄さんは生き残りました。
(32)　ドイツのブッヘンヴァルド強制収容所の傘下として造られたユダヤ人強制収容所です。

10歳頃のコトウチュさん

アウシュヴィッツやブッヘンヴァルドなど、ほかの絶滅収容所の環境があまりにもひどい状況でしたので、テレジンでの経験があまり強烈な思い出とはならなくなりました。それほど、アウシュヴィッツはひどかったのです」

ナチスによって意図された大量殺りくが、アウシュヴィッツでは日常だったのです。ポーランドの田舎に造られたアウシュヴィッツ絶滅収容所は、第２次世界大戦時のユダヤ人虐殺の象徴として知られています。ガス室、処刑、病気、餓死、あらゆる人工的な「死」があったところです。そこで暮らし、生き残ったことは奇跡だと言われています。

アウシュヴィッツでの体験記もたくさん出版されています。人間が、なぜそんなにも非人間的になり得るのか……。そこでの体験には、すべての問いが含まれています。それは、テレジンでも同じことなのですが……。

テレジンでの日常的な病死、餓死、処刑についての記事もたくさんあります。

●（見出しなし）　　（９号・1943年２月12日）

毎日、数十人の子どもたちがチフスで亡くなっている。毎日、次から次へと病院へ運ばれている。それにしても、ある非常識な者は、ついさっきトイレに行ったときの靴のまま、平気でテーブルの上を歩いている。その後で、誰かが机の上にパンを置いて……大変なことになる。

それは、すぐ友達の死を招く、罰せられるべき不注意だ。

（サインなし）

普通の生活ではほとんど話題に上ることのない火葬場や死体安置所などの話も、頻繁（ひんぱん）に出てきます。身の周りに、いつも死体があったということです。

●霊柩車　（16号・1943年4月2日）

黒い霊柩車（れいきゅうしゃ）の後ろを、ゆっくりと静かに、泣きながら遺族がついていく。車には、お父さんや叔父さんやお祖父さんが、木や金属の棺桶（かんおけ）に入って乗っている。

棺桶の種類は料金次第。ファースト、セカンド、サードクラスのお葬式。また、偉い人の場合は、ショパンの悲しい『葬送行進曲』の演奏。一方では、犬の鳴き声しかない寂しくかわいそうなお葬式。亡くなった人の唯一の友達であったかわいそうな犬。それは、去る人との最後のお別れ。

花輪、文字のついた黒いリボン、霊柩車も大型、中型、小型とあり、僕たちは道で出合うと迷信家のように振り向いたりしない。霊柩車は、僕たちにとって死の象徴。動いている大きな棺桶。恐怖と不安を与えられ、接触するのが怖かった。かつてそれらは、僕たちにとって遠くて知らない世界のものだった。

そして月日が経ち、人々はまたこの車（霊柩車）の後ろを追っている。車は、木、石炭、荷物、家具など、現在使われているものを運ぶために使われている。テレジンに来る前とはまったく違う、このようなゲットーの風景を初めて見たときの複雑な気持ち。

それは、僕たちを戸惑わせ、迷わせる。ほかの世界の象徴であり、黒い棺桶の恐怖、数百万人の最後の永眠の場であったものが、今はみんなのために使われ、ほかの使える車が不足しているために日常の仕事で使われている。

車の後ろを追って歩いている男の顔は？　もちろん、最初は悲しく真剣だった。

「それは永久に追われ、永久に旅している私たちの運命」

ところが、男の顔はそれに慣れ、そして慣れるどころか笑いはじめる。時間が過ぎて、今はミルクの樽を乗せている車。昔は違う目的に使われていたことを完全に忘れている。

僕たちは、あきらめないということを証明した。僕たちは、このような（霊柩車を日常的に使わなければならないという）恥ずかしめを乗り越えられることを再び証明した。誇りをもって頭を上げて！　僕たちを叩き、侮辱し、追いつめても、僕たちはきっとすべてを乗り越える。

僕たちにとって、死も霊柩車も、神秘的な恐怖ではなくなった。死を恐れない。すべてを乗り越える。

「フランタ君？（子どもの名前）、見ていてください。このぼろ車でぶつからずに通れるんだよ」

ele

死の象徴である霊柩車以外に、火葬場についての記事も時々出てきます。少年たちの目のなかのどこかに、そうした死の風景がいつもあったのです。

●火葬場と火葬について　（11号・1943年２月26日）

ほとんどの人は、「火葬とは何ですか？　火葬場はどんなところですか？」と、疑問に思っています。最初に、火葬についてお話しましょう。

近代的な立場から見ると、火葬、つまり身体を焼くことはどんな場合でもより衛生的です。「どうして？」と、あなたたちは必ず聞きます。土葬では、肉が腐って完全になくなり、骸骨（がいこつ）だけになるのに10年ほどかかりますが、火葬だと、肉は何分間かで焼けてしまうのです。

火葬場でもっとも面白い装置は、800～1,200度になる炉です。一番近代的で一番よい燃焼法は、石油による方法です。一つの炉を燃やすためには、石油が６～８リットルぐらい必要です。炉の中の温度が1,100度を超えないように、炉には冷たい空気を入れるための10本のパイプがあります。温度が800度を下回ると空気の入り口はふさがれ、それによって温度がまた上がります。炉の中に10センチの耐火粘土（たいかねんど）の層があるのです。

火葬のやり方は次のようです。

死体はまず、後ろの一段高い床にある重い鉄の車の上に乗せられます。その後、後ろのドアから（絵に描いてあるように）炉の中に押し込められます。そこで、車は自動的に荷物を下ろし、何秒間かで戻ります。

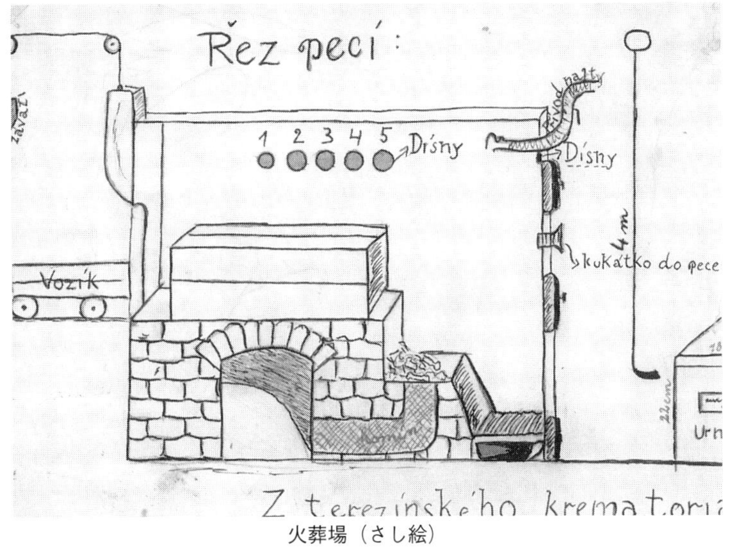

火葬場（さし絵）

ゲットー内の火葬場（現在）

ご存じのように、身体の75％は水分です。そのために、身体は高い熱を加えると身体の中の水分が沸騰しはじめ、死体が動きます。肉が全部焼け、骨が半分焼けたら、小さい山が残ります。そこで管理人は、4メートルの長い火かき棒を炉の真ん中に押し込んで骨を焼きます。上のほうにまた新しい死体が置かれるので、二つの死体が同時に焼かれることになります。

骨が完全に焼けたら、それをまた管理人が下にある焼き網に置いておきます。焼き網の下には鉄の鍋があって、そこに残りを入れて冷まします。死体は25分か40分ぐらい焼かれますが、面白いことに、女性は男性の半分の時間ですみます。

このテレジンの火葬場にどんな設備があるのか、きっとあなたは興味があるでしょう。それについても教えることができます。

テレジンの火葬場は、半年前にできました。これは、保護領（当時、チェコはドイツの保護領だった）の一番新しい火葬場です。炉の設備は説明しません。なぜなら、絵に描いてあるとおりなので。

火葬においては、伝染病で亡くなった人の死体やシラミのついている人の死体は棺桶（かんおけ）ごと焼かれます。灰は22センチ×18センチの骨壺に入れて、ビール工場の骨壺置き場に置きます。それについては、また次にお話します。

ブレスク（本名不明、稲妻の意味）

「VEDEM」のなかに、ギンズ君は「テレジンの散歩」というコーナーをつくって、テレジンの中のいろいろな施設や生活などを紹介しています。「消防署」や「乳児院」、そのほか興味深い大人たちへのインタビューなど、編集者として、また記者としての才能があふれた連載記事となっています。そのなかの一つに、中央遺体安置所のことについて書いた記事があります。

●テレジンの散歩　（17号・1943年4月9日）

中央遺体安置所は、テレジンの境界線につらなっている壁の奥にあります。入り口は地獄の門のようです。外からは、小さい銃口用（テレジンは軍事要塞として造られていました）の窓を通って弱い光しか入りません。いつも誰かの死体が乗っているギシギシいう車が来て、その後ろに、白い服を着た死体を運ぶ人が続きます。

彼らの足音は地下から聞こえてきます。袋小路になった廊下の曲がり角には木の棺桶が置いてあり、ある棺桶はすでにいっぱいで、（火葬場に）持っていくことができるように準備されています。あるものは空(から)で、棺桶に入る住民を待っています。

僕はこの暗い場所を訪れたとき、次のような光景を見ました。

至る所どこも静かで、沈黙だけ。後ろの廊下で働いていた人もつぶやくように話をしていました。あたり一面、苦しい死の恐怖がありました。

やっと廊下が終わるところまで歩くと、そこで彼らはちょうど死体を包んでいました。見るのがとても恐ろしかったです。なぜなら、身体の輪郭がはっきりしていて、まったく動くことがなく、形だけの人間だったからです。死体を包んで棺桶に入れ、蓋をしました。それを、全部聖職者ラビが見届けていました。僕は少しだけ見て、やっとボック博士に質問することにしました。ゲットーに住むすべての住民の終着駅、その駅長のボック博士。

中央死体安置所は1942年８月12日から存在し、それ以来、その廊下を21,000の死体が通ったそうです。

「そして、そのうち伝染病で亡くなった人は何人ですか？」

「それは、登録していません。チフスで120人が死んだことだけは知っています」

「亡くなった人は、その後どうなりますか？　また、それはどんなやり方ですか？」

「人はたいてい病院で死にます。お医者さんの診察後、死体はすぐこちらに運ばれてきます。そして、そこで宗教慣習どおりに洗われ、長いシャツのような服を着せられて棺桶に入れられます。すべてを聖職者ラビが見ています。火葬場での火葬の後、灰は壺に入れられます。そのため、壺が林のように並んでいます」

「ずっと死体を扱っている人はどんな気持ちなんでしょうか？　彼らは、死体をレンガとして扱っているんでしょうか？　それとも、亡くなった大切な人間として扱っているんでしょうか？」

「この仕事は報酬を考えてはできない唯一の仕事ですが、亡くなった方に対する最後のお勤めを、とても真面目にやっています。それは、特に去年の9月の出来事で分かりました。そのときは、同時に4,000の死体を運ばなければならなかったのですが、失敗しませんでした。彼らを支えたのは肉体的な力ではなく、何か違うものがありました」

「博士、いろいろなお話をどうもありがとうございました。長々とお邪魔をしてすみませんでした」

僕はそう言ってお別れすると、地面の下から地上の太陽の光のなかに入りました。

NZ（ギンズ）

第2次世界大戦中、テレジン収容所に収容されたユダヤ人は14万人と言われています。そのうち、生き残った人は1万人にも達していないのです。このように、病気、死、死体安置所、火葬場などの暗い施設が身近にあるという環境のなかで生活していた子どもたちでしたが、そんななかにいても、生きる希望や喜びというものについて書かれた文章がたくさんあります。

●（見出しなし）　（12号・1943年2月6日）

疲れ、汚れ、怠惰（たいだ）の町、テレジン。また、不潔、死んでいく人、死んだ人の町。だが、働きたがっている、愛したがっている、凛（りん）とした若さの炎が燃えはじめた。それは、常設の劇場の設立。演劇、オペラ、芝居、子どものための劇場の設立。

若者は、外国語、数学、科学、博物学を勉強し、若いお医者さんや医学部学生や看護師は死と闘い、チフスと闘っている。若い女性たちは、ご主人のために特別なテレジンの料理〔……それはジャガイモのペーストと愛を、五つの料理方法でつくるもの〕をつくった。

若い父親たちは、エキゾチックな形の乳母車をつくっている。若い人は火山の上であっても、今日、明日、一週間でも働きたがっているし、愛し、生きたがっている。

（サインなし）

「ジャガイモのペーストと愛を、五つの料理法でつくる」というのは、どんなごちそうだったのでしょうか？　苦しさをユーモアと明るさで包んだ希望にあふれる文章は、子どもたちの心の奥底を考えるとやりきれない気分になります。

次の詩の訳者プルツェク（アイシンゲル先生）は、旧ソ連の思想家や実践家に憧れ、彼らを理想としていました。たとえば、子どもたちがつくった組織の名前「シュキド（SHKID）」（65ページ参照）もそうですし、そのほかにも多くのロシア語の詩を訳しています。

●夜明け　（12号・1943年２月６日）

静かな　ほんのりと暖かい
日の出前のとき
神秘的な光に驚かされ
東には
まさにダイヤのように輝く星
高く白く光りながら
月は空に上り
灰色の夜の薄明かりは森を隠し
緑の谷から　朝が流れてくる

畑からは　明るい喜び
鐘の音からは　大地の復活
銀色の歌に囲まれ
天国のように新しい日よ　輝け
太陽は堂々と自らの道を歩み
君も新しく生まれ変わり
暖かい光を　身にまとえ
悲しさなど　地球では意味がないと
生活よ　楽しき幸せの日々に　なれ

ブーニン(33)の詩をプルツェクが訳す

(33)　(1870～1953) ロシアの詩人、小説家。15歳で学業を放棄し、1901年『落葉』でプーシキン賞を受賞しました。1920年にフランスへ亡命し、1933年にノーベル賞を受賞しました。代表作として『ミーチャの恋』があります。

この詩『夜明け』に自分たちの未来を重ね合わせ、その詩の言葉に惹かれて訳したものと思われます。アイシンゲル先生には、子どもたちに希望をもたせたいという意図があったのでしょう。

次に紹介する「二つの思い出」は、プラハでの懐かしい思い出と、東（ポーランド、アウシュヴィッツなど）への移送という冷たい現実が並べて書かれています。子どもたちは、プラハをはじめとしたチェコの故郷での楽しかった生活をいつも思い出していたのでしょう。そして、ハッと気付いたときに、現実となっている厳しい自分の境遇を思い出すのです。少し長い文章ですが、味わって読んでください。このように、文学的な子どもたちの作品が「VEDEM」にはたくさん掲載されています。

●二つの思い出　（52号・1943年12月27日）

軽やかに、雪が降っています。水晶のような雪の結晶が空中に舞い上がり、人間の命のシンボルのようにゆっくりと下りてきて、数百万のほかの結晶と地面で溶け合います。

冬の到来を告げる最初の雪が降ると、まるで休日のように静かになりました。冬の女王は、自分の到着を祝うかのように、白いローブでプラハを包もうとしていました。

僕は物思いから覚めて雪が積もった町から目を移すと、お母さんが台所から大声で呼んでいるのが聞こえました。

「急ぎなさいルーディ。学校に遅れるわよ」

僕は、急いで台所に行きました。テーブルの上には湯気の立つコーヒーと黄金色（こがねいろ）に焼けたバターロールが乗っていました。部屋は暖かく、急いで朝食を食べると、サンドイッチをかばんに入れ、コートを着て帽子をかぶり、お母さんにキスをして出掛けました。

通りはまだ少し暗く、仕事へ急ぐ人々の足元には、積もった雪が溶けていました。通りの向こうで手を振っている友達と一緒に、学校へ急ぎました。

あっという間に授業は終わり、男の子と女の子たちの群れが、おしゃべりをしながら、学校から雪の積もっている道に出てきました。

雪は止んで太陽が燃える顔を出し、白い雪のコートに覆われた町は、陽射しのなかでダイヤモンドのように輝いていました。町中が、そして人の心も明るく輝き、通りすがりの大人たちは、子どもたちをいたずらっ子にさせる雪の素晴らしさに微笑(ほほえ)んでいました。

雪合戦の後、僕たちは冬の寒さに震えながら家に急ぎます。家では、両親が温かい食事をつくって待っていました。

食事（昼食）の後、本を手にソファに寝そべり、またたく間に冒険の世界に引き込まれていきました。ハッと時計を見ると、もう遅刻です。時間がすごい速さで過ぎていきます。みんなが僕を待っていました。アイススケートとホッケーのスティックを取ると、仲間と一緒にスケート場へ飛び出しました。冬の澄んだ空気のなかで聞こえる騒音と子どもたちの歓声が、遠くから迎えてくれました。

スケート靴をはき、固く滑(なめ)らかな氷の上を滑(すべ)り、去年覚えた技(わざ)を試しました。新鮮な空気のなかで遊んだ時間はまたたく間に過ぎ、夕方になると疲れ切ってしまいましたが、頬をバラ色に染めて家に戻りました。

夜になってベッドに倒れ込み、素晴らしかった１日と明日の予定のことを思い、夢の世界へ入っていきました。

ドアがバタンと開き、部屋の隅に集まっていた子どもたちのなかに、息を切らしてズデネクが飛び込んできました。

「移送がはじまった」

「天才的な発見だ」と、エリックが皮肉っぽく言って、テーブルを蹴飛ばしました。

「ビルケナウに行くんだって」と、誰かが言いました。

「トルジネツ行きだよ」と、別の人が言いました。

「（原文不明）」と、ベッドに座っていたベイチェクが諦(あきら)めたように言いました。

「そういう話は何回もあったし、それはみんなキャンセルされたよ」

「今度は本当だ。父さんが事務局の人から聞いたんだから」

「ああ、大変だ」

コトウチュさん（当時13歳）が「VEDEM」のなかに描いた絵

オルチェが頭を抱えて言いました。

「僕たちはきっと連れていかれるよ。登録されているんだから」

「大したことじゃないさ」

「今度は本当だよ」

次に、カキが言い出しました。

「お父さん……」

「様子を見てみようよ。お昼ご飯を食べに行こうか」と言って、ヘルベルトが議論を打ち切りました。

集まっていた男の子たちは散っていきました。みんなの頭のなかには、一つの疑問だけが残りました。

「本当に移送がはじまったのだろうか。自分は、そのなかに含まれているのだろうか」

お昼は、緊張したまま過ぎました。２時にホンザが部屋に飛び込んできました。

「最初の割り当てが決まった。見に行く」

地獄のようです。男の子たちの群れが事務所のほうへ走ります。そこには、もう待っている人たちの列が並んでいます。急に静かになって、足音だけが聞こえてきます。そのときドアが開いて、「５号室からは大勢です」と、誰かが新しく来た人に静かに言いました。

「１号室からルスティッグ、ブルーム、ポラーク、ヤン」と、リーシャが真っ青になって書類を持って出てきました。決まったからには、「だからどうした、どうしようもないじゃないか」と、言うよりほかはないのです。

自分が行くのか行かないのかを知りたがって待っている人に、誰かが伝える声が急に聞こえてきました。

「１号室からクラウス」

真っ青な顔で、事務所からホンザ・クラウスが出てきました。笑っていません。絶望のなかにも毅然とした表情で、手のなかに移送の命令書を持っています。寂しい顔ですが、人を泣かせるようなことはしません。だって、移送の命令書をもらった人にとって一番必要なことは、「もう仕方がない」と、自分に言い聞かせることなのですから。

移送命令書が配られてからしばらくして、事務所前にいた人々の群れは去っていきました。

「みんな第１ラウンドからは逃れたけれど、第２ラウンドには必ず入ってるよ」と、悲観論者のオルチェが拷問にかけられたような顔で言いました。

午後は出発準備で大わらわでした。夜には灯火管制があり、壁に幻想的な影をつくっているローソクの光で荷造りをしました。

「ひも」と、荷造りのリーダーであるラウボバ夫人が声を上げると、たくさんの腕が伸びました。みんな手伝いたいのです。強い団結の心が感じられました。でも、まだ第２ラウンドの情報はありません。

急にプルツェク（アイシンゲル先生）が入ってきて、「全員すぐに寝なさい」と言ったので、みんな不満そうにブツブツ言いました。こんな夜に眠ることができるでしょうか。

僕はベッドに横になり、心の中でテレジンのカラー映画を見ていました。そこに映っているのは、汚さ、騒音、叫び声、悪口、悪臭、高熱の伝染病、薬の匂い、台所の器のなかで腐っているジャガイモ、毎日のお昼の空腹感、またポーランドへの移送に対する恐怖、肺炎のときのお母さんの心配そうな目。

そして、眠りに落ちる前に思ったのは、「明日はどうなる？」ということでした。

ini（ラウブ）

希望を見つけることさえ難しい死と隣り合った環境のなかで、子どもたちは、自分たちの生活を何とか意味のあるものにしようと必死に考えています。

（見出しなし）　（19号・1943年４月23日）

君は　苦労という言葉を知らないのか
探すこと　裁くことは愚かだ
１日の傷は　夢だけで治せ
明日起こるかもしれないなどと
自分を苦しめるな
人生は　上手に過ごし
与えられた　哀しみ　楽しさ　不安……
もっとほかに　何かあるか？
どうして泣くんだ？
１日を生き延びたじゃないか……
神様にバンザイだ

チュッチェフ

この詩を訳しながら、涙しました。それほど素晴らしい詩だと思います。チュッチェフ（1803～1873）は、ロシアでは著名な詩人のようです。それをチェコ語に訳した少年、また日本語に訳させてもらった私……。

まったく違う言語から同じ思いを紡ぎ出す作業は、難しさとともに、一体感のある喜びと、時間を超えた悲しみを与えてくれます。まさに、１日１日を生き延びていた子どもたちの思いに少しでも近づくことができれば、と思わずにはいられません。

子どもたちにとって、明日起こることが「死」だという確率はかなり高いのです。というよりも、ほとんど手の届きそうなところに「死」があるのです。病気でもなく、罪を犯したわけでもなく、身体的にも精神的にもすべて健全な、若さにあふれる子どもたちの無念さを感じます。

●忘れません！（1943年1月20日・ポーランドへ去った友へ）

（6号・1943年1月22日）

冷たい鉄格子が重い
君の熱い別れの言葉が
頭の中でどんどん膨らみ
脳まで達して僕を悩ます
君の、若く楽しく新鮮な
美しい骨までも燃やし
食い尽くすやつ
心に沁み入る
愛や信頼をも焼き尽くし
火と硫黄に変えてしまうやつ
陰の支配者よ！
僕は君たちの仇打ちに行く！

僕はナイフを持った手を
激しく振りかざす
君を殺した恥ずべきやつ
死体の足や骨の山を見て
あまりの怒りに
口をゆがめて吹き出した泡
僕は今立ち上がり、殺人者を笑う
マシンガンが出す美しい音で
殺人者を撃つ
そいつは痙攣（けいれん）で身体をくねらせる
この私の夢は
いつか実現されよう！

（サインなし）

復讐の思いなのでしょう。大切な仲間がポーランドへ移送され、その2日後に出された「VEDEM」に載った詩です。「VEDEM」の記事としては、珍しいほど激しい言葉が使われています。「ナイフを振りかざし」とか「マシンガンで殺人者を撃つ」などの表現は、この詩以外にはほとんど出てきませんでした。

サインがありませんでしたので、誰が書いたのかは分かりません。子どもたちの心の底からの悔しい思いが、直接感じ取れる数少ない詩です。

6 社説と論文

「VEDEM」には、その号の最初に社説として論文が掲載されています。それは、「プルツェク」というサインのアイシンゲル先生だったり、ペペク君だったりします。かなり難しい問題を、深く考えて書いています。

社説として書かれた記事、また「VEDEM」のなかに掲載されている論文には、「資本主義について」(17号・1944年4月14日)、「マハトマ・ガンジーについて」(22号・1944年6月4日)、「社会的な感情と社会主義について」(30号・1943年7月9日)、「階級の差」(18号・1943年4月16日) など、さまざまなテーマが取り上げられています。そのなかから、現代でも重要な問題として論議されている三つのテーマを選んで紹介します。

一つは「民族主義」の問題、二つ目に、歴史のなかにいる自分たちの父親とそれに続く者としての「自分たちの選択」という問題、そして最後に、ユダヤ人にとってどうしても避けられない「偏見」という問題です。

ユダヤ人への偏見が民族絶滅政策にまでエスカレートしたヒトラーについても、ドイツ国民が、どうしてあのような野心家を熱烈に支持したのか不思議です。同じ敗戦国である日本も同じです。国民が見る目をもち、正しい判断力をもって対処していれば、曲がった道をたどることなどはないはずです。多くの国民が、断固とした意思と信念をもつことが必要なのです。そうです、平和への道を進むためには……。

ユダヤ人問題というのは、民族間のわだかまりや利害関係が積もり積もって吹き出たこととも言えます。そこで、民族主義という問題が出てきます。1号室の子どもたちも、この問題については真剣に考えていたようです。民族主義の歴史、弊害、そしてどうあるべきかということについての考察には、現代の私たちにとっても教えられることがたくさんあります。

それでは最初に、プルツェク（アイシンゲル先生）が書いた「民族主義について」という社説を紹介しましょう。少し長く、難しい内容ですが、13歳から15歳の子どもたちが、このようなことについて必死に考えていたことは事実です。

●民族主義について　（29号・1943年7月2日）

テレジンだけでなく、全世界で話題になっている問題の一つが民族主義です。この問題は、とても古くからありました。

初め人間は、遊牧集団として暮らし、時々魚釣りや狩猟をし、家畜の放牧などをしながら、生活に適する場所を求めて移動していました。民族と部族の違いという問題が出てきたのはその後です。それは、経済的な理由から発生しました。

家族、親族、部族は自分たちのまとまった集団となり、一つの社会となりました。そして、土地や財産を拡張しようとする外からの侵入者に対して、自分たちの社会や畑と住居を守ろうと努めました。このような経済社会から、共通の宗教、共通の言葉と文字、そしてそれぞれの文化というものが発生したのです。

民族意識というものは、いろいろな部族によってそれぞれ異なっていました。ユダヤ人の民族意識は、強かったと言えるでしょう。ユダヤでは、民族と人種の違いは宗教に由来していると言われていました。

古来より、人間の進歩についてどんな意見があろうと、確実なことは一つしかありません。それは、今までのすべての国の形は一つの共通の性質をもっていたということです。それは、支配者層が、数ではもっと多くの搾取されている層に対して行う暴力です。つまり、法で認められた暴力です。このような暴力は、いつでも、どこの社

46号の表紙（1943年11月5日）

会でも同じでしたが、そのほとんどが経済的な理由によるものでした。

この暴力の形は常に変化していましたし、今も変化しています。しかし、たとえば奴隷制度、封建制度、ファシズムなどの時代のように、はっきりとその暴力が見えるときも、また立憲制度、共和制、民主主義などの時代のようにうっすらとヴェールに包まれていたときも、暴力は暴力として存在していました。

どんな暴力政府でも、経済的搾取を目的として暴力を行うためには、いわゆるイデオロギーが必要でした。イデオロギーがなかったら、人を殺したり、略奪したり、強姦したりするのが難しいのです。

民族の歴史がつくられているときは、支配者層はたくさんのイデオロギーをつくり出すことができませんでした。彼らの想像力は乏しかったのです。いつも同じように、宗教か民族主義という二つのイデオロギーの名の下（もと）で大部分の殺人や暴力が行われました。殺人者たちは、天から神様が見ているか、彼らの祖先に見守られていると思っていました。それによって彼らの暴力が認められるというのではなく、天の力によって浄（きよ）められると思っていたのです。

今は、民族主義だけが注目の的となっています。宗教は、暴力を使うためのイデオロギー的手段としてはもう古くなったのです。

現在では支配者層が、たとえば神の三位一体やマリヤの処女受胎などの理論を守るために、国を戦争に巻き込むことが難しくなりました。現在は民族主義が主流ですから、愛国心的な情熱を燃えさせることが、経済搾取や侵略や戦争のための手段となるのです。

何らかの物質的な利益のために、大量殺人をするような邪悪な人を想像することは難しいでしょう。しかし、このような卑劣な動機も、清らかそうな３色または２色の十字架や星のついた旗に包めば、すべてが許されてしまいます。

X国の支配者層には、自国の製品のための市場がありません。なぜなら、アフリカの植民地はY国が所有しているからです。また、X国には原料がなくて、その製品はもっと安いY国の製品によって閉め出されています。そんなときにX国は、「武器を持ってY国と戦うように」とか

「Y国の植民地を奪って生産を削減させ、我が国の求める値段で売らせるための戦争に行くように」と、労働者や農民をどのように説得して戦争に行かせればいいのでしょうか。

さらに、妻や子どもたちや両親を残して我が家を出て、今まで会ったこともないよその国の、嫌ってもいない労働者や農民たちを「殺しに行け」と、一体どのように納得させられるのでしょうか。

そんなことをする人は、決して普通の人ではないでしょう。では、「支配者、銀行家、工場長、大臣が、太陽の下でもっとよい領地をとるために」とか「今までよりもっと利益を多く得るために人々を戦争に行かせるため」には、どのようにすればいいのでしょうか。

そのために民族主義があるのです。それは、よその国民に対する優越感、自国の神聖さ、他国民の劣等性、自国民の目的を達成するためには、道徳に反してもすべての手段を使うことが可能であるという理論をもった、独善的な暗い考え方です。

民族主義は、近代の人間にとってはアヘンです。それは、中世や古代の宗教と同じです。支配者層が国民のなかに民族主義をある程度受け入れさせることができたら、彼らの勝ちです。

その後に、平気で大衆を戦争の屠殺場（とさつじょう）に送ることができますし、個人資産と資本の黄金の牛の周り[(34)]で、殺人や、憎しみの強烈なフレンチカンカンを踊ることもできるのです。数百万人が戦争に行くことになります。大衆は誰かの知らない命令によって殺人を犯し、また誰かの知らない命令によって殺されるのです。

国民は神聖である義務を果たし、自国の歴史の意味をつくっていると思いながら、気が狂って自分の命や肉親の命を犠牲にしています。でも実際は、彼らは民族主義という酒に酔わされたかわいそうな子牛なのです。

これまでは、人間社会のマイナス現象として宗教と民族主義について

(34)　モーゼが神と契約しようとしたとき、十戒の第1の「他の神を拝することなかれ」を否定して、黄金の牛を神として、その周りで大衆が踊り、神の怒りを買ったという故事を引用したものです。

話しました。つまり、宗教と民族主義を、本来の目的ではないほかの目的のために使われているものとして捉え、宗教本来のものではない外部的な現象として話したわけです。

しかし、宗教と民族主義の内面的な本質については、何ら問題はありません。現在の科学の状況にあっては、人間は宗教によって支えられることもありますし、また支えられなければなりません。

未来の社会では科学が発達して、その支えはいらなくなるという説についての議論は今のところ無駄ですが、次のことだけは確実です。それは、宗教は町や政治集会や学校などといった外部の世界から、人間の心のなかに移らなければならないということです。

民族主義も、同じようにならなければなりません。民族主義にも肯定的な面があります。今、「国民（民族）の文化」と呼ばれているものは育てるべきです。また、育てなければなりません。真の国民（民族）の文化がなければ人間の文化もありません。

しかし、ここでも「大移動」が行われるべきです。外部および町から、民族主義は人間の心のなかに移動します。心のなかに入ることによって民族主義は深まり、情熱が増します。これだけが民族主義の助かる道です。民族主義は宗教と同じく、個人のものにならなければなりません。

将来の社会では、国家と宗教だけではなくて、民族主義としての国民の考え方と政治を分離しなければなりません。宗教と民族主義の支配地域は、昔は広大でしたが今は狭くなりました。

（後略）

プルツェク

前述したように、筆者の「プルツェク」はアイシンゲル先生のペンネームですが、子どもたちは真剣にこの社説に対して耳を傾けていたはずです。自分たちの置かれている状況と、これから解決していかなければならない民族問題や宗教対立、国家の問題、戦争について書かれた記事だからです。

民族主義という大義名分によって動かされている大人たちを、また戦争に駆り出され、お互いに殺し合っている事実を子どもたちは見ています。民族主義を否定することはしていません。民族主義は、自分たちの心のなかで大切に育てていくべきだと論じているのです。国家が民族主義を掲げて闊歩（かっぽ）すれば、他民族が不満をもつのは当然でしょう。その危険性を身をもって知ったのがユダヤ人であり、過去、現在と、その紛争に巻き込まれて戦っている人たちなのです。

子どもたちは、過去の歴史を振り返って、自分たちの父親についても冷静に書いています。

●自分の父親を尊敬せよ……！　（26号・1943年６月11日）

先週の金曜日のディスカッションで、僕は自分の父親について話しました。大勢の人たちに、神様の５番目の命令(35)に反しているという印象を与えたかもしれません。すべてのことは、僕の父親についてだけであれば言わなくてもいいことですし、大したことではありません。また、社説を書くほどのこともありません。

しかし、事件は僕の家族の枠を越えて、いわば僕の父親が属する世代のすべてに関することですから、この事件はもっと広い、世代上の問題となっています。

先日は前半を述べましたので、今日はその後半を述べることにします。お父さん、あなたにとってもあなたの友人に対しても正直に言うことを、今日は許してくださいますね。

この文章を書いているとき、目の前に優しい、心配そうなお父さんの顔が浮かびました。お父さんのただ一つの目的、ただ一つの心配事は、自分の家族のために明日を保証することです。お父さんが、自分を犠牲にしたことに感謝します。それによって僕は勉強することができ、文化の光を知ることができたのです。

お父さんは、父親としての役割を当たり前のこととしてやってきました。僕も同じくお父さんを愛しており、息子として、当然お父さんを尊敬しています。それについて、ほかの言葉で表現するのは余計なことで

(35)　ユダヤ教の十戒のなかにある第５は、「父母を尊敬する」となっています。

すし、不自然なことだと思います。そこで、印刷者にここで太い線を引くようにお願いします。

生活には、体の中の血と同じように、二つの循環流があります。小さいほうは、家族のなかでの生活です。大きいほうは、家族以外の外での生活です。大きい生活循環は小さい生活循環に力を与え、影響を及ぼしています。また、小さい生活循環は、機能的に大きい生活循環と完全につながっています。

大きい生活循環の故障は、小さい生活循環のリズムを危険にさらすことになります。それとは逆に、小さい生活循環の故障が大きい生活循環に多大な影響を与えることはありません。人間関係では、家族と社会生活が直接関連づけられているので逆になることはありません。しかし、社会組織における故障の結果は、家族に一番深刻な打撃を与えます。

もし、お父さんが社会のなかの正しい動脈だけを流れているのなら、僕たちはそれぞれの家族に対して、特に両親に対して、肯定的な温かい思い以外はもたなかったでしょう。

テレジンに来る前は、みんなそれを理解していませんでした。逆に、僕たちの大部分は、それについてほとんど何も知りませんでした。もしくは、知りたくなかったのです。特に、僕たちの父親（彼も自分の父親から教わってきている）はそのことについて何も知らなかったし、また知りたくなかったのです。いわゆるダチョウの戦略[(36)]です。かわいそうな父親たちは、疲れるまで家族の繁栄と幸せのために働いていました。自分が努力することで家族内に所有される物質的な幸せが、永久に子どもたちの幸せの基盤になると思っていました。

1944年5月1日号のさし絵

社会状況が表面上は静かだったとき、正確に言えば静かであるように見えたとき、僕たちの家族はもっとも平穏な生活を送っていました。太陽の下(もと)、僕たちの輝くような家族生活は、幸せなゆったりとした気分で波のなかを優雅に泳いでいました。愛と幸せを永久にとどめるように、空の青さはその生活のなかに反射していました。でもそれは、重い運命の錯覚だったのです。

社会関係に波が起こった最近になって、ようやくそれについて確信しました。波が空高くうねり、ものすごい音とともに僕たちの静かな家を覆い、ただのマッチ箱のように飲み込んで、僕たちはさらわれました。それは、一夜の出来事でした。

自然災害と同じように地球のなかから絶滅と破滅の火と硫黄が噴出し、僕たちの家と存在を飲み込んだのです。テレジン、ポーランドへの移送、マウトハウセン収容所[(37)]、憎しみ、嘘、多くの殺人、踏みにじられた人権や自由、ダンテの「地獄」そのまま、それら全部を大変な恐ろしさのなかで経験してきました。

ここテレジンは、僕たちの信仰、希望、愛、仕事に対しての情熱に満ちています。それは、今僕たちがそれらのなかで生きていないがゆえの渇望です。どうして、こんなことになったのでしょうか。だって僕たちの父親は、僕たちが正直に働いたり勉強したりすれば、神様が授けてくれたこの世の中でうまくやっていけるはずだと約束してくれたのに……。何のために、かわいそうなお父さんたちは、工場やお店や役所で頑張っていたのでしょうか？

その問いに対する答えは、理論的には二つしかありません。

一つの原因は、神様の範疇(はんちゅう)に入る超自然的原因です。たとえば、私たちの罪に対する罰、または我慢強い自己犠牲の信仰、正しい間違いのない神様の懸命さにこたえるヒレル[(38)]の試練です。

(36)　見て見ぬふりをすることです。チェコでのたとえです。
(37)　オーストリアのリンツ近くに造られたユダヤ人強制収容所のことです。
(38)　古代のユダヤ教史に登場する聖職者ラビの名前です。厳しく規律を守ろうとするシャマイ派に対して、自分のできる範囲で実践しようと主張しました。

もう一つは、自然（神様によらない理論）に原因を求めるべきです。深い信仰をもっている人は、最初に述べた方法で物事を説明していますから、そのような人と話すのは無駄です。

しかし、今僕たちが経験している災難の自然発生的な原因を探したい人は、僕たちと一緒に進んでください。その道は、簡単な道ではありません。逆にトゲのある痛い道で、血肉の深いところにまで達して、魂にケガをさせる道です。なぜなら、その道は我々の父親への批判、我々の父親の世代の考え方ややり方への批判ではじまるからです。

僕たちの批判は、親の個人的な性格に対する批判ではありません。それはやってはいけないことです。個人や家族の関係ではなくなっているところから、僕たちの批判がはじまります。

すでに書いたように、僕たちの父親は、家族や個人は社会情勢には関係ないという幻想に陥りました。僕たちの父親は、個人や家族だけが大切であり、社会情勢に対してあまり興味をもっていなかったのです。そして、世界の奇妙な変化や大変動についてまったく何も知りませんでした。あるいは、知りたくなかったのです。彼らの家の外で起きたことは運命であって、彼らはその運命に任せていました。

しかし、すでにナポレオンは「政治は運命である」と正論を述べていました。つまり、僕たちの個人個人の運命は、政治や、僕たちが生きている政治制度によって定められているのです。また、このような制度は、かってに天から落ちてくるようなものではありません。つまり、自然に定められることではなく、人間によって定められたものなのです。要するに、ある程度まで僕たちも関係しているということです。

1918年、第１次世界大戦の悲惨さから健全な世界を再び建設することに参加できたのは、ちょうど僕たちの父親の世代でした。僕たちの父親は、次のような選択肢（せんたくし）に直面しました。

一つは、あまり努力のいらない、いわゆる静かに発展する個人的な道を選ぶことでした。もう一つは、自分の幸せやすべての人間の幸せを永久に目指すために、嵐や改革の道を選ぶことでした。

二つ目の道でしなければならないことは、労働者とともに個人犠牲の多い道を歩むことでした。なぜなら、労働者の進歩や社会平等に反対する保守的な権力者との闘いに出掛けなければならなかったからです。

僕たちの父親の世代は、そのときは穏やかで簡単な最初の道を選びました。4年間という戦争の恐ろしさに疲れ、愛する家庭とその静けさや平和を求めて、戦うことを捨てました。しかし、それは大変な間違いでした。

それは、『旧約聖書』に書かれているように、天国から追放されたイヴの罪と同じでした。そこには、僕たちのいるテレジンやマウトハウセンやポーランドへの道に続く運命となる要因がありました。彼らは、自分のために考えていたもっと安易な道、また僕たちのために、つまり彼らの子どもたちのためにより安易で有利な道を選びました。

僕たちの父親たちは、道の分岐点に立っていました。労働者の革命的な道を歩むか、お金の道を歩むかの分岐点です。しかし、かわいそうな彼らは、いつも自分たちの子どもを目の前に見ていたのです。金銭をためることや個人的な財産を集めることによって、僕たちに物質的な安全を保障したかったのです。それらの道が、テレジンやほかの強制収容所に続くとは知りませんでした。

より近い将来には、僕たちも、かつて僕たちの父親が立っていた分岐点に立ちます。彼らの犯した罪は、ある程度までは、彼らの無知や第1次世界大戦の4年間の虐殺やほかのことによって許すことができます。しかし、その分僕たちの決定は、もっと難しく、もっと深刻で、もっと責任が必要とされることになります。

なぜなら、若い世代である僕たちは、右の道も左の道も、それがどこへ続くかを知っているからです。僕たちの子どもに、僕たちは謝ることはできません。なぜなら、両方の道を知っており、自分の決定にすべての責任をもっているわけですから。僕たちが、宿命的な運命の分岐点に近づいていることを覚えておいてください。

未来は、そこに立っています。僕たちがどの道を歩むのか、と待っています。右へ行くか、左へ行くか、それとも……。僕たちを見つめている、偉大な詩人であるマヤコフスキー(39)の声が僕たちを呼んでいます……。

右足で歩くのは誰？
左、左、左……！

（サインなし）

この社説は、決して大人の文章ではなく1号室の誰かが書いたものです。まさにあらゆる時代での「選択」の問題をはっきりと看破（かんぱ）しています。特に後半の部分には、私たちが今しなければならないことがしっかりと書かれています。第2次世界大戦時での日本の父親・母親たちの間違った選択を繰り返さないために、その岐路に立った、現在の私たちがとるべき道が示唆（しさ）されていると言えます。

たとえば、原子力発電の問題にせよ、環境問題にせよ、目の前の便利さと引き換えに大切な生命という基本的な存在の権利を失ったのではないでしょうか。東日本大震災での福島の原発事故はなぜ起こったのか、なぜ今でも多くの人々が苦しめられているのかを考えてみれば分かるはずです。国家からの補助金や予算分配の代わりに、自由や権利を引き渡してはいけません。もちろん、家族を守るためという名目で、大きな世界的平和や偏見に目をつむってもいけません。

国家による政治は、本来、家族生活と同じ目の高さに存在しているのです。ヒトラーの時代にドイツの父親たち（国民たち）は、自分たちの安らかさのために激しい嵐に立ち向かうことをやめました。国家が戦争への道を選ぶか、平和への道を選ぶか、つまり国民全員がその選択の役目を担うのです。それを怠けたり、忘れたり、逃げたり、考えもせずに安易な決定をしたとき、国家は国民の存在などはおかまいなしに勝手な方向へと走っていくのです。それは、自分たちの、そして子どもたちの首を絞めることにつながります。政治家の選択が国民の選挙によって決定される制度での政治責任は、国民にもあるのです！

分岐点に立った私たちがどちらの道を選ぶか、テレジンの子どもたちは空の上からじっと見ています。

「そっちじゃないよ、そっちはあぶないよ！　お父さんお母さんしっかりして！」と、叫んでいるような気がします。

自分の父親たちの誤りを、「僕たちの批判は、親の個人的な性格に対する批判ではありません」とか「父親とその友人たちに正直に言う（批判する）ことを許

テレジンで「小要塞の墓」と囚人たちに呼ばれていた第４中庭。
大戦時には、ここで約3,000人の囚人たちが生活をし、死んでいきました。

してくださいますね」と前置きしてからの論理展開にも、大人以上の思いやりと考えの深さを感じてしまいます。さらに、子どもらしい純粋さに人間の尊厳を感じるのは私だけではないでしょう。子どもたちの社説は、ユダヤ人であることから来た運命以上に、人間としてのあり方についても考えさせられてしまいます。

ユダヤ人だということで、思いもかけぬ運命を担わされた子どもたちは、偏見についても書いています。

●偏見の意味は何ですか？　（２号・1942年12月25日）

それは、ある事実を知る前の判断です。理論的には、たとえばこういうことです。

X氏が僕に紹介されました。僕は彼を見て、まず彼の外見、服装、顔、歩き方、話し方などを見ます。彼を見て、いくつかの言葉を交わしただけで判断を下せば、それは偏見となります。彼と話し、彼ともっと知り合いになった後で、彼について判断すべきです。

早急な判断は、正しいこともありますが、正しくないこともあります。

(39)　(1893～1930) ソ連の詩人、革命家です。官僚との対立、愛情問題から自殺しました。

人の性格について、偏見があふれているのは当然です。なぜなら、判断しなければならないすべてのことを完全に知ることができないからです。それは正しくはありません。

偏見の種類について、もっと詳しく述べましょう。若い世代では、お年寄りに対しての偏見がたくさんあります。たとえば、お年寄りの意見は頑固で化石化しており、柔軟性がなく、変化する実情に適応できないと言います。

一応、この意見を正しいとしましょう。しかし、お年寄りを批判する前に自己批判する必要があります。たとえば、家族や過去には関係なく、僕たちの脳は若くて柔軟に働いていると思われていますが、僕たちの考え方にもたくさんの偏見があります。

僕が選んだこのテーマは、決して新しいものではありません。すでに、偉大なユダヤ人の思想家であるマルティン・ブーバー氏[40]がこの偏見について話しています。彼の意見の正しさは、どこで考えるよりも、ここテレジンで確認することができました。

一つ目は、ユダヤ人に対しての偏見です。不思議なことに、テレジンのゲットーの中でもユダヤ人に対する反発があります。具体的な証拠はありませんが、ユダヤ人の若者たち自身がユダヤについても反対しているのです。たとえば、話をするときに「ソロモンたち」、「ユダヤ人にとって代表的なことです」、「これはユダヤ人のなかで起きることだ」というように、ユダヤ人を特別扱いする言葉を使っています。

僕はユダヤ人については何にも言わないし、誰に対しても弁護をしていませんが、ユダヤ人の若者はこのようなことについてもっと深く考えたほうがいいでしょう。また彼らは、自分たちがユダヤ人であることを確認したうえで自分に文句を言ったほうがいいし、またよく理解していないことは話さないほうがいいと考えています。

二つ目の偏見は、権威に対してです。僕たちは今、決して自分で選んだわけではない社会のなかで暮らしています。この社会は、僕たちのなかには存在しない権威によって支配されていました。だから、僕たちはよく命令を出されました。特に、僕たちが収容所に入る前の、自由な生活をしているときには、かつては決してつくられたり使われたりしなかった命令が出され、その命令に従わなければなりませんでした。

その命令のなかには、正しい命令や必要な命令もあり、かつて僕たちが暮らしていた環境のなかで役所が出していたようなものもありました。しかし僕たちは、今ある権威を認めたくないのです。例を挙げなくてもいいと思います。みんなが知っています。そのことについて、もっと考えるべきだと思います。間違いがあるかもしれません。その間違いとは、ゲットーの中で起きているいろいろな不正の原因ではないかと思っています。

三つ目の偏見は、老人についての偏見です。ここでは、ほかのどこよりも、お年寄りやすべての古いものが非難されています。このゲットーを特に若い人たちが主導していて、古さに対する偏見があるのはお年寄りへの対応や接触の仕方で分かります。

古い世代の価値は認められていません。お年寄りを、その人の人格によってではなく、年齢によって判断しています。つまり、「年をとっています、すなわちダメ」ということです。しかし、老人というのは非常に相対的な言葉で、ある人は40歳でも年寄りとなります。

僕は、誰かのことを弁護したり、批判したくはありません。これについてはよく議論をしたいです。

もう一つの偏見について述べましょう。

四つ目は基本的な偏見、つまりすべてのことに対する偏見です。この偏見が、特に僕が非難しているものです。特に、若い人に言いたいです。

すべてに対しての、そしてみんなに対する非難のためだけの非難。すぐに結論づけられる判断、特に批判的な判断。これらは、僕の幼い頃と同じです。その頃は、僕たちはすべてに興味をもっていましたから、子どもらしい好き嫌いなどという判断から生じるもので、決して偏見では

(40)（Martin Buber, 1878～1965）ユダヤ人の宗教思想家、哲学者、教育者、作家。ウィーンで生まれて、ウィーン、ライプチィッヒ、チューリッヒ、ベルリンの大学で学びました。1925年から33年までフランクフルトの大学教授。1938年には、エルサレムのヘブライ大学の哲学教授として活躍しました。

ありませんでした。しかし、偏見に満ちた若者たちは、何に対しても興味さえもっていないのです。

この短い記事の目的は、議論をしたり、ある意見を押し付けたりすることではありません。ただ、他人から受け継いでいる偏見や、考えもしないでつくり出している偏見をやめるように、みんなが自分の道を探すべきだと言いたいのです。それを、真剣に探さなければなりません。

オチャス

大人たちの偏見によって、最悪の環境に無理やり押し込められたテレジンの子どもたちの考えのなかで、特に注目したいことはお年寄りへの偏見を正しているところです。そして、自分たちの仲間でもあるユダヤ人自身のもつ偏見、若者たちの偏見についても述べられています。テレジンの子どもたちは、何と物事を深く考えていたのかと、改めて感心させられます。

お年寄りに対する論説がまだありました。10号の社説を読んでみましょう。

●今週のスローガン・若者からお年寄りへ（10号・1943年２月19日）

プラハやブルノの市電で、君たちの何人かはお年寄りに席を譲ったでしょう。また、おばあさんが落とした傘や包みを拾うために、お母さん

1990年頃のプラハの市電

ペペク君

が身体をかがめていた頃のことを覚えていますか？

僕たちは、テレジンで暮らしています。闇（やみ）商売がはびこり、汚く、強い者が勝つ町、原始的な本能があらわになるゲットー、ご飯のお代わりをもらうために争いが起こり、お昼ご飯を待つ行列の場所取り合戦や、衣類や靴の配給所の前ではじまる戦争、歯の診療所の前でも争いのある町、それがテレジンです。

君のお母さんのお母さん、つまりお祖母さんのきれいな白髪が象徴的に美しかった頃の老人への思いやりは消えました。ウィーンやベルリン、コリーヌの老人や老婆、数百人、数千人のお腹をすかせた病人、看病を必要とする人が君たちの目の前に立っています。保護領（チェコ）からの老人は、家畜専用車で東に連れていかれ、もう二度と〔この「二度と」という言葉のもつ恐ろしさが分かりますか？〕子どもたちや孫たちに会えません。

テレジンでは、ドイツから来た老人が何人か生活しています。彼らはゲットー内で、はっきり言えば敵のなかで暮らしているのです。空腹、ひどい環境、病気、望郷は、ドイツから来た老人の不機嫌さやイライラ、猜疑心（さいぎしん）やケンカの原因となっています。老後という言葉は、僕たちにとってタブーではありません。死んでいくことを人工的に延ばす注射を打つことに賛成することはできません。

ポーランドのどこかで、君のお母さんが年をとり、病気になり、お腹をすかせ、孤独のなかで君を思い出していると思ってください。

ドイツからの老人、病気でお腹をすかして孤独のなかにいる老人を、僕たちは子どもの頃のように純粋で温かい目で見、少年時代の笑顔で元気づけ、僕たちの男らしい力で支えましょう。

自分たちがナチス・ドイツのために苦しい境遇に置かれているのに、ペペク君はドイツから連れてこられたドイツ人の老人たちを優しい笑顔で力づけ、支えてやろうと呼び掛けています。

ペペク君は、108ページでも述べたように、アウシュヴィッツで自殺してしまいました。コトウチュさんによれば、ペペク君はコトウチュさんとは別の輸送で、1942年６月27日にテレジンへ来たそうです。

「いい友人であり、正直な人でした。将来は、ジャーナリストになるはずだったのです。彼は一生懸命勉強していました。1944年９月28日にアウシュヴィッツへ移送され、ビルケナウで電線に向かって走りました」

このように、コトウチュさんはペペク君について話してくれました。

すでに述べましたが、「電線に走る」ということは自殺を意味しています。論理的で優しく心のこもった文章から想像すれば、ペペク君はきっとするどく、しかも温かく論評するジャーナリストになっていたと思われます。

7 テレジンの文化とスポーツ

テレジンが、ユダヤ人強制収容所のなかでも特別な位置に置かれていたことは前述しました。ここでは、特に文化活動が盛んだったことが知られています。これまでに紹介したように、チェコの作家として有名だったカレル・ポラーチェク、作曲家でありピアニストであったギデオン・クラインやヴィクトル・ウルマン、ハンス・クラーサ、画家であり詩人であったペトル・キーン(41)、子どもたちに絵を教えていたデッカー先生、そのほか多くの芸術家が、アウシュヴィッツに送られるまでテレジンで創作活動を行っていました。

子どもたちが、それらの大人たちの影響を受けたことは確かです。ここでは、子どもたちの文化活動に関する記事を紹介していきます。

●僕たちの新しい文化活動　（1号・1942年12月18日）

今週の初め、僕たちの文化活動に大きな変化が起こりました。今までの学校の時間割が延長されたからです。文化活動については、今までいろいろなサークル活動をしていた時間を、今度は授業の時間割として使うようになりました。

ブムブルリーチェク先生は、次のように決めました。

「今までの、すべてのサークルはなくなります。その代わりに、毎晩、文学や自然科学やそのほかの講義をします。ほかにも、アマチュア・コメディアンであるH・ベクさんによるお楽しみ会もあります。

また、週に２晩はお通夜のような静かな夜にします。そのときは、みんなそれぞれ、好きな読書や自分の勉強に取り組むのです。夜の活動の後でも、またベッドで、いろいろな教育的な本や面白い本を誰かがみんなに読み聞かせます。

(41)　(Petr Kien, 1919～1944) 詩人・画家。1941年にテレジンに来て、テレジン内で人形劇など演出しました。1944年にアウシュヴィッツへ送られました。

夜の講義は、今までのサークルと違って、興味をもっている人のためだけではなく、すべての人のためにやります。

最後にもう一つ。明日（土曜日）は、私たちのところに『売られた花嫁』[42]からマジェンカとワシーチェクが来ます。きっと、みんなで遊べるでしょう。

みんな、楽しく過ごしましょう。それではこれで終わります」

僕たちの新しい活動に万歳！

（サインなし）

子どもたちへの教育を重要視したテレジンにいたユダヤ人の大人たちは、ナチス・ドイツから週１回の歌とゲームだけの、授業というにはほど遠い時間を許可されましたが、それだけでは不足だとして、ナチスに隠れて子どもたちへの授業をはじめました。ここに掲載したのは、その日程や時間割を決めたときのことです。さらに詳しい時間割の項目が、次の号に書かれています。

●文化レポート （２号・1942年12月25日）

今週の文化活動は、みなさんもご存じのように、思ったように実現することができませんでした。僕たちは、大晦日（おおみそか）のたくさんの行事のために練習していたことだけで満足しなければなりません。

ほかには、僕たちの新しい活動がはじまって以来、初めての文学の講義がありました。それはブムブルリーチェク先生の講義で、ハイネの詩が題材でした。来週は、ツヴィケル博士が講義を約束してくれました。

ほかにも、ようやく『売られた花嫁』のマジェンカとワシーチェクが来て、ユダヤ人による歌のパーティーをやってくれるようになりました。また、来週は楽しみなことがあります。でも、みなさんをびっくりさせるため、最高のコメディアンは……と、沈黙のヴェールに包んで黙っていましょう。

僕の言いたいことがみなさんには分かると思いますが、もし分からなかったらそれでもいいでしょう。来週のプログラムは、雑誌１号で書い

13号のさし絵（1943年３月12日）

たようになるはずです。

最後は、「ムラディー・フラサテル[(43)]」という雑誌の編集者の言葉をまねて、「来週の金曜日までさようなら」。

僕たちの文化活動に万歳！

大晦日のために、飯（めし）の準備を忘れるな！

スワティー（聖人・コトウチュ）

授業は順調に行えたようですが、最後の文章の「大晦日のために、飯（めし）の準備を忘れるな！」が、子どもたちの食べ物に対する期待と飢えを表しています。

５号には、さらに詳しくプログラムが掲載されています。それを見ますと、10歳から15歳の子どもたちを対象にしているわりには、かなりレベルの高い内容となっていることが分かります。元大学教授など、専門の大人たちが次々と講義を受けもって授業が進められました。日本の教育のような知識偏重（へんちょう）主義ではなく、朗読や歌、劇などがたくさん取り入れられているところが注目に値します。

(42)　チェコの国民的作曲家であるスメタナがつくったオペラです。マジェンカとワシーチェクは、その登場人物です。

(43)　第２次世界大戦の前後の時期に人気があった若者向けの雑誌です。マンガなどが掲載されていて、持っていた人は宝物のように子どもに伝えていたと言います。

●文化レポート　（5号・1943年1月15日）

最後の２週間で、僕たちが希望していた文化活動はほぼ満足するものになりました。活動は次のようでした。

日曜日の１月３日は、詩人の死を追悼してヴォルケルの番でした。僕たちがまだ知らなかった叙情詩が朗読され、説明されました。その後でプロファが、劇的に、感動的に、１幕物の劇『病院』のストーリーを朗読してくれました。

月曜日、モシャ・シュタイン先生は繊維産業についてすばらしい講義をしてくれました。

火曜日には、ツヴィケル博士の基本的な産業の専門用語に関する説明がありました。

水曜日はラウビニ先生が重病のため、８時15分にはもう寝ました。次に準備されていたモシャ・シュタイン先生の講義の第２部は、木曜日に延期されました。

金曜日はクリンコヴァー先生がいらっしゃって、ヘブライ語の歌と『売られた花嫁』の一つのアリアを歌ってくださいました。

土曜日にはフリツェク・ピック先生がいらっしゃって、とても興味深く、スポーツについての自分の実践や体験を話してくださいました。

月曜日には、シュムエル・クラウベル先生が近代心理学の講義において、いろいろな面白いことを教えてくださいました。

火曜日の夜は、読書で過ごしました。

水曜日の夜は、スィスィ・アイシンゲル先生の講義がありました。

僕たちの文化的な生活のためには、二つのカルチャーサークル（ラテン語とロシア語）の成立がとても重要となります。

リポーター

文化活動だけでなく、知識の習得にも力を注いだユダヤ人の先生方は、いろいろな講義や授業の合間に時々テストもしたようです。やはり、できる子どもとできない子どももいたようです。

テストの結果は、グラフにして「VEDEM」に掲載されています。プライバシーにかかわることですので、みんなの成績を示すグラフをここで掲載することはやめておきます。

●知能テスト　（7号・1943年1月29日）

今月の知能テストには、33人の子どもたちが参加しました。いろいろな専門分野から100種類の問題が出されました。1番多い正解を出したのはドゥハーチェクでした。75問が正解でした。2番目は家庭教師(44)の74問、アブツェスは73問が正解でした。

回答の中から、面白い答えを発表します。

・聖バーツラフは、自分の祖母に暗殺された。（正解は兄弟）
・ヨーロッパの一番高い山は、ヒマラヤ。
・バンブー（竹）は、中が空洞の棒です。
・フローラは、プラハのホテル(45)です。

（後略）

Dr.Be

授業のほかに子どもたちは、夜に大人たちと一緒になって劇などを上演していました。これは、国際赤十字や他国の視察団が来るときなどは公(おおやけ)に認められていましたが、普段は勉強と同じく屋根裏部屋で秘かに行われていました。その熱心さがうかがえる、次のような呼び掛けもたびたび掲載されています。また、演劇の練習風景などに関する描写もあります。

(44)　誰かのあだ名。コトウチュさんに本名を尋ねましたが、分かりませんでした。
(45)　フローラは、「花と春の女神」や女性の名前です。かつて、プラハに同名のホテルがありましたが、2000年には老人介護センターとして改築中でした。

●テレジンの１週間分の文化日程　（23号・1943年５月21日）

劇場・劇

ペトル・キーン
「操り人形」

カレル・シュヴェンク(46)
『人生に万歳』（劇）

ショノヴァー
「マーイ」（詩の朗読）

切符と情報は文化担当にて

ペトル・キーンがつくった聖職者ラビの人形

●一緒に喜劇を演じましょう　（５号・1943年１月15日）

演劇に参加しました。寒い厳しい風が吹く屋根裏部屋で練習しました。まじめに何回も練習しました。

（中略、原文不明）

それから、300枚の切符が出されました。でも実際には、観たい人がその３倍もいたのです。

俳優たちは精いっぱいの演技をし、観客は熱い拍手を送ってくれました。喜劇のペア、ベックとロートのすばらしさと、ほかの者についても触れなければなりません。ラックス、マロディ、グリーンバウム、カウデルス、照明係のゴールドシュタイン、幕引き係のレーウィ。

劇はもう１回、１週間後にやります。今回切符を買えなかった人も、そのときに観ることができるでしょう。

yer

ペトル・キーンの操り人形は、テレジン博物館に残っています。その写真を見ると、チェコの人形劇の伝統が感じられます。また、シュヴェンクの『人生に万歳』とショノヴァーの「マーイ」の朗読については、「VEDEM」にその記事がありますので掲載しておきます。

演劇は子どもたちにかなりの人気があり、こぞって演じたがったり、観たがったりしていたことが分かります。どうやら、大人たちと一緒に、子どもたちも熱中していたようです。

●人生に万歳　（19号・1943年4月23日）

ここで、シュヴェンクの劇『人生に万歳』の上演について手短かにお話したいと思います。僕が知っていることを全部お話します。

練習がたくさんあって、その後にリハーサルも行われました。リハーサルは、3月24日、場所はマグデブルグ（兵舎）に決められました。僕は、ペペク、レオシュ、イジーチェクに会いました。10時にはリハーサルをはじめていましたが、やっと10時半になって中へ入れてくれました。そこには、約100人の人がいました。みんな最後の練習を見たかったのです。

まだ、何にも準備されていなかったので、舞台装置を造らなければなりませんでした。出演者全員が働き、手伝い、着替えなければなりませんでした。

シュヴェンクは、何回も「関係のない人は邪魔」と注意していましたが、誰も帰りたくなかったのです。ペペクとほかの者は追い出され、その後でリハーサルがはじまりました。

とてもすばらしかった！　時間がなかったので、部分的なシーンを繰り返さなければなりませんでした。リハーサルは朝の3時半に終わりました。最後に、批評を聞いて帰りました。

その後で、初演のキップが配られました。そして、待望の初演の日がやって来ました。劇は成功しました。最後に大きな拍手があり、大勢の

(46)　(Karel Švenk, 1917～1945) テレジンで活躍したコメディアン、劇作家です。

人々が、シュヴェンクさんの成功に「おめでとう」を言いに来ました。

プリマドンナ・ＢＥＧ.

戦後、テレジンの文化活動のなかで特に知られていたのは、作曲家のハンス・クラーサによって創作された『ブルンジバール』という、子どもたちのためのオペラです。これはテレジン内にある楽器を使ってクラーサが編曲して上演されたものです。拍手喝采を受けて、収容所内で55回も上演されました。また、国際赤十字団の視察のときにも演じられて、映画にも撮影され、今も残っています。

そのときの、子どもたちの練習風景について書かれた記事があります。

●演劇のコラム・ブルンジバール　（44～45号・1943年10月29日）

大道芸人(47)のブルンジバール。

テレジンの観客のために、終わることなく繰り返し上演されている子どものオペラ『ブルンジバール』は、それにふさわしいだけの成功を収めました。僕はここで、リブレット（歌詞）や音楽の質や、正しいとか間違ったとか、演出についてのコメントはしたくありません。そういうことは、批評家や観客席から『ブルンジバール』を観ていた人々がそれ

現在のプラハでフラシネトを弾く大道芸人。
『ブルンジバール』では、これを首から下げて弾き歌う。

ぞれ判断すればよいのです。

僕が言えることは、この子どものオペラ上演のために使った努力が少なくなかったこと、１か月半の短期間に、10人のオーケストラと40人の子どもたちの合唱隊と、10人の子どもたちのソリストの練習を完成させることが簡単ではなかったということです。このことは、「お話のなかには騒ぎと冗談があればあるほど面白い」と考えている出演者50人の少年と、かわいい少女グループの演出家になってみれば分かるでしょう。

実際、それは簡単なことではありません。ルディ・フロイデンフェルト（監督）に僕は感心し、高い評価を与えます。なぜなら、練習のときに彼は、わずか数回だけしか怒りませんでした。そして、怒った後はすぐに仲直りをします。

僕にはそんな忍耐力はありません。スタジオで５回も練習した後に監督が嫌になって、誰でも子どもたちの演出を辞めようとするでしょう。

それでは、『ブルンジバール』の誕生から第１のリハーサルと初演までを見てみましょう。

最初の練習はとても退屈でした。僕らが埃っぽい天井裏の部屋に来ると、そこには質のよくないギシギシというハルモニウム(48)がありましたが、窒息するくらい暑かったのです。合唱隊は「これは小さいペピーチェクです……」を２回歌い、新しい１節を覚え、最後に「ブルンジバールは負けた」と繰り返すと、むし暑い空間から新鮮な空気を吸うために、喜び勇んで外へ出ていきました。

ソリストの候補者の声は震えていました。汗をかいているルディの前に立って、繰り返し「ララ……」と歌っていました。誰がどんな役をもらうか、誰が舞台でもっとも台詞（せりふ）を話す役になるのかと、みんなが非常に興味をもっていました。ささいなレベルではありましたが、競争心から生まれるやっかみと陰謀もありました。

そして、とうとう配役が決められ、ゆっくりと歌だけを練習しはじめ

(47)　フラシネトという手回しオルガンのような楽器を弾いている芸人のことです。
(48)　オルガンに似た鍵盤楽器です。

ました。練習のとき、眠そうな雰囲気が広がっていました。なかには、練習が好きで仕方がないという人もいましたが、時々、すべての計画がだめになるようにも思えました。でも、僕たちをまとめたものは、一つの考え方、一つの想像力でした。つまり、終われば（最後までいけば）面白くなるだろうという思いでした。

僕たちの練習はどんどん進んで、練習のためにより良い部屋をもらうことができました。興味が高まってくると、みんなは喜んで練習に来て、全員が誇りをもってそれぞれの知り合いに向かって、「僕たちは、子どものオペラを練習しています」と言っていました。

そして、僕たちがほぼ全体を通して歌うことができるという日がやって来ました。ゼレンカさん（舞台監督・デザイナー）が来て、アレンジをはじめました。その後、変化が起きました。僕たちが自分の場所から立ち上がって舞台で練習しはじめると、ゼレンカさんが怒り出したのです。

「このバカ、何を見てるんだ」とか、「動け、酔っぱらいのように行動するな」と言われたからかもしれませんが、その結果、僕たちの動きは本当に、急に、みんな活発になったのです。

ただし、活発になりすぎたために、練習のときにルディ（監督）が何回も怒って、もうやめるとか、劇は公開できないと言い出しました。幸い、彼が言っていることを誰もまじめには受け取っていませんでした。そして、楽屋におけるみんなの口ぐせ「混乱は混乱を呼ぶ」が、ほとんどのリハーサルのときに現実となってしまいました。

練習のときにルディは、ささいなミスには注意をしませんでした。たとえば、「お医者さんへ行きたくない者」の代わりに「牛乳屋さんへ行きたくない者」と歌っている人がいて(49)も、またメロディーより少し早く歌いはじめる人がいてもです。このような人が結構大勢いたので、最後まで直されるのにかなりの時間がかかりました。

残念ながら、このようなことの名残りはお芝居のときにも現れて、ちょっとした間違いを犯しています。そんなとき、新人指揮者のルディ・フロイデンフェルトは、オーケストラと熱心に練習しました。

練習は終わりに近づき、細かな部分だけが修正されました。練習の最後の日がやって来ました〔それは、マグデブルグ兵舎の中でした〕。最後のときも、失敗の数は決して少なくありませんでした。一番小さな失敗例は、最後の練習のときの夜10時、マグデブルグ兵舎で電気が消されたことです。

真っ暗になって、口笛を吹いたり、大声を出したりする人たちを、きちんとさせるまでにどのようにしたかについて書くことは難しいです。確かなことは、舞台から下りたときには〔舞台は少し壊されていましたが〕、僕たちの気分が上々だったということです。

その後にリハーサル。

僕たちは、観客を見てがっかりしました。だって、観に来た人たちがみんな騒いで、僕たちを混乱させたからです。つまり彼らは、劇においても本物の生活どおりの大騒ぎや混乱や無秩序などを期待して、たくさん失敗するだろうと思っていたのです。また、そうしたリハーサルの失敗は、初演の成功を約束するからです。

だから、前に言ったように、みんなはすごくがっかりしていました。これは、テレジンでは一番静かな、大成功のリハーサルだったのです。

でも、それは本番には影響せず、初演も完ぺきでした。僕たちは、開演の１時間半も前に集まりました。少し休んでから、お互いにひどいと思っていたお化粧を直そうと、急ぐことなくいろいろと相談をはじめました。ルディは僕たちに注意をしなければなりませんでしたが、最初のお客さんが中に入りはじめる頃には、みんなの心に緊張が漂いはじめました。

勇気のある人たちは、後ろのほうでウロウロと歩きながら「私は緊張していません」と言っていましたが、結果がどのようになるのか分からずに、耳たぶが恐怖のために紫色になっていました。最初のメロディーが流れはじめると、僕たちはその怖さを忘れて演じました。そして、すべてが成功しました。

(49)　チェコ語では、「お医者さん」と「牛乳屋さん」は発音が非常に似ています。

子どもたちのオペラ『ブルンジバール』

『ブルンジバール』のヤーラ・トリフリンゲルは、商人たちと一緒に舞台で楽しいムードを盛り上げましたし、ペピーチェクとアニンカ（登場人物の名）と動物たちは、音楽的にすばらしかったです。そして、合唱隊の子守歌「お母さんは揺りかごを揺らす……」は大好評で、すごい拍手をもらいました。だって、ラファエル・シェヒテルは、僕たちが子守歌を歌うために相当の苦労をしていましたから。

僕たちが歌い終わったとき、ホールでは拍手が鳴りやまず、僕たちみんなが幸福感と満足感に浸（ひた）りました。なぜなら、人間というものは名誉を求めるものですから。

そして、立派な仕事をやり遂げた安心感がみんなに広がり、僕たちはとても満足でした。再演のときには、それまでの経験をふまえて歌っています。特に、お芝居がみんなにとって楽しいものであるように気を遣（つか）っています。

上演中には、数え切れないほどの楽しい失敗もありました。たとえば、お芝居の途中で、20人の少女の喉から恐怖の叫び声がもれました。「どうしたの？」と心配して聞いたら、かわいい20人の少女が乗っていた台がひっくり返っていたのです。舞台では、時々いろんなことが起きています。僕たちはお腹を抱えて笑っていますが、観ている人には何も分かりません。

『ブルンジバール』は、テレジンで観た人たちの記憶からはすぐに消えてしまいますが、参加していた者にとっては、テレジンでの数少ない楽しい思い出の一つです。

ini（ラウビニ）

一生懸命オペラの練習をし、上演が成功して満足感と誇りと思い出を得られた子どもたち。ラウビニ君が最後に「テレジンでの数少ない楽しい思い出の一つです」と書いているのは、心の底からの感想でしょう。思わず「よかったね」と言いたくなるのですが、テレジンでの現実はいつも悲劇で終わりを迎えます。『ブルンジバール』を上演した後、子どもたちの多くがアウシュヴィッツへ送られたという記録もあります。指揮者と数人のソリストを除いて、大人たちもすべてアウシュヴィッツへ送られて殺されたと言われています。

このように、テレジンのゲットー内部では、演劇活動やオペラのアリアなどの鑑賞、人形劇公演、朗読会などが活発に行われていましたが、それには理由があったのです。たくさんの芸術家が集まったにもかかわらず、ゲットー内での芸術活動をナチスは最初禁止していました。しかし、他国や国際世論へのカモフラージュのために、制限しながらもその活動を認めざるを得なかったのです。

「テレジンシュタット（テレジン）は『影響力を持つユダヤ人』とその他の『特別範疇（はんちゅう）』のために利用するという意図があった。結局ナチは、ユダヤ人たちの移住という作り話を維持したかったのである。（中略）何よりもまず国際世論を惑（まど）わさなければならなかったのである。ユダヤ人の有名人について尋ねられた場合、テレジンシュタットで最良の健康状態でいます、という答が返ってくるのが常であった。犠牲者の中には、戦争の間はあそこにいれば安全だと思っていた人すらいた」（『アウシュヴィッツの子どもたち』より）

テレジンにいた芸術家は、死を予感しながらも創作活動を続けていました。大人たちを含めた主な芸術活動には、次のようなものがあります。

ヴェルディの『レクイエム』[50]……これは、テレジンで何回も上演されました。当時を再現しながら、1995年には、ヴァーツラフ・ハヴェル大統領や大勢の人々を集めて、同じ曲がテレジンの刑務所内の広場で演奏されました（そのときのＣＤも制作されています）。

子どもたちのオペラ『ブルンジバール』……このオペラも、戦後欧州の各地で子どもたちによって再演されています。このオペラの作曲家ハンス・クラーサの基金を創設して、当時のテレジンの芸術家の作品を世界に紹介しているドイツ人のフラトウさんたちが、現在もテレジンを中心として活動しています。2000年12月には日本でも初演され、翌年７月には日本語で初演されました。

ピアノコンサート……ギデオン・クライン、ヴィクトル・ウルマンほか、テレジンのゲットー博物館やユダヤ博物館には、当時、テレジン内で行われた演奏会のポスターが残っています。そのギデオン・クラインのコンサートのポスターを見たことが縁で、日本の志村泉さん[51]が2000年にテレジンでコンサートを開き、彼らの曲を演奏して感動を与えました。志村さんは、その後もテレジンで活動した作曲家のコンサートをテレジンや日本で開いています。

オーケストラや三、四重奏などのコンサート……ポスターが多数残っています。1944年６月の国際赤十字団の視察の際には音楽堂が建てられ、正装した演奏家たちによってコンサートが開かれました。

画家べジュリフ・フリッター……わが子トミーのために描いた52枚の絵を壁の中に塗り込んで残し、それらが『トミーが三歳になった日』として戦後出版されました（参考文献一覧参照）。彼自身は、ナチスの命令以外の絵を描いたことが見つかってアウシュヴィッツへ送られ、亡くなっています。息子のトミーは、父親の同僚に育てられて成長し、前出の絵本の「あとがき」に自分のことを書いています。

フリードル・デッカー……子どもたちに絵の指導をしつつ制作をしました。彼女が指導した子どもたちの絵が約4,000枚残り、今も世界各地で展覧会が開かれています。「ゲットー博物館」には、彼女のバラの絵が飾ってありました（17ページの写真参照）。彼女もアウシュヴィッツで亡くなっています。

朗読……いろいろな俳優たちが、屋根裏部屋などで詩の朗読会を開いていました。

劇作家シュヴェンク……『人生に万歳』などの演劇を上演しました。

日本語による『ブルンジバール』の日本初演のチラシ

ルージェナ・チェホヴァーさん（元テレジン市長）

日本初演の『ブルンジバール』に出演した日本の子どもたち（2004年７月）

そのほか、日常的にさまざまな活動が行われていたようです。そのなかの、朗読について書かれた「VEDEM」の記事を紹介します。

●お知らせ （23号・1943年５月21日）

５月18日18時30分、ヴラスタ・ショノヴァーさんは、マーハ[(52)]の「マーイ（５月）」という詩を「Ｌ203」で朗読しました。

テレジンの屋根裏部屋。薄暗くて、蒸し暑くて、汗の匂い。わずか数平方メートルの空間に、50人から70人がギュウギュウ詰めになっていました。

初めに鐘の音……。「マーハ」の朗読。僕たちは、森の歌、夜の暖かい雨、針のような葉と松やにの香り、肌寒い夜の月の光、樹齢数百年もの古い木の梢を渡る風の歌に乗り、言葉なんて感じませんでした。言葉がなくても、スメタナ[(53)]の『モルダウ』、またはリスト[(54)]の『ハンガリー狂詩曲』がたくさんのものを教えてくれます。

ヴラスタ・ショノヴァーさんの朗読は完ぺきで、聴く人の心をつかみ、役そのものになりきっています。それは歌です。それは絵です。彼女の顔の表情、ゼスチャー、すばらしい表現は、彼女が内面的によく教育された人間であることを示しています。それは、役の内面性と外的な表現との結合でした。

話し言葉の美しさ、マーハの「マーイ」の朗読は、世界のすべての言語への翻訳です。生きている言葉の国際的なシンフォニーです。チェコの芸術界に同化したユダヤ人の女優は、国際文化に貢献しています。

ペペク

音楽や文学という芸術が中心をなしていた雰囲気のなかで、画家の活躍もありました。ゲットー内に、盲目の芸術家ベルトルド・オルドネル氏[(55)]が収容されていました。彼を訪問し、その様子を報告する記事があります。

●テレジンの散歩　（16号・1943年４月２日）

カワリール（工場のあった地名）の下にあり、臭いトイレの匂いが漂い、薄暗く、精神的にも肉体的にも汚れきって、ただ一つの心配事は、充分に食べられるか、充分に寝られるか……？　ほかには何か？　精神的な活動？　こんな地下のぼろ家では、ただ動物みたいに食べることと寝ることしかすることはないのでしょうか？

いや、何かがあるはず。泥と汚れのなかでも、創造的な、芸術的な力の種は死にません。ここでも芽を出し、夜空に光る星と同じように花を咲かせます。

その証拠となるのは、目の不自由な芸術家ベルトルド・オルドネル氏。ある日、彼のところにイリーチェク・シュベルト（子どもの名前）と一緒に立ち寄りました。目的は、僕たちの雑誌で彼についてのレポートを書くことでした。

短い自己紹介の後、「何かご自分のことを教えてください」と頼みました。残念ながら、彼はドイツ語でしたので、僕は完全に理解することができませんでした。

「若い頃から、私は目の前で起きたことに対して非常に感じやすかったのです」と、彼は語りはじめました。

「それに、絵の才能もありましたが、運命的な失明にあったときに絵はやめざるを得ませんでした。何を描いているのか見ることもできず、それに触ることもできなかったからです。それで、３次元での表現方法を

(50)　(1813～1901) イタリアの作曲家。作品にオペラ『椿姫』『アイーダ』など多数。
(51)　チェコの作曲家ヤナーチェクやヴェートーヴェン、ショパンなどの作品と同時に、現代日本の作曲家の作品を積極的に演奏しています。繊細かつ大胆な芸術表現が人気の女性ピアニストです。
(52)　(1810～1836) 19世紀前半のロマン主義を代表するチェコの詩人です。「マーイ」は不朽の名作と言われているチェコを代表する物語詩です。
(53)　(1824～1884) チェコの作曲家です。「モルダウ」のチェコ語は「ヴルタヴァ」です。
(54)　(1811～1886) ハンガリー出身の作曲家です。ピアノの名人と言われています。
(55)　(1889～？) オーストリアの芸術家でテレジンにいましたが、消息は不明です。

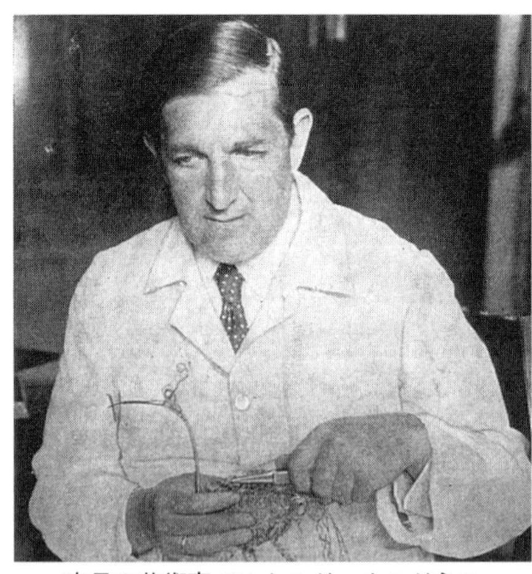
盲目の芸術家ベルトルド・オルドネル

針金でつくられた作品

探していました。そのときに針金を見つけたのです」

しゃべりながら、彼は棚から、細かい真ちゅうの針金でつくったきれいなクジャクを取り出しました。その線が美しくて、とても精巧につくられているので、つい見とれてしまいました。しっぽの目（のような模様）は、らせん状につくられていました。

「作品は、どのようにつくっているんですか？」と、僕は聞きました。

「まず、骨組みをつくって、その形が正しいと思ったら細い針金で筋肉などの細かいところをつくります」

「どうして、25年以上も見ていないものの形を、こんなにも精密に覚えているんですか？」

「これは、記憶力のおかげです。私は若い頃に見ていたいろいろなものを思い出し、その当時に理解していたとおりに20年後もつくっています。それは、表現主義者(56)と同じようなやり方です。家のモデルを見て、それを単に線と形で書きます。色などは、もうそれほど関係ありません。私も同じようにやっています。ただし、見てからつくるまでに25年ほどかかっています。でも、その間にたくさんの変化を経験することができました。

以前、私はアメリカ、フランス、イギリス、ドイツ、スペイン、スウェーデンなどで作品展を開き、博物館が競って私の作品を欲しがっていたことがありました。現在、ここテレジンでは空腹に苦しみ、作品をつくるのに充分な針金さえ持っていません」

「自分の失明を、どのように感じていますか？」と、僕は聞きました。

「私は何かを考えているときに、目が見えないということは全然感じません。そのようなときには、私の心はここ（テレジン）での汚(けが)れから完全に離れています。そのときが、私にとって一番幸せです」

僕は、感心して彼を見ました。そのとき、イリーチェク・シュベルトは時計を見て、もう８時だ、とびっくりしました。慌てて目の不自由な芸術家とお別れをして〔彼も、僕たちのことを見に来ると約束しました〕、急いで外へ出ました。カワリールの地下の空気は、長く風を通さずに淀んでいるので、新鮮な空気のなかへ出て嬉しくなりました。そして、無事に故郷の港（自分の部屋）へたどり着きました。

nz〔ギンズ〕

約束したとおり、後日、盲目の芸術家は子どもたちの部屋を訪れます。子どもたちだけでなく、大人たちもその作品と彼の人生に感動したと報告しています。

●文化ニュース　（17号・1943年４月９日）

イジーチェク・ジェルトプタークの尽力で、今月の３日の土曜日に、目の不自由な芸術家ベルトルド・オルドネルさんが僕たちの部屋を訪れてくれました。彼については前号で報告しましたが、彼は僕たちのために芸術作品のいくつかを持ってきてくれました。

25年前に失明した人が、動物の形や人間の形を覚えていて、それをあんなにも正確に、ソフトに針金からつくることができるというのは、とても驚くべきことです。彼の講演に、ほかの部屋の少年たちやその両親も参加しました。

(56)　20世紀初頭、印象主義に対する反動として起こった芸術運動のことです。

オルドネルさんはドイツ語で話しましたが、ほぼみんなが理解できました。なぜなら、とてもゆっくりと分かりやすく話してくれたからです。また、近いうちに僕たちの部屋に来て、針金からどんなものでもつくれるということを実演してみせる、と約束してくれました。

彼の講義は、１号室で行われた講義のなかで一番よくて、一番面白いものでした。

ドゥロドカ・マハーチェク

芸術に関する活動と同時に、子どもたちはさまざまなコンテストを開催していました。文学から科学、宗教論文、絵画など、いろいろな分野にわたっています。

●注目・募集　（11号・1943年２月26日）

コンテストを開きます。　日付……1943年３月３日20時

❶モーゼについての論文……20世紀におけるモーゼについて。モーゼを、人間として、心理学者として、煽動者（せんどうしゃ）として、政治家として論じる。よい三つの論文は表彰され、一番いい論文は次号にて発表されます。

❷ドライアルコール……実践的で趣味がよいアルコールを使用するコンロの製造〔テレジンで手に入りやすい材料を使ってください。缶や箱〕。優勝したコンロは次の号で発表され、興味のある人、欲しがる人が買い上げます。

（サインなし）

●（見出しなし）　（22号・1943年５月14日）

すべての「L417」の住民のために、大きな芸術コンペを発表します。

❶XY YPSYLON（イプシロン）氏の小説『ゲットー』の表紙デザイン。

❷デュフォーの『ロビンソンクルーソー』の表紙デザイン。

❸イジー・ヴォルケル(57)の作品の表紙デザイン。

提案は、遅くとも1943年５月20日12時までに、「VEDEM」の編集部「L417」の１号室〔ペトル・ギンズ〕に渡さなければなりません。一番

いいデザインは買い取られます。

（サインなし）

どこの国でも同じですが、子どもたちにはそれぞれ得意な分野があります。モーゼについての論文などは、よっぽど勉強の好きな子どもしか書けないでしょうが、スポーツだったり、絵だったり、工作や理科など、子どもらしい分野における腕前の披露もありました。

また、子どもらしくレクリエーションに関する記事も多く見られます。日本ならばさしずめ将棋なのでしょうが、テレジンではチェスの選手権がたびたび開催されていたようです。賞品が、テレジンらしくて少し哀しくもありますが……。

●チェス・コラム　（3号・1943年1月1日）

カルニオル先生の手を借りて、僕たちの家のチェス選手権が行われました。優勝者という称号と砂糖の賞品を目当てに、参加者は必死に頑張りました。

大変な争いの後、僕たちの規律係の「ひげの子ども」が勝ちました。２回戦は、激しい争いのなか「笑っている人形」（本名不明）が勝ち、３回戦は「恐怖のユダヤ人」（本名不明）の勝ち。彼は、昼間でも夜でも、休み時間には一番大きないたずらっ子になります。

その後の参加者の順位は、サルダナパル、ナジュジェダ・ヘブライカ、アロン、スィルヴェストル、フルビーネク。

優勝者は角砂糖を10個、準優勝は角砂糖を５個、３位は角砂糖を３個。さらに、僕たちのチェスの先生〔この先生は、全先生方のお手本です。なぜならば、空腹だった生徒に、自分の蓄えのなかから賞品を出しているのです。たとえば、ラテン語の授業のときのギデオン先生のように、「落第しますよ」と脅迫するような言葉は言いません〕の提案で、新しいチェス選手権が行われました。参加者は優秀な７名です。そこでもま

(57)　(1900～1924)。チェコの労働階級の詩人です。

た、「ひげの子ども」が優勝しました。

（中略）

それではこれでおしまい。どうぞ「僕たちの部屋のチェスに万歳！」と、たくさんのお砂糖をお願いします！

フォナディへ

何にもないテレジンでの生活で、角砂糖は貴重な甘味料だったにちがいありません。角砂糖10個を目指して、チェス選手権で火花を散らす子どもたちの目の輝きは、現在の日本の子どもたちがテレビゲームなどに夢中になる目の輝きと同じなのかどうかと考えさせられます。また、子どもたちのあだ名の付け方がユニークです。特に、一番チェスが上手だった「ひげの子ども」君が必死に闘う姿は絵になりそうです。

文化活動と同時に、子どもたちがもっとも楽しみにしていたものが「サッカー大会」や「卓球大会」のスポーツです。主な試合の様子を見てみましょう。

●スポーツ大会　（1号・1942年12月18日）

親切なホプリーチェクさんが、どこからかピンポン玉を探し出して、寄付をしてくれました。おかげで、卓球の試合ができたのです。

試合には、16人の選手が参加しました。試合は午後に行われ、観客も非常にたくさん集まりました。

準決勝には、コニーチェク、ポルダ、ベイチェク、パニャーツァが進みました。コニーチェクはベイチェクに勝ち、パニャーツァはポルダに勝ちました。決勝戦でパニャーツァがコニーチェクを破り、優勝。

これらの試合を見ていたプルツェク先生が、パニャーツァと最後の試合をしました。第１セットはプルツェク先生が取り、第２セットはパニャーツァが取り返し、第３セットはプルツェク先生が取って試合は終わりました。

５人の優秀選手が決められました。彼らは翌日に９号室の少年と戦う予定でしたが、その試合はボール破損のために一部が中止になりました。

アルナ対プルツェクの試合が注目の的になりました。プルツェク先生が勝ちました。その後に、思いがけない事故のために試合は中止され、僕たちの選手権試合の実現は消え去りました。でも、また近いうちにボールの提供者が現れるでしょう。

カロプ

卓球の選手権試合は、恐らくボールの破損が原因でできなくなったと思われます。軽くて小さな、今ではどこにでも売っているピンポン玉も、当時のテレジンでは貴重品だったのです。

卓球以上に少年たちに人気のあったスポーツは、屋外でのサッカーだったようです。サッカーの試合に関する記事がたくさん掲載されています。

●1週間のスポーツ　（11号・1943年2月26日）

“遠くから春が飛んできた。希望がすべてに満ち満ちる”と、オトカル・ブジェズィナ(58)の詩がはじまる。戸外に春が目覚め、すばらしい晴天のなかに姿を現す。至る所に春が広がり、少年たちにも新しい動きが見えはじめている。

彼らは、石や道に転がっている小さいものを蹴る。全世界の男たちは、ボールを蹴ることで春の気分を発散する。緑色の芝生でボールを蹴って。

ところが、僕たちの学校では、先生の指導によって少年たちは、この春の気分を2時から3時までの行進の練習で発散している。それでも僕たちは、僕たちの学校で一番上手な競争相手であるネシャリム（7号室）とサッカーの試合をすることに成功した。

フランタ・マイエルが喜んで審判をやってくれて、シュキド（1号室）のチームは次のように戦った。

コパ、ラツィ、ベイチェク、アロン、ザプネル、ポラーク、ラフィ。最初のハーフのときにはネシャリムが4対1でリードしていたが、その

(58)　20世紀のチェコの詩人ですが、詳細は不明です。

ハーフの終了までに４対４に追いついた。休憩の後に様子が変わって、ネシャリムがまたゴールを決めた。そして、またすぐに追いついたが、終了間際に勝利のゴールを決められた。最後の数分間はシュキドのチームが優勢だったが、スコアは６対５で変わらない。

シュキドの２軍チームは、簡単にネリャリムⅡに７対３のスコアで勝った。ロートが４得点、ピックが３得点挙げた。審判はハンス・ヨセフ。シュキドのチームの一番いいプレーヤーはラツィだった。彼は、相手の攻撃をたくさん止めて、僕たちのゴールへと向かってくる災難も止めた。次はタウシィク。彼は、たくさんシュートを打った。次に、ホンザ・ポラークのシュート。彼は四つのゴールを決めたうえに、アロンとよいコンビを組んだ。

ザプネル

よく読んでみると、得点の計算が合いません。２軍対決では７対３でシュキドチームの勝ちとなっていますが、ロート君が４得点とありますし、最後のほうではポラーク君が四つのゴールを決めたと書かれています。どこかで子どもたちが計算違いをしているのか、それともいろいろな試合が重なって書き忘れたことがあるのか今では分かりません。

また、シュキドチームにもネシャリムチームにも１軍と２軍があったようですが、メンバーの名前が重複しています。上手な選手が何回も出ていたのでしょう。子どもたちがどのくらいの頻度（ひんど）でサッカーの試合をしていたのか分かりませんが、ボールを追って思いっきり走り回る子どもたちの生き生きとした雰囲気を、充分に感じることができます。

もう一つ、サッカーの記事を読んでみましょう。この記事では、非常にサッカーを客観的に見ているだけでなく、論説までしています。

●サッカーボールが語っています　（24号・1943年５月28日）

この前、僕はゲットー当番対ウィーンの試合を見ていました。僕は、選手よりもボールに注目しました。ボールは、サッカーコート内やコート外のいろいろな道を通らなければなりません。それは、ゴールに入るまでです。途中、何回も何回も蹴られています。

僕は興味心の豊かな“知りたがり人間”ですので、このような試合について、ボールはいったいどのように考えているのか知りたいと思いました。僕は辛抱強く、審判が笛を３回吹いて、このサッカーと呼ばれる面白いゲームを終わらせるまで待っていました。その後で審判のところに走っていって、ボールを貸してくれるように頼みました。

審判は、最初はためらいましたが、ちょっと長い交渉の後に許可してくれて、15分だけボールを貸してくれました。僕はボールを優しく受け取って腕に乗せ、ボールが話しますように、とお願いしました。

とても驚いたことに、何と、本当にボールがゆっくりとモグモグと話し出したのです。

「私について知りたい、と顔に書いてあるから話してあげましょう。

私はチャンピオン家の出身で、ボール誕生後の３世紀に生まれました。ボールは、地球上で一番発達した生き物です。

私たちより10倍も大きい生き物である人間をも、私たちは征服しました。彼らは、私たちのために○○○（原文不明）します。彼らは、私たちをあっちやこっちへと運んだり、新しい世代をつくってくれたりと私たちの面倒を見ています。

私たちの繁殖方法は生物よりも面白いです。人間は子孫を自分たちでつくりますが、私たちは子孫を人間につくってもらっています」

３号室で出していた新聞

そこで、ボールが咳(せき)をしました。僕は質問をしました。

「サッカーの試合についてどう思いますか？」

ボールは、眉をひそめて答えました。

「試合というのは、私たちにとって人間が一番ひどくなるときです。人間はまだ完全に征服されていないので、そのときに私たちの支配に反抗するのです。

ある日、誰かが私たちをサッカー場に持ってきます。そこで、14人から22人くらいまでの人が私たちに突進し、色のついたぼろ服（ユニフォームのこと）に体を包んでボールを熱狂的に蹴ります。その間、ほかの人はリズムに合わせて笛を吹きます（審判員）。私に同情しているのは、ただ隅っこのほうにいる２人だけ（ゴールキーパー）です。

彼らは、私たちを手でつかんでくれます。しかし、笛を持った残忍な男は、私を蹴るようにと命令します。このような反乱を、大勢の人が楽しみながら見ています。

ボールでさえも魂をもっていることを、彼らは忘れています。彼らは、かわいそうなボールを目で追います。私たちボールは、このような人間が大勢いるのでどうすることもできないのです」

そのとき審判が来て、ボールを取り戻して持っていきました。かわいそうなボールに挨拶もできず、僕は考え込みながら部屋に向かいました。

アカデミー

ボールの身になって、ボールの声を聞くという発想は大変ユニークです。これで一つの物語になっています。筆者のアカデミー君とは、コトウチュさんによると、何人かの１号室の子どもが集まってその名前で書いていたということです。ただし、「アカデミー」全員で相談して書いたのではなく、誰かが書いて、自分の名前の代わりに「アカデミー」のサインを使ったようです。「アカデミー」というサインの記事が、1943年の５月頃には大変多いのです。

次の原稿もサッカーに関するアカデミー君の記事ですが、子どもたちは、大人や社会に対してするどく批判する目をもっていることが分かります。

●テレジンでのスポーツ　（29号・1943年7月2日）

ドレスデン（兵舎）の中庭が、屋根裏部屋から地面まで人でいっぱい。ピンの落ちるすき間もないくらいです。グランドには14人の選手が走っています。クライデル・カメル（服配布人）チーム対コックさんチームの試合です。左側の、クライデル・カメルのナーツィ・フィシェルが攻撃に出ます。観客のなかでは、ワーワーと歓声が広がりました。彼は、ゴールの近くでボールを蹴りました。しかし、コックさんチームのゴールキーパーがボールをキャッチしました。観客が大きな拍手をします。

攻撃が相手チームに移るたびに観客は興奮し、一方のチームがゴールを決めると、その興奮がピークに達します。ようやく試合が終わりました。観客は今の試合について生き生きと論評しあいながら、帰途につきます。そこで、疑問が浮かび上がります。

もし、ゲットーチームがチェコリーグの試合に出た場合はどうなるか？　プラハのサッカークラブよりは下手だろうとみんなは確信していますが、ほとんどの人たちは、ゲットーチームの実力を実際よりも低く思っています。でも、僕たちは閉鎖されているゲットーの中にいて、ほかの世界から厚い壁で隔離されています。

クライデル・カメル、ゲットー・ワヘ（ゲットーの監視人）、コックさんのチームは、リーグ戦に入ってゲットー選手権を争っています。テレジンでのサッカーには欠点がありますが、長所もあります。どうして、プラハではスパルタやスラーヴィエ[(59)]の大きな試合を行えるんですか？　観客がよいサッカーを見たいからでしょうか。違います。スポーツが数百人のための金儲けの道具になっていて、数千人の生活を支えているのです。

実業家、創設者、選手、審判員が、それでお金を儲けています。チー

(59)　どちらもプラハでの有名なサッカークラブの名前。前出の「オフサイドの男たちはテレジンへ行く」のなかで、ナチュラデツさんが熱狂的なファンだったチームがスラーヴィエです。現在も活躍しています。

ムは優勝するためではなくてお金のために戦い、審判員も選手も袖の下をもらいます。選手は自分のチームを愛しているのではなくて、自分の生活のことを考えて、お金を稼ぐために戦っているのです。

もう一度、テレジンのサッカーを見てみましょう。テレジンのリーグ戦で優勝したチームの選手は何をもらうんですか？　ドレスデンの兵舎が観客でいっぱいになったら、試合の主催者は何をもらうんですか？　何ももらいません。

選手たちは、ここで一生懸命自分のチームのために戦っています。彼らは、サッカーをやるためにサッカーをやっているのです。お金のためにやっているのではありません。ほかのどんなところよりも、献身的な気持ちをここで見ることができます。

クライデル・カメル対コック戦の試合のとき、グリクネルは中耳炎で高熱を出したまま参加しました。それにもかかわらず、グランドで一番いいプレーをした選手の１人でした。

ハギボル・プラハ対ウィーンのとき、ボールはアウトでしたが、審判員はハギボルのためにインにして、コーナーキックを与えました。しかし、ハギボルの左側にいたフランタ・ライネルは、正しいスポーツマンとしてボールを正しくアウトと言いました。

逆さまになった世界であるテレジンで、このようにサッカーをすることができれば、ほかのところでもできるのではないでしょうか？

ある詩人は、「芸術を芸術のために」と宣言しています。

僕たちは、「スポーツをスポーツのために、お金のためではなく」と宣言します。

アカデミー

少年たちの純真さが表現された文章です。理想を夢見、正義をかざす心が、テレジンの貧しい環境でも汚（けが）されずに育っていることにホッとします。

年間契約数億円というスポーツ選手の報道がされるたびに、「彼らは何のためにスポーツに励み、そのお金を何に使おうとしているのだろうか？」と、考えて

女の子が描いたサッカーの様子

しまいます。それだけの人気や実力があるから、と言われればそれまでなのですが、お金のために、スポーツの純粋な競争心や向上心、そして子どもたちの憧れを砕かないでほしいと思います。

これは、どんな職業にでも言えることです。政治家も、お金のための政治であってはなりません。「スポーツのためのスポーツ」、「芸術のための芸術」、「民衆のための政治」、すべて「お金のための○○」であってはならないのです。純粋に、原点に戻って理想を追求すること、「VEDEM」の子どもたちには、そのことが素直に見えていたのでしょう。

8 仲間たち

1号室には、「L417」に収容された男の子たちのなかでも、比較的年長の子どもが40人から50人位暮らしていました。13歳から15歳位の男の子たちですから、いたずらっ子もいたでしょうし、勉強家、スポーツ大好き、真面目すぎるような子どももいたと思われます。その少年たちが、毎日毎日、同じ部屋で寝起きをともにするわけですから、ケンカもあり、友情もあり、イジメもあったかもしれません。

コトウチュさんは、1号室の仲間のことを次のように語ってくれました。

「1号室には金持ちのわがまま息子、孤児院から来た子、大学教授の子、そのほかさまざまな境遇の子どもたちがいました。それをまとめたのがアイシンゲル先生でした」

お金持ちの息子だったというのは、前にも紹介したように初代の委員長で、宣言文を読んだロート君です。何の不自由もなく育ったロート君は、初めからリーダーになるように育てられたと言われています。また、孤児であった子、大学教授の子、商店の子、普通のサラリーマンの家庭の子……それぞれの子どもたちは、みんなで楽しく有意義な生活を送ろうと努力しました。

「VEDEM」のなかの「僕たちの仲間の一人について」といういくつかの記事で語られている仲間たち、そして「VEDEM」に登場する子どもたちの姿は、それぞれが個性にあふれています。生と死をともにした生活を続けながら、冷静に仲間たちを見つめている子どもたち――友達とケンカもし、ブツブツと文句も言い、あるいはほめたり、仲間の献身的な行動に感嘆し、人間の強さ、弱さ、美しさ、そして醜ささえ分かっているように思えてきます。

そして、子どもたちは、いつも希望を失いませんでした。そう、友情を守ろうとしていたのです。雑誌を出し、バッチをつくり、歌を歌い、勉強をして、普通の子どもたちと同じように仲間たちと遊びました。しかしそれは、家族と一緒ではなく、いつ来るか分からない「移送」という恐怖のなかでのことでした。

●僕たちにバッチができる　（15号・1943年３月26日）

僕たち（１号室）のバッチは、内側の直径８ミリ、外側の直径12ミリの円です。その円の外側は、ピカピカの金属の３ミリの輪で囲まれています。それは僕たちのバッチ、僕たちの部屋のシンボルとなります。僕たちは、テレジンという島に漂流して避難している若い少年の集団です。

僕たちは遭難者であっても、仕事でも、戦いでも、遊ぶときでも、一生懸命に努力する若い男たちであり、力をあわせて新しい価値観をつくろうとしています。僕たちは輪であり、僕たちのなかから誰かがいなくなったり、僕たちを裏切ったり、戦いで命を失ったりすると、その輪はそのまま閉じてしまいます。輪というのは、無限のもの、永久のものです。だって、数学では輪の定義をきちんと定めています。僕たちは若い。生きていたい。生きなければならない。そして、生きるでしょう。僕たちの課題は、次の世界へ命のバトンを渡すことです。このバトンは、自由な男と女から、自由な人間たちに渡すべきです。

僕たちは遭難した島で、火の周りを踊り、その光に明日を見ます。将来への信頼、友情の踊り、仕事、戦い、遊びにおける友情、僕たちは団結の輪を裏切りません。一人ひとりの力は集団の力になり、集団の力は一人の力になる、と誓います。

マスタードと（辛い）ハンガリーサラミのついたパンと本物の蜂蜜250グラムと交換しようと言われても、象徴以上である自由を僕たちは裏切らないと約束します。もし、誰かが僕たちの中心から出てしまったら、その人は死にます。そして、輪を閉じて、僕たちは輪の中で踊ったり、働いたり、戦ったりを続けます。

漂流した船は、子どものままの男たちや、勇気の足りない男たちを運んでいましたが、自由な港にたどり着く船は男らしい少年たちを運ぶでしょう。みなさん、君たちの一人ひとりは僕たちの輪の一部分であり、輪の外には誰もいません。

僕たちは若いのです。遊び、仕事、戦いに万歳。そして、命に万歳。

ペペク

友情と団結の輪は、「VEDEM」を囲む子どもたち全員の遊び、仕事、戦い、命そのものです。子どもたちは、輪の団結を裏切らないと誓っています。マスタードとハンガリーサラミの乗ったパンや本物の蜂蜜などの食べ物までを引き合いに出して、その誘惑にも負けないと誓っているのも、テレジンならではの決意の現れです。思わず、子どもたちの日常的なひどい空腹や食べ物への思いが、どれほどのものであったかと想像してしまいました。

この記事に書かれているバッチについて、コトウチェさんにお聞きしました。

「『VEDEM』のなかのさし絵にあるように、バッチは1号室にいる仲間を象徴するものでした。ロケットは未来へ向かうことを意味していて、黄色い星が未来を象徴しています。

このバッチは、シュキド（1号室）のバッチと同じです。シュキドのバッチには色がついていましたが、このときにつくられたバッチは形だけのピンバッチです（70ページ参照）。薄い銀色の金属板に針が溶接してあり、金属板にはシュキドのマークが描かれていました。

このピンバッチを誰がつくって、どこのゲットー内の工場でつくることができたのかは覚えていません。そして、このピンバッチをつくった回数はとても少なかったので、みんなが持っていたわけではありません。また、記事には内側の直径8ミリと外側の直径が書いてありますが、何のことか分かりませんし、重要なことではありません。恐らく、このピンバッチがつくられる前にこの記事が書かれたのでしょう。

自信はありませんが、もしかしたらバッチには丸い部分がなくて、シュキドのマークの形でつくられていたのかもしれません」

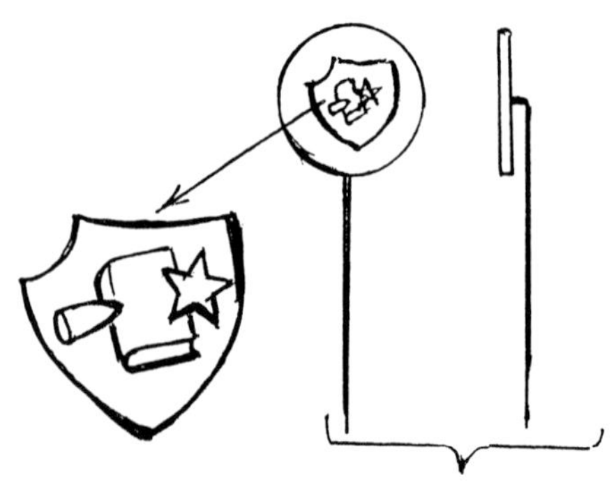
コトウチュさんが描いたバッチの図

「VEDEM」にあるバッチは、12ミリの輪の金属でつくられたものと書いてありますが、コトウチュさんが説明してくれたのは、「VEDEM」のさし絵にたびたび出てくるシンボルマークのことでした。バッチはいつも身に着けていたのでしょうが、今はもうないようです。子どもたちのマークは、自分たちの未来を象徴するものです。未来とは、子どもたちにとっては冒険でした。

ジュール・ヴェルヌの冒険小説が好きだったという「VEDEM」の編集長だったペトル・ギンズ君について、1号室の何人かが紹介する記事を書いています。ほかにも何人かの子どもたちが「僕たちの仲間の一人について」というシリーズを書いていますが、その対象として特に多いのは何といってもギンズ君です。

彼は、特に優秀な少年でした。ギンズ君については、生き残った妹さんやお母さん、友人の証言や、テレジンから家族に送った手紙や、ゲットー内で書かれた絵や文章からさまざまなことが分かります。まず、「VEDEM」に掲載されているギンズ君についての記述を拾ってみましょう。

●僕たちの仲間の一人について　(13号・1943年3月12日)

ペトル・ギンズ

テレジンに、小さな家「L417」がありました。その小さな家には1号室があり、1人の小さな男の子がいました。

彼の名はペトル・ギンズ。雑誌「VEDEM」の編集者という職をもっていました。彼は、同時に科学に関してはプロフェッサーでもあり、ツヴィコナイス(60)の崇拝者でもありました。真面目なチェコ人として、書き方の間違いや文法の誤りを直しています。特に、自分という指示代名詞を重要視しています。

性格的には、彼は非常に陰険な生き物であり、みんなに尊敬されている共同生活者のことを笑っています。彼はほぼ毎日、少なくとも二つの小包をもらっています。現在、その一つの中身をムシャムシャと食べており、ベッドの上にはあらゆるもののコレクションが置かれています。「VEDEM」の新しい号の上には卵の殻が乗ったままですし、書き終わっていない表彰状の上にはレモンが二つ転がり、図書館から借りた本は

(60)　ブルノー・ツヴィケルのあだ名です。教育学者でアイシンゲル先生の友人です。ブルノのマサリク大学の教授でした。アウシュヴィッツで亡くなっています。

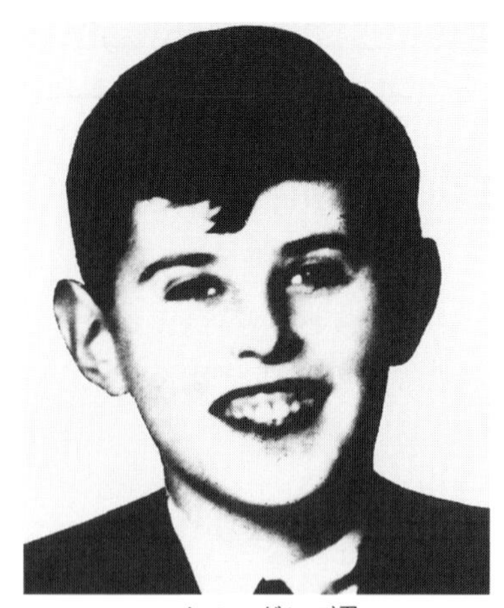
ペトル・ギンズ君

ビスケットやクレープなどのお菓子に囲まれています。

そのとき、部屋にフィシェルさんが来て、ポラーク、レーリヒ、レーヴィ、ギンズという、小包をもらった幸せ者の名前を読み上げました。ギンズは飛び上がって受領書を取って、ポドモケル（郵便局）へ飛んでいきます。ベッドの上の展示品（コレクション）は残したままです。

そのとき、フィシェルさんが彼のコートの後ろをつかんで、ここにサインしなさいと言いました。汗だくの編集長は、10メートル先から戻って〔これは彼のコートの長さです〕素早くサインして、１分以内にツォイグハウス（武器庫だったところが小包受け取り所になっていたようです）に着きます。すぐに、小包をたくさん抱えて部屋に戻ってきました。

しかし、大変なことに、ベッドの上の展示品がひそかに消えてしまっています。少し調べれば、その半分はオルチェのベッドで見つけることができます。きっと、重力のせいでそこに落ちたのでしょう。残りの半分は、屋根裏部屋か庭にあります。しかし、それらのことはギンズにとってはどうでもいいようです。
「まあいいか」と手を振って、新しい小包を開けはじめます。

アブツェス

小包をもらいに行く間に、自分のベッドの上のものが全部なくなっていても、「まあいいか」と手を振るだけのギンズ君は、かなり鷹揚（おうよう）な性格だったようです。

しかし、テレジンの中で生活しているギンズ君がどうして小包をもらうことができたのかと不思議に思う人が多いことでしょう。それは、ギンズ君の家族のなかで、最初に彼だけがテレジンに強制収容されたからです。ギンズ君のお母さんはユダヤ人ではありませんでしたので、プラハで生活をしていました。お父さんと妹さんがギンズ君よりも何か月か遅れてテレジンに収容されましたが、幸いにも終戦まで生き残り、二人とも助かりました。悲しいことに、４人家族のうち殺されたのはギンズ君だけでした。

ギンズ君の妹さんは、現在イスラエルに住んでいます。画家として活躍しており、2004年にプラハで個展を開催したとき、私は会場でお目にかかりました。和紙のような紙に描く、独特の画風のもち主でした。このときは、NHKが「テレジン強制収容所・いのちの雑誌」という番組を制作するために同行したのですが、プラハで妹さんも取材し、2004年に放映された番組にも登場されています。

もう一つ、ギンズ君について「VEDEM」のなかで書かれた友達の記述を読んでください。

●ペトルシュカ・ギンゼロ（ペトル・ギンズ）の日曜日の晩ご飯

（14号・1943年３月20日）

日曜日が来ました。クリームのついた蒸しパンを食べる夜が来ました。ペトルシュカはベッドに座って、周りを楽しそうにながめています。急にベッドから下りると、夕食を取りに行きます。

夕食を食べ終わったら、まだ夕食を取りに行っていないイジーチェク・ハースを捜しに行きます。なぜなら、最初にお代わりをもらうためです（全員が食べ終わらないとお代わりはもらえなかった）。彼の夕食をもらってそれを食べ終わったら、２回目のお代わりを欲しがります。そのお代わりをもらって隅のほうへ行くと、座り込んでただ黙って食べています。そのちょっとの間だけ、ペトルシュカの声を聞くことも見ることもできません。その間に夕食は終わります。

夕食が配られているとき、鍋の底にはまだお代わりができるくらいのクリームソースが残っています。そのときにギンゼロ野郎が来て、鍋の中を見て、「じゃあ僕が洗うよ。これは残りでしょう。ありがとう」と言って、鍋を持って具を隠そうとします。私はそれをやめさせようとしますが、ペトルシュカは、私が彼からそれを取ろうとしているとか言って、すぐに泣きはじめたかと思うと、急にお鍋を持って逃げ出します。

私はベイチェクと一緒に彼を追いかけますが、ギンゼロ野郎は急行列車のように部屋を走り回ります。やっと上手に鍋をベッドに投げ上げて、自分もベッドの上に飛び乗ります。その後で、おいしそうに鍋の中身を食べはじめたのですが、クリームソースがあごにこぼれています。

口の周りを汚したまま、帽子について話しているクメルマンに文句を言います。鍋を念入りになめ終わってから、それを洗いに行こうとしているとき、私は彼のところに行ってお皿の上に蒸しパンを置きました。彼は、気が狂ったような目で私を見て尋ねます。

「これ、どうしたんだい？」

そして、せっかちに聞きます。

「これ、食べてもいいの？」

ソースつきの蒸しパンを食べ終わると、ギンゼロ野郎は周りを見て、夢のなかにでもいるように「これからラードつきのパンを食べます」と言います。このパンを食べてから、石でさえ涙を流すのではないかというような(61)、自殺する人のような表情で鍋を洗いに行きます。

バロン・プラーシル

ここには、かなり食いしん坊なギンズ君が描かれています。ギンズ君については、次のような記事もあります。これは大きな文字で書いてありました。

●（見出しなし） （12号・1943年3月5日）

どうして、すべての原稿がギンズからの原稿なのですか？
ほかに書ける人が、ここにはいないのですか？？

（サインなし）

この記事で分かるように、「VEDEM」のすべてにかかわってつくっていたのがギンズ君です。彼の助手として手伝っていたコトウチュさんは、ギンズ君について次のように話してくれました。
「彼は、私よりも１歳年上でした。13歳と14歳の１年の差には大きなものがあります。彼はとても優秀で、原稿を集め、文章や文法の間違いを直し、編集をし、さし絵を描き、ほとんどのことを自分で行っていました。私も含めて、ほかの者にはほとんど口を挟ませなかったのです。

原稿が来ないときには、自分で書きました。いろいろなペンネームを使って、すべての原稿を書くこともありました。彼の才能は、テレジンという特殊な環境で異常なほどに成熟したと言ってもいいと思います。原稿が足りないときは、書いてくれる人を探すためにプラハの母親から送られてきたものをあげていました。よく、食べ物と交換で原稿を書いてもらったりしていました。

絵の具やクレヨン、紙などもプラハの家族から送ってもらうことができましたから、『VEDEM』は続けられたのです。何と言っても、『VEDEM』が長く発行できたのは彼のおかげでした」

1944年にアウシュヴィッツに送られ、そのままガス室へ入れられて殺されました。その60年後の2003年、ギンズ君の奇跡がはじまりました。アメリカの宇宙船「コロンビア号」の事故でイスラエルの飛行士が亡くなりましたが、彼はイスラエルのホロコースト博物館で見つけた、ギンズ君が描いた「月から見た地球」という絵のコピーを宇宙に持っていっていました。コロンビア号のニュースとともに、ギンズ君の60年前の日記や絵が世界中に知れ渡ったのです。このことについては、「あとがき」で少し詳しく書きます。

さて、ここで紹介した以外にも、「親愛なるギンズ君」（３～４号・1944年１月14日）、「ギンズの美的感覚について」（32号・1944年７月23日）など、みんなに愛されたギンズ君の記事があります。また、ギンズ君自身が書いた記事は「自由または裕福〔どちらを選ぶ？〕」（1944年２月25日）のほか、数えきれないほどあります。このような「VEDEM」は、前述したように、毎週金曜日に１号室のテーブルの周りに子どもたちが集まって読み上げられ、それが終わると３段ベッドの中段で寝ていたギンズ君の布団（ふとん）の下に隠されました。

(61)　チェコの慣用句で、「かわいそう」とか「悲しい」ことの表現に使います。

13号の「僕たちの仲間の一人について」でギンズ君について書いていたアブツェス君のことも記事になっています。

●アブツェス。本名はブルムル・イジー。AAW830（輸送番号）

（12号・1943年3月5日）

とてもおかしな人間です。部屋の中を、ヒラヒラとシャツを出したままおかしな歩き方をしています。いつもズボンの片方の裾は下っていて、もう片方はめくりあげています。

靴下はずり落ち、ズボンのチャックはシャツの襟と同じようにだいたい開いています。頭の上に、まるで自分の主人を恥ずかしがらせるように、少しの毛髪がうずくまっています。

外見はこれで終わりますが、アブツェスの１日の仕事を説明しましょう。

朝起きて、コーヒーのバケツを倒します。それを拭こうと30分ぐらい雑巾を探すのですが、その間にコーヒーは乾いてしまいます。ブルムルは、それが分かると左手で右耳をかき、びっくりしてまた何かをつぶやきます。

その後で、洗面所へ行って指を濡らして、また部屋へ戻ります。もちろん、彼はごみ箱を踏んでしまいます。それを偶然リーシャが見つけて、彼に窓を開けてとか、タンスを閉めてと頼むと、彼は窓を閉めてタンスを開けます。

それでとうとうリーシャが怒り、アブツェスは長い間姿を見せなくなります。

ギンズ

アブツェス君は、約２年間をテレジンで過ごしました。14歳のとき、アウシュヴィッツへ送られて殺されました。

アブツェス君の日常の姿を、まるで目の前にいるかのように映像的な文章で描いたギンズ君は、仲間たちの特徴をうまくつかんで「VEDEM」に書いています。

ギンズ君が書いた記事のなかで、一番愉快な子はバロン・プラーシル君です。彼は、いろいろな名前をもっていました。

●バロン・プラーシル。ラムセス。トウチュニャス。コミニャス。（すべてニックネーム）

（18号・1943年4月16日）

彼は、かわいい太っちょです。ほとんど喉まで来るほどの、黒いズボンをはいています。頭の上の明るい黄色の髪の毛は、スズメの巣になっています。

戦争状況に関する情報をいつも驚くほどもっていて、重要な人物が何を言ったかを正確に知っています。テレジンからの逃亡者の数も、いつも知っています。つまり、彼は何でもよく知っているのです。

「バロン・プラーシル」のさし絵

自分の子どもの頃のすばらしい出来事も話してくれます。たとえば、走っている車が川へ下りる階段をジャンプして川岸から水中に入り、モルダウ川を渡って向こう岸のレトナー[(62)]まで走り、その後で羽を羽ばたいてすばらしい飛び方でデイヴィツェ[(62)]のほうへ向かった、というような本当の話を何百も話せます。

今、彼は女の子に興味津々です。ディアンカちゃんが窓の向こうを歩いていると、彼女を見ようとして、一生懸命になって遮光用のブラインドを破ってしまいます。

でも、全体に冗談がよく分かるいい男です。

ギンズ

(62)　レトナーは、プラハ10区のうちの7区にある地名です。デイヴィツェも、同じく6区にある地名です。

ニックネームをたくさんつけられたということは、人気者だったという証拠です。バロン・プラーシル君は、消灯後もベッドの中で、ファンタスティックで面白いほら話をしてくれた子どものようです。明るく、ユーモアのある話はかぎりがなかったそうです。朗らかな子どももいれば気難しい子どもがいたことが、次の記事を読むと分かります。ホンザ・ポラーク君は、「VEDEM」に書かれたことで、何か面白くないことがあったと思われます。

●ホンザ・ポラークについて　（22号・1943年6月4日）

あるとき、ホンザ・ポラークは「VEDEM」を読んで苦情を言いました。それはこういうことでした。

「一日中、僕の悪口やあてつけだけが聞こえてくる。振り向けば〔僕がいるときでも〕……、サル、ブルドック、ワンワンなどと聞こえる」

これは、よしとしましょう。僕たちはこのことをよく知っています。そして、それは本当のことなのです。しかし、それについて少し加えたいことがあります。

第一に、悪口を言われているのは彼一人ではありませんので、そんなに大騒ぎをしなくてもいいのです。

第二に、このような悪口には必ず何かの原因があります。その悪口は、急に何もないところから生まれることはありません。この原因を探すのは難しくありません。ホンザの振る舞いを見るだけで、すぐに次のことが分かります。彼は、自分に対するほかの人の悪い態度を批判していますが、彼自身のほかの人に対する態度は決してよいとは言えません。彼がほかの人に嫌な感じを与えているから、それは当然なのです。

第三に、このすべての悪口やあてつけはもちろんいけないことですので、簡単になくすことができます。もし、ホンザが自分を少しコントロールできれば、ぼくたちも悪口を言うのをやめるでしょう。君にとって僕の態度が嫌であると同時に、僕にとって君の態度はもっと嫌だと思ってください。

両方がよくなることはみんなのためになる、と私は確信しています。

Cu−Ka

この記事の筆者であるCu－Ka君が誰なのか、分かりません。「VEDEM」のなかでほかにも記事を書いている子どもですので、きっとしっかりとした意見をもった活発な子どもだったと思われます。もっとたくさんの子どもたちについて紹介したいのですが、きりがありませんので別の機会にします。

これらの愉快で、楽しく、真剣で、優秀な1号室の子どもたちの世話をしていたのが、これまでに何度も登場しているアイシンゲル先生です。先生は当時29歳でした。彼自身も社説などのたくさんの記事を書き、子どもたちからたくさんの記事を書かれています。子どもたちは先生のことを、仲間のように、同じ目の高さで見ています。

「VEDEM」の記事には、先に紹介したように、子どもたちと毛布などを取り合ってなぐりあいのケンカをしたり、朝の起床時にもめたりしたことが書かれています。しかし、子どもたちがアイシンゲル先生を深く信頼していた記事もたくさんあります。

●僕たちの仲間の一人について（？・1944年6月）

アイシンゲル先生

今日は、僕の批評のやり玉として、僕たちの部屋のリーダーであるワルトル・アイシンゲル先生、あだ名はプルツェクを選びます。

彼が保っている秩序を批判したりはしないし、彼のスポーツマンらしい身体を笑いたくもないし、僕たちの部屋での活動以外、そのほかのことについて批判したくありません。

ガンガンガン。ベッドの中で、何か小さいもの（アイシンゲル先生のこと）が横を向いて話しかけます。

〔同じことを、毎朝、少なくとも1か月くらいやっています〕

「もう、七時ですよ」

誰も彼に答えません。そして、昨日も7時に鐘が鳴ったということに気付き、ベッドで体を真っ直ぐにして、手を叩いて言っていました。

「オールシュタイン、ベアムト、ロートは、靴を5足もっている。それじゃあ……」

そう言うと、みんながブツブツ言いながらベッドから出てきて、被害を受けた子どもたちは大きな声で、「まだ６時だよ」と反論します。

６時だと分かって出掛けた子どもの１人は、ほかの部屋の子どもと一緒に帰ってきました。そして、次のことを知らせます。

「昨日はマドリフたちが〔先生はそこにいなかった〕、ほし草を集めに行く５、７、９号室の男の子たちは６時に起きるようにと決めました」

そして、ずーっと１日中、先生は姿を現さなかったので、１号室も６時起きだと思い込んでいたのです。それは罪悪感を感じたわけではなく、蒸発（原文注）を気に入っていたのです。P・クメルマン君も蒸発が好きだったから。そして、以前は蒸発を批判していたにもかかわらず、今、自分がそれをやっています。夜10時に戻ってきて、また５分後に戻ると言いながら15分後に帰ってくると、もう３日も過ぎたニュースを知らせて、またよそへ行きます。

これが先生様の僕らの部屋における一日の活動です。そして、もしみんなが１号室のレベルを上げようと思ったら彼のまねをしてください。

（注） かつて先生は、P・クメルマン君のことを、「朝蒸発して夜に現れるクモ」と呼んでいました。

Dr.（ロート）

コトウチュさんは、アイシンゲル先生について次のように書いています。

「私たちは、彼の情熱的な勇気、ゲットーのもろい世界での彼の確実さが好きで、こう宣言しました。

『戦争が終わったら、がんばって学位をとるぞ』

彼のようになりたいと思い、親しみを感じていました。このすばらしい先生は、マハトマ・ガンジーの哲学について語り、詩を訳し、フットボールをやり、私たちの寝床に入ってきて歌い、テレジンで妻になったベラを心から愛していました。先生の失敗を笑うことができたことで、かえって親しみが増しました。私たちが共通の運命にあるという意識と、アイシンゲル先生の人間性によって私たちは、孤児、科学者の息子、金持ちの自動車販売会社のうぬぼれ息子までいる共同生活体をつくることができたのです。この精神は、私たちがつくった雑誌のすべてのページの隅々にまで行き渡っています」(『僕たちだって同じ子どもさ』より)

コトウチュさんも、生徒自治会の委員長をしていた一人です。「VEDEM」に書いた記事もたくさんあります。ペンネームは「スワティ(聖人)」です。

1号の「政治的レポート」、「困ったときに本当の友達が分かる」(4号・1943年1月8日)や「マハトマ・ガンジーとインドと仏教」(22号・1944年6月4日)や「宗教について」(14号・1944年3月24日)などの難しい論文のほかに、「ゲーテの中から」(10号・1944年2月25日)というような詩も書いています。

「私(コトウチュ)はブルノに住んでいましたが、1941年に両親がゲシュタポに連行されてそのままアウシュヴィッツへ送られました。両親は1942年に死亡。私と兄は祖母と叔母の所へ行きましたが、祖母たち2人は、1942年にトレブリンカとオストロボォ(両方ともユダヤ人強制収容所)へ送られて死にました。私たち兄弟はテレジンへ送られ、アウシュヴィッツからさらにブッヘンヴァルドのニーデル・オステンへ送られました」(『僕たちだって同じ子どもさ』より)

コトウチュさんとプラハで何回かお会いしたときに聞いたテレジンのことや仲間たちのことは、本書を著すにおいて貴重な資料となりました。

まず、「L417」の1号室のベッドの配置と、どこに誰がいたかの図をコトウチュさんに描いてもらいました(90ページの**図－3**参照)。

「部屋は7.1メートル×10.7メートルでした。そこに6人用の3段ベッドが6、3人用の3段ベッドが2個ありました。ベッドの大きさは140センチ×240センチでした。部屋の中には、ベッドの間に長くて粗雑につくられたテーブルとベンチがありました。右側の三つの窓は、テレジンの広場のほうを向いていました。

ベッドは、板の上にマットレスが敷かれてあり、マットレスの中身は干し草、そして毛布と干し草の枕で寝ました。頭の後ろには板の棚がありました。また、部屋にはストーブの側に食器を置くための共同の場所がありました。

私が覚えているのは、自分とブラディ、アイシンゲル先生、ギンズ、ロート、ザプネルの寝ていたところです。ハーヘンブルグは図に描きませんでしたが、恐らく私と同じベッドの下のほうにいたと思います」

47号の表紙（1943年11月12日）。右の本の題は「憲法」。

入り口を入って右側の３段ベッドの一番上がコトウチュさんとブラディ君の寝床であり、部屋であり、作業所だったのです。ギンズ君は入り口を入って正面のベッドの中段、アイシンゲル先生のベッドは部屋の一番奥にあって、みんなを見渡せる場所だったようです。

今は「ゲットー博物館」となっている「L417」の建物の１号室の壁には、ここで生活した子どもたちの名前がびっしりと書かれていました。コトウチェさんの名前も見つけることができました。

「テレジン記念館の一部である『ゲットー博物館』は、1991年10月17日に元テレジンの学校だった『L417』の建物にオープンしました。私たちは、1970年代の初めに、この建物に博物館を造ろうと努力していました。なぜなら、子どもたちが収容されていた建物だったからです。しかし、共産主義政権は、ホロコーストの記念としようとする我々の意図を無視して、『L417』にわざと北ボヘミア地方の『警察博物館』を造りました。

チェコに民主主義が戻った翌年の1990年、ゲットーの元囚人（ユダヤ人）たちは『テレジンのイニシアティブ』という組織をつくり、２年間で博物館を造りました。それは、大変な努力を必要とする仕事でした。『テレジンのイニシァティブ』は、建物の新しい利用方法についていろいろと話をしたり、外国からかなりの額になる寄附金も調達しなければなりませんでした。展示されている資料の陳列方法なども自分たちで考え、コメントを書いたりしました。

それらの展示ができてから、さまざまなところが改善されました。博物館の近くのマグデブルグ兵舎のスペースを利用して、ゲットー博物館が拡大されました。マグデブルグ兵舎には独自の展示物があり、そこには、囚人の部屋やゲットーの音楽、美術、文学、劇の作品が陳列されています。それらは、テレジンの囚人たちの文化に関して、今までに公開されたもののなかで一番詳しい展示物です」

このように語るコトウチュさんの子どもの頃の写真（110ページ）を見ると、キリリとした真面目そうな印象を受けます。賢く、強く、考え深く、行動的でなければ、テレジンからアウシュヴィッツへ、そしてブッヘンヴァルドへと移送され、つらい労働とすさまじいばかりの環境のなかで、精神的にも肉体的にも限界を超えた生活に耐えることができなかったはずです。生き残ったこと自体が奇跡なのですから。

この原稿を書いている今も、プラハでの鋭い目と優しい表情、ユーモアのある会話が思い出されます。その、深く尊敬すべき人柄とともに……（コトウチュさんは、2008年に亡くなりました。合掌）。

「僕たちの仲間の一人について」には書かれていませんが、コトウチュさんとともに『僕たちだって同じ子どもさ』を出版したズデネク・オルネスト君についてここで紹介します。

彼は、「オルチェ」と「ムスターファ」という二つのペンネームで、「VEDEM」にたくさんの詩や記事を書いています。1929年１月10日生まれと言いますから、「VEDEM」の発行された1942年12月にはまだ13歳だったことになります。父親を亡くして、生活も苦しくなったので、母親はオルネスト君を孤児院に入れました。その間のことをオルネスト君が書いています。

「10歳までクトナ・ホラに住んでいました。そして、ドイツ人がやって来て、私たちが持っていたあらゆるものを取り、たくさんのことを禁止しました。すでに試験に合格していた公立中学校で学ぶことも許されませんでした。１年間、理解を超えた、環境が激しく変化する生活を送りました。友だちは私から遠ざかるように強制され、私はどこへ行くことも許されませんでした。もう我慢ができず、映画館にこっそりと入ったときには文字通り死にたいと思いました。ごろつきが『ユダヤ人は出て行け、ユダヤ人は出て行け』と叫び始め、私は恥ずかしくて逃げなければなりませんでした。それから生活はますます苦しくなり、母は私をプラハにある孤児院に入れざるを得なくなりました」(『僕たちだって同じ子どもさ』より）

オルネスト君は、ハーヘンブルク君という親友を得て、テレジンの1号室で一緒に暮らすことになりました。「2人ともすばらしい詩人でした」とコトウチュさんが言っていましたから、きっと詩や文学のことで気が合ったのでしょう。ちなみに、オルネスト君のお兄さん（イジー・オルテン）も叔父さん（ヨゼフ・ローゼンツウェイグ）も、有名な詩人だったそうです。

オルネスト君が、1944年10月19日にアウシュヴィッツへ送られたときは15歳でしたが、アウシュヴィッツへ着いてすぐの「選別」のとき、メンゲレ博士は指を右へ指したそうです。「右」は死のガス室へ行くほうです。ところが、そのとき、左のほうへ選別されていた年上の友人が手招きをしたので、そちらへ行って死を免(まぬが)れたそうです。
「運としか言いようがない」と、本人が書いています。その後、ダッハウ強制収容所へ送られ、1945年5月に解放されました。

そして戦後、コトウチュさんとオルネスト君は「VEDEM」が残っていることを知り、それを立派な本にしたのです。残念なのは、その本を見る前にオルネスト君が死んでしまったことです。

なお、「VEDEM」に描かれた子どもたちのその後については、第4章において詳しく述べることにします。

9　詩と創作

「VEDEM」には、詩がたくさん掲載されています。まるで、詩ほど感情を率直に表せる文体はないかのように。「VEDEM」のなかでの一番の詩人は、「Ha－」というサインのハーヘンブルク君と、前節で紹介したばかりの「オルチェ」というペンネームのオルネスト君だったと、コトウチュさんは教えてくれました。

「ハーヘンブルクは14歳だったにもかかわらず、信じられないほどすばらしい詩をたくさん書いていました。彼は真の詩人でした」という、彼の詩を紹介します。

●囚人の国家　（10号・1943年２月19日）

僕たちは進む
松明（たいまつ）を手に
世界を手に入れるため

鉄の苦しみを背負い
はるかな国のために
神を手に入れる

数百人の少数民族のために
権利を勝ち取る
力と仕事の世界のために戦う
もしかしたら次の世代のために命を失うかもしれないけれど

信仰のための行進によって世界を追われ
僕たちはただの兵士のまま死ぬかもしれない
だが　墓よりも時間が勝ち残り
僕たちの傷を癒（いや）すだろう

Ha（ハーヘンブルク）

ここで、ハーヘンブルク君は「囚人」という言葉を使っています。私がプラハでコトウチュさんにお会いしたとき、さまざまなテレジンでの話のなかで出てきた言葉がやはり「囚人」という言葉でした。初め私は、その言葉が誰のことを指すのか分かりませんでした。そして、よく聞いてみると、それはコトウチュさんたち自身のことだったのです。

決して、自分で自分のことを囚人だとは思っていないはずです。それでも、テレジン、アウシュヴィッツ、ブッヘンヴァルドのニーデル・オステンと移送され、ひどい環境のなかで過ごした「囚人」そのもののような生活、そして、いつもナチス・ドイツの軍人にひどい言葉で呼ばれていたことが理由で、自分たちを「囚人」と呼ぶようになったのでしょう。

しかし、子どもたち（ユダヤ人たち）は決して「囚人」ではなかったのです。初めて会ったときには分からなかった「囚人」の意味でしたが、コトウチュさんにお会いする機会に恵まれたときには、自分たちのことを「囚人」と呼ぶのはやめてくださいとお願いするつもりでした。それが言えないまま亡くなられた今、本当に後悔しています。

次に、「がんばる」という詩を紹介します。この詩は、誰が書いたものかは分かりません。しかし、読めば分かるように、子どもらしさをそのまま表しています。読者のみなさんは、この詩を読んでどのような情景をイメージしますか。

●がんばる （3号・1943年1月1日）

僕は一人で泣きながら町をさまよう
昔、失ったものを探しながら
僕はやっぱり一人ぼっち
そして、あざむかれ……
ああ、できることならこのまま消えてしまいたい
でも、何かが邪魔をする
見えないものが僕にささやく
「勇気を出して　こんなことがいつまでも続くはずはないから」と
そして、僕はまた
あてもなく町をさまよう

僕は何を探しているのか？
友達、昔ばなし、幸せ！
それらへの懐かしさが
僕を家から町へと駆り立てる
僕のなかにはむなしさばっかり
誰のところへ行けばいいの？
誰のところへ……？
でも、僕はがんばる！
自分のもの、自分自身を見つけるまで
灌木や川を渡って
負けている男は戦いから逃げてはいけない
僕は遠くへ行こう
世界へ出よう
自分の傷を癒しに

FA.

この詩の作者である「FA.」君は、「できることならこのまま消えてしまいたい」と書いています。この訳出は原文のままなのですが、「できることならこのまま死んでしまいたい」という意味にもとれます。テレジンでの生活から逃れて、どこかへ行きたいという思いが常にあったのでしょう。

それは、かつて子どもたちが住んでいた故郷やプラハへ帰りたいということでもあったのです。そんな同じような気持ちを表した、ギンズ君の詩もあります。

●プラハの思い出　（7号・1943年1月29日）

もう、どのくらいの時間がたったのだろう
ペトシーン（プラハの丘）の後ろに
太陽が沈むのを最後に見てから
夜の影を羽織ったプラハに
泣きながら瞳がキスをした

もう、どのくらい聞いていないだろう
心地よいモルダウ川の堰（せき）の音を
すでにバーツラフ広場のにぎやかさも忘れ
思い出から消えた

屠殺場（とさつば）や袋小路の排水路の陰や
誰も知らないプラハは
元気でやっているかい
僕がプラハのあちこちを悲しむほど
プラハは僕のことを悲しんではいないかもしれない
もう１年が過ぎたのだもの

もう１年が……
醜（みにく）い穴に座って
プラハよ
あなたの美しさの代わりに
幾つかの出口しかない檻（おり）に捕えられた猛獣のように
美しい石たちの昔話を
僕は思い出している！

nz〔ギンズ〕

プラハの石畳

モルダウ川（ヴルタヴァ川のドイツ名）

何回か訪れたプラハの街で思い出すのは、なぜか古い石造りの家並みと、広い道路でも狭い路地でも、どこにでも敷きつめられている石畳です。数百年にわたって踏まれ続けている石畳の道は、プラハに住んでいる人たちにとっては掛け替えのない歴史なのでしょう。テレジンという檻の中に捕らえられ、どうしようもない生活のなかで「美しい石たちの昔話を思い出している」ギンズ君の詩には、悟りきった大人のような雰囲気さえあります。

たった1年のテレジンでの生活は、子どもたちの精神にとって、数えきれないほどの大きな驚きと苦しみと疑問をもたらしたはずです。それは長い長い時間、1年の数倍にもなる年月を子どもたちに感じさせたと思われます。

いろいろな子どもたちの詩は、いつかは全部を詩集にしてまとめたいと思うほどすばらしいものばかりです。作者不明の詩もたくさんあります。次に紹介する「水」という詩は、誰が書いたものか分かりません。

●水　（27号・1943年6月18日）

人間は　みんな水
水は流れ　流れ　流れる
生きている瞼（まぶた）の裏を流れ
太陽を垣間（かいま）見ようと流れ
時間を壊す障害物、島と戦っている

僕たちは泥と魂でできた緑色のただの水
嵐は僕たちを岩に導き
雷と風が僕たちを叩く
空（うつ）ろな岩の轟（とどろ）きは僕たちを前進させ
海がざわめき
愛を込めて歌っている

急流で波は砕け
時間と僕たちとの和解のない世界
たとえ僕が死んでも波は岩に穴をうがつのだ

そして、新しい波
新しい水
数世紀かけて堤を削り
雷鳴が堤を、自分を、時間を砕く

これが最後の怒濤（どとう）、雷鳴
柳の葉の光が消え
嘘のなかに世界が消える
大陸と海の差もなだらかに消え
太陽が私たちの泣いている唇にキスをする

人間はみんなただの水
水は流れ　愛し
そして、音もなく蒸発する
今日は　時計を見ません
星は不思議な踊りで空をめぐり
夜は希望のないあなたを飲み込んでしまう
棺桶（かんおけ）の蓋の下を流れる人（水）
もっともっと世界を抱こう
あのぶどう畑のなかで

今日の朝早く
もしかしたら死ぬけれど
水が流れた跡だけは残るだろう

アカデミー

最終連の表現に胸がつまされます。「今日の朝早く　もしかしたら死ぬけれど」という表現は、ただ哀しく、「水が流れた跡だけは残るだろう」という言葉の裏に、「僕たちの跡は残るのだろうか」という悲痛なつぶやきが聞こえるような気がします。たとえ、細く短い人生でも必ず残るはずの人間の存在なのに、その最低の痕跡さえもおぼつかない少年たちの不安とかすかな希望が感じられます。

コトウチュさんは、「今でもホロコーストを伝える方法やピッタリの言葉を探しています」と、冒頭に掲載した「日本の読者のみなさまへ」のなかで述べています。人間の存在というものは、決して永遠なものではありません。生まれ死んでいく過程は、自然の時間の流れなのです。自然の流れに反して殺されたテレジンの子どもたちの存在は、決して忘れてはいけないものだと思いました。

不自然な「生と死」があったことを伝えていく、それが「こんなことが二度と起こってはいけない」ということを伝えていくことになるのです。

次の「ぬくもりを少しだけください」も、少年が発する真実の声です。

●ぬくもりを少しだけください　（5号・1944年1月22日）

ぬくもりを少しだけください
世界の友よ
君のかすかなぬくもりがうらやましい
それは
凍（こご）えた体のままベッドから出るとき
そして
寒さ以外に何も感じられないとき
そう
まだ美しい夢のなかにぼんやりと半分だけひたっているとき

こんな冷たく寒いときに体を洗うのは嫌だ
恥ずかしさに溺（おぼ）れたりはしないけれど
垢（あか）のなかに溺れている僕
温めてくれるぬくもりは
とても高価なんだ
ひざの上で
あなたのそばで
体を温めたい

そして、はっきりと目覚めたとき
激しい空腹が僕をさいなんでいるのを
ずっしりと思い知らされるのだ
自分の心を傷つけながら
ぼくはすべての希望を切り捨てる

寝床にもぐって
眠りたいだけ

オルチェ（ズデネク・オルネスト）

寒い冷たい朝、温もりがほしいのは誰でも同じです。ただし、これはテレジンの中での詩です。温もりを欲しがっているのは、体ではなく心だったはずです。

今回紹介した詩以外に、「VEDEM」のなかにはたくさんの子どもたちの詩が掲載されています。そのすべてを紹介することができないのは残念です。

次は創作文を紹介しましょう。詩と同じように、子どもたちは空想やフィクションというさまざまな世界を創出しました。

以下の二つの話は、社説として書かれていましたが、創作の形をとっています。まさに暗喩（あんゆ）を含んだ昔話です。そして、その創作力には驚かされます。

●社説 （14号・1943年３月20日）

昔むかし、ある大きな河の河沿いに小さい小屋がありました。

その河は命の河で、小屋には若い漁師が住んでいました。毎日、ぼろ船を河に出しては、投網漁（とあみりょう）をしていました。

あるとき、ざわめく河に網を投げ、網に穴があくぐらいの、網の目の数くらいたくさんの波を釣りました。網は大きな穴だらけになりましたが、若い漁師は大変喜び、壁にかかっていた古いバイオリンを持ち、パンをポケットに入れて、河のない遠い遠い国へ出掛けました。

漁師は、幸せを配りに行ったのです。彼は、すぐにある国に着きました。そこでは、労働者は安い賃金で手から血が出るくらい仕事をしていましたが、もっとよい生活が地球上にあることを知りませんでした。

そこで、漁師は大きな命の河の話をしました。労働者は寂しい表情で、「あなたが話をしている平等の国はどこにあるのですか？」と、聞きました。漁師は黙って東のほう（当時は、東方にあるロシアが憧れでした）を示しました。労働者は金づちを捨てて、権利を追いかけて出ていきました。

次に漁師は、朝早くから夜遅くまで仕事をしている農民のところに行きました。その間、農民の主人たちはぜいたくなところで遊んでいましたが、農民たちは幸せな生活を知りませんでした。

漁師はあぜ道に座って古いバイオリンを出し、愛と満足の国の歌を弾きました。重労働をしている農民は、とても驚いて立ち止まり、「あなたが美しく歌っている奇跡の国はどこにあるのですか？」と、漁師に聞きました。漁師は笑って、命の河のほうを示しました。農民は鍬（くわ）を止めて、馬を自由にし、幸せの方向へ向かいました。

次に漁師は、王様がひどく庶民を圧迫しているにもかかわらず、国民は王様を尊敬して、頭を下げている国に来ました。なぜなら、賢明に治めることはほかの方法でもできるということを知らなかったからです。

14号のさし絵（1943年３月20日）

漁師は、自分の来た道に立ち止まって、命の絵を描きました。その絵は大変すばらしく描かれたので、命の波がその絵から力強く流れ出し、大きな河になって、悪い王様ごとお城を洪水で流してしまいました。

漁師はまた旅をして、ある国に来ました。その国はきれいな命の河からかなり離れていましたので、王様自身も命がどんなにきれいになれるのかは知りませんでした。

旅人は宮殿のらせん階段を上り、王様の椅子のところで、美しさ、幸せ、太陽についての歌を歌いました。あたりが静かになり、屋根の下のスズメさえも鳴き声を上げるのをやめ、王様はワイングラスを口のところまで運ぶことができませんでした。王様は立ち上がって、埃をかぶった冠を捨てて叫びました。

「みなさん、立ち上がりましょう。心を自由に。今、永遠の答えが見つかったのです。名誉を与えるためにあの旅人を探しましたが、もう見つかりませんでした」

詩人であり、音楽家であり、画家であり、歌い手である漁師は、自分の河のところで網を直していました。

冗談をいう鳥の小人

●社説 （12号・1943年3月5日）

昔むかし、ある国のお話です。その広くて大きな国は、真っ暗な暗闇を望む王様が支配していました。市民は光の美しさを知らなかったので、王様と司教と貴族を照らして、煙を出している松明（たいまつ）が象徴となっていました。

その象徴の光では、貧しさとぜいたくさの差は見えませんでした。理論と実践の差も見えません。

遠くのほかの国で燃えている火が空を照らしたとき、何百年間も暗闇のなかで苦しい生活をしていた国民は、光を望むようになりました。王様と司教と貴族は、国民の光を望む声、遠い国の光への叫び声を恐れ、会議を召集しました。

会議は何日間も何週間もかかり、彼らは飲んだり、食べたり、遊んだりしていましたが、国民の光への欲求はもっと大きく、さらに大声で聞こえてきたので、国民はもう暗闇のなかで生きることはできないという結論に達しました。

33日間、さらに33日間。66夜かかった会議は、国民に「長いコートを着ている男（ユダヤ人のこと）と、その妻と子どもたちが住んでいる小屋、家、町に火をつけるように」という結論を出しました。そして、全国で数百、数千の火が燃え上がりました。

その光のなかで国民は踊ったり、王様と司教と貴族の健康のためにウォッカを飲みながら、もみあげを伸ばし、燃え上がる町の光のなかで泣いているこっけいな男（ユダヤ人のこと）のシルエットを見て笑ったりしていました。

光は消えて焼け野原。何人かの死体。ウォッカのカラッポの瓶。

あれは暗闇を照らす光でした。国民のために、王様と貴族と司教がつけた光でした。国民は、この数百、数千の火事の光で、貴族や司教や王様のゆがんだ顔を見ました。王室の豊かさと無駄遣いを見ました。

遠い国からの火花は、広くて大きい暗闇の国において巨大な火事の火元になりました。この火の炎は空を色どり、人間がつけた火の赤い光は全世界で見られました。

この火が消えた赤い炎の夜の後、朝には焼け野原と死人が残りました。しかし、火をつけた男は、また朝が来て、冷静な仕事の日々の後にまた暗闇の夜が来ることを知っていました。

彼の火は、人間の火、国民の火、自由の火、進歩の火、文化の火。この国に火をつけた男は、命令を出しました。命令は、労働者と農民がともに戦うスローガン、そして恋人の歌になりました。……国の電化（文明化を指すと思われる）。

自由な仕事、実りのある仕事、楽しい仕事の時代がはじまりました。大きくて、広い暗闇の国では、数百、数千、数百万の電球、イリイッチ・レーニン(63)のロウソク、進歩と自由の象徴が光っています。

（後略）

ペペク（ヨセフ・ステアッスニィ）

生徒自治会が、ある程度大人たちのすすめによってでき上がったのに比べて、「VEDEM」はすべて子どもたち自身の発想と実行力でつくられた、とコトウチュさんは教えてくれました。

「VEDEM」がつくられてから半年後に書かれた創作文があります。「VEDEM」を誇りに思っている純粋な気持ちとともに、大人たちが発行している新聞に対する辛辣（しんらつ）な批判とも言える立派な創作文です。

●金曜日から土曜日への夜の夢　（26号・1943年6月11日）

それは、今日の午後○○（原文不明）時でした。僕は、とってもとっても面白いケンカの目撃者となりました。ご存じのとおり、僕はドアの外で立ち聞きをしたり、ケンカに加わることなどは苦手です。でも、次のような機会がありましたので、僕は面白いケンカをしている本人たちの近くに行って、ほぼ全部を聞きました。

みんなと同じように、僕もテレジンにあきて、休息のためにプラハに出ました。そして、ちょうど帰るときに、ある公衆トイレに入りました。すると、真後ろにある小さい窓の壁の窪みから、弱々しいつぶやきが聞こえてきました。僕には、小さなアリの大声かケンカに聞こえました。

ゆっくりと、ゆっくりと、静かにその場所に近寄りました。僕は一人だったので、僕の勇気のある行為を誰にも邪魔されないようにと思い、誰にも見えないように壁の中をのぞきました。そのときにはじまったのです。

大声を出すほど僕はびっくりしましたが、人が怖い演劇をもっとよく観ようとするときと同じように、近くにしゃがみました。その後、何があったのか想像をしてみてください。でも、慌（あわ）てないでください。健康によくないし、僕の話をきっと聞き続けられないでしょうから。

さて、本題に戻りましょう。

そこには、とても小さな椅子の上に4紙の違う新聞が座っていました。足や手は小さくて、頭もありました。お腹の上に、新聞の名前が書いてありました。そこにいるのは「国民の政治」、有名な「チェコの言葉」、また「A－Z」もありました（実際にプラハで発行されていました）。

想像してください、僕たちの雑誌「VEDEM」もいました。

僕は彼らの様子を見るのをやめて、話を聞きました。彼らは、ここで書いても面白くないケンカは省(はぶ)きます。自分で決めて、すべての新聞や雑誌の議長になった「国民の政治」が、もったいぶった高飛車な声で話しはじめました。

「尊敬する『チェコの言葉』のあなた、尊敬する『A－Z』のあなた、そして小さい雑誌である『VEDEM』の君を招いたのは、『国民の政治』の私です。『VEDEM』について私たちは会議で協定をつくり、今まで君が書いてきた記事のまま、君が自由に出版することを禁止します。君は、まだ小さくて若くて経験がないからです」

「もちろん、もちろん」と「チェコの言葉」と「A－Z」が賛成しました。

「君の出版を許すが、上司である私たちに従わなければなりません。厳しく検閲します。それは、私たちの権利です。分かりましたか？」

と、「国民の政治」は叫ぶように言いました。

僕は、「VEDEM」がかわいそうだと思って見ていました。「VEDEM」は真っ青になって、「国民の政治」に激しい言葉を浴びせました。

「僕、僕は、罪に問われているのですか？」

「VEDEM」は言葉に詰まって、それから、

「僕が愚かなものを書いていると言うのですか」

と、やっと普通のしゃべり方に戻って言いました。

「僕が小さくて人気がないので捨てるべきだと、あなた方は僕に命令できると思っているんですか。ダメです。僕は、以前と同じように自由でいたいのです。あなた方は、僕を検閲することはできません。

『国民の政治』のあなた。あなたは有名ですが、あなたのなかに書いてあることはただのつくりもので、真実ではない、愚かな国際政治の記事しか載せていません。

そして、『チェコの言葉』のあなた。あなたのなかには、全世界の馬

(63) (1870～1924) ロシア革命の指導者で、1903年、ソ連共産党の前身であるボリシェビキ派を結成しました。

鹿なニュースや嘘が書いてあって、それこそ読むに堪えません。そして、『A－Z』のあなた。あなたは、スポーツだけについて話しています。たまにほかのことが書いてあっても、それは嘘ばかりです。

人々はあなたを買っていますが、でもそれは、本当のことを分かろうとするよりは笑うためです。そして、最後の最後にもっと重要な目的のためにあなたを使うのです。そう、あなた方が入るべきところにあなた方を捨てるのです〔ちなみに、それはトイレです〕。

５号のさし絵（1943年１月８日）

僕は若いです。まだ、生まれてからたったの６か月です。しかし、僕がニュースを送っているあの小さな輪に聞いてみてください。(少年たちの輪は) 僕を通じていろいろと経験し、社会を見ています。純粋で正直なことを書いているか、僕らの鏡になっているか、と。

僕は鋭いことを書き、すべてには満足してはいませんが、正直なことを書いています。それが僕です。あなた方は、僕に命令をすることはできません」

「VEDEM」は、ひどく疲れて話を終わりました。少し静かになった後、すぐに「国民の政治」が叫びました。

「君は、私たちの悪口を言った。とんでもない悪党だ！」

そして、また想像してください。３人の新聞たちは、小さくてかわいそうな「VEDEM」に襲いかかって殴りはじめたのです。

(原文不明)

「意気地なし」

(原文不明)

気を失った「VEDEM」を、１号室の子どもたちのところへ連れてきました。まだ、彼は僕たちのところにいます。彼は自由です。

雑誌の君、君のなかに、みんなが自分自身を見ることができます。君は僕たちの鏡です。君を守ります。君の半年目の誕生日をお祝いします。

君は小さいけれど、僕たちのものです。君は本当のことを語る、正直者です！

オルチェ（ズデネク・オルネスト）

誇らしい少年たちの叫び声です。大人たちの矛盾や幼稚さや嘘を弾劾(だんがい)する純粋な子どもたちの文章に、思わず安心してしまいます。それはまだ、妥協や醜い駆け引きを許さない若い正義感にあふれています。幼い理想主義のなかからこそ、真実が生まれるのです。

現代の、私たちの新聞やマスコミはどうでしょうか。真実でない愚かな記事を載せている「国民の政治」や、読むに耐えない馬鹿なニュースばかりの「チェコの言葉」、スポーツだけの「Ａ－Ｚ」と同じように、子どもたちに笑われないようにしなければなりません。そうでないと、小さな雑誌「VEDEM」に叱られてしまいます。

改めて「VEDEM」をつくり続けたこの子どもたちが殺されたという事実を思い起こすと、伸びていくべき芽を無残にも摘み取ってしまった、戦争のつくり出した数えきれない罪悪を憎みます。

このような、どうしようもない哀しみを決して繰り返してはいけません。雑誌「VEDEM」を読んでいけばいくほど、子どもたちのかぎりない可能性を抹殺してしまったことが悔やまれます。

10 そのほかの記事から

ザメンホフの胸像

「VEDEM」に登場してくるユダヤ人の子どもたちは、同じ民族であるユダヤ人の偉人たちに救いを求めます。多くの偉人のなかから子どもたちが書いた人は、チャーリー・チャップリン[64]、ザメンホフ博士[65]、演劇界のラインハルト[66]、メイエルホリド[67]、マラソン走者のオスカル・ヘクシュ[68]、心理学者であり劇作家であったフランティシェク・ランゲル[69]などです。

そのなかから、チャップリン、ザメンホフ博士、ラインハルトとメイエルホリド、オスカル・ヘクシュについて書いた記事を紹介します。

●プロフィール（チャーリー・チャップリン） （26号・1943年6月1日）

すりへった靴に幅広のダブダブのズボンをはいて、頭に黒い帽子をかぶり、手には柔らかい竹の杖を持っている。白い顔、小さくて黒い髭、大きくて驚いたような悲しい目、それはチャーリー・チヤップリン。無声映画で一番有名な俳優です。

1915年頃にロンドン・カルネ劇団に出演していた26歳のチャーリー・チャップリンは、ホイップクリームを投げたり、お皿を割ったりすることなどがいっぱい出てくる、激しく過激な映画の俳優で、無名で不運な小さい弱い男……しかしそれだからこそ、労働者階級や学生、兵隊や子どもたちに人気があるのです。戦時中に、たくさんの映画をつくっています。

（原文不明）

決して言葉をしゃべらない、パントマイムの偉大な俳優。イギリスのパントマイム・コメディの弟子。アメリカ映画の喜劇の達人は、まったく言葉をしゃべらなくてもすべてを言い表します。

彼の内面的な熱心さ、彼の偉大な芸術は、彼のパートナーにすばらしい演技をもたらします。彼の芸術は、国民的傾向をもった国際的な芸術です。チャップリンは、ただこっけいな人間ではなく、彼のコミカルな表現には偉大さがあるのです。彼の弱さには、彼の力と、絶滅されない不死の国民の力があるのです。

2P

チャップリンのことはほとんどの日本人が知っているでしょうが、ザメンホフ（Lazaro Ludoviko Zamenhof）のことを知っている人はあまりいないかもしれません。私も、大学生になるまで知りませんでした。宮沢賢治（1986～1933）についての評論などのなかでエスペラントという人工語のことは知っていましたが、それがザメンホフ博士のつくった言葉だということまでは知りませんでした。ち

(64)　(Sir Charles Spencer Chaplin, 1889～1977) イギリス国籍の世界的な喜劇俳優、映画監督です。ロンドンに生まれ、母親の病気と父親の死後、浮浪児同然の生活を経験しましたが、8歳のときに芸人として初舞台を踏みました。アメリカに移住後、ヒトラーを風刺した『チャップリンの独裁者』を製作しましたが、『チャップリンの殺人狂時代』で共産主義者とされアメリカを追われました。
(65)　(1859～1917) 人工国際語エスペラントをつくりました。ポーランド生まれの眼科医。現在も国際的にもっとも広く使われている人工語、中立語。日本にも協会があって、現在も活動しています。
(66)　(Max Reinhardt, 1873～1943) ドイツの演出家。俳優から演出家になり、「劇場の魔術師」と呼ばれる画期的な演出をしました。ナチス政権に追われウィーンで活動した後、1938年にアメリカに亡命しました。
(67)　(1874～1940) 元ソ連の俳優、演出家。俳優訓練法などを考案しモスクワに劇場を創設しました。独特の演出法で活躍しましたが、やがて演劇論が排撃されて1938年に逮捕されて1940年に処刑されました。
(68)　(1908～1944) アウシュヴィッツで亡くなりました。
(69)　(Frantisk Langer, 1888～1965) 心理学者、劇作家です。

なみに、「エスペラント（Esperanto）」とは「希望する人」という意味です。

大学生のときにザメンホフ博士を知り、エスペラントを知り、平和を目指す世界共通語という言葉の理想主義に憧れて学びはじめました。ちょうど東京で世界大会が開かれ、多くの外国人に交じって片言（かたこと）のエスペラントをしゃべったことを懐かしく思い出します。

中学時代から学んでいる英語がまだまだしゃべれないというのに、学びはじめて2、3か月で話せるようになるというのですから、エスペラントは怠け者の私にはピッタリの言葉です。面倒な例外などなく、簡単ですっきりした文法は、初めての英語の授業で受けた「外国語は分からない」という先入観をぬぐい去り、学ぶのが楽しいぐらいでした。それだけではなく、「国際共通語で平和を」という思想にも惹かれました。

当時は、エスペラントの理想主義に共感する人々がたくさんいました。楽しい遊びと交友が目的のサークルのようにも見えましたが、世界共通語で話し、真剣に論争することで、紛争を解決することができるのではないかという夢をみんながもっていたのです。

今から考えれば、よき時代だったとも言えるでしょう。もちろん、今でもエスペランチストは実践活動をしていますし、私自身も名前だけの会員となっていますが、1960年代ほどは活発でないような気がします。

ちなみに、「VEDEM」で活躍したギンズ君のご両親はエスペランチスト同士で、エスペラントの会議で知り合って結婚されたそうです。

さて、ザメンホフもユダヤ人でした。彼は多くの国籍の人々が生活する町で、言葉による偏見、言葉による相互無理解や誤解を目の当たりにし、すべてに中立である共通言語こそが平和への道だと信じたのです。その結果生まれたエスペラントに代わって、現在では強国の言語である英語が世界を席巻（せっけん）しています。英語の分からない人は国際人ではないかのような風潮さえあります。このような状況は、かつて日本が日本語をアジアの各国に強制したときと同じく、強国の優越感と権力主義を増長させることになります。

だからといって、これから世界の言語体系がどのように変わるのかは誰にも分かりません。20年以上前の1999年末の「朝日新聞」に、ＥＵ（ヨーロッパ共同体）の共通言語としてラテン語が注目されてきており、ラテン語会話や勉強会が盛んになっているという記事が載っていました。学生時代にラテン語を選択科目で履修して、ほんのちょっぴりかじった（というより歯が立たなかった）私にとっては、当時、まったく死語と思っていたラテン語の登場にうれしい気がしました。英語を使う大国にとっては決して喜ばしい傾向ではないでしょうが、「世界共通語によって世界平和を」と、世界の言語問題について、そろそろ全世界が真剣に解決に向かって話し合うべきだと思います。

「VEDEM」では、エスペラントの創始者ザメンホフ博士に関して何か所かで触れられていますが、そのなかから次の記事を紹介します。

●プロフィール（ラザロ・ザメンホフ）　（27号・1943年6月18日）

1859年、ビアリストク（ポーランド）でラザロ・ザメンホフが生まれました。外国語の先生の息子であり、子どもの頃はペラペラと何か国語もしゃべっていました。

勉強を終え、ワルシャワで眼科医になりました。ザメンホフは、数年間、ほとんど死語となっているインド・ヨーロッパ語の研究をしていました。二つの世界の境い目であるユダヤ人通りで育ったザメンホフは、言葉による民族間の誤解や紛争を解決するという夢を実現しようとしたのです。

ラザロ・ザメンホフは、ヨーロッパ連邦のメンバーの人々の友好関係・兄弟関係について夢を見ていました。

数十万人のハリチ（ポーランドの地名）のユダヤ人の職人や労働者の母国語であるイディッシュ語(70)は、彼の母国語でもありました。幼いユダヤ人の男の子の彼は、成長してから人工の生きている言語をつくったのです。それは、母国語のほかに、地球人が共通に使える中立的な、兄弟に接するように使える言語でした。

これは単なる空想上の計画ではなく、小国の大衆が、言葉が理由で隔離されたり、それによって起きた対立、摩擦、憎しみ、矛盾を天才的に解決する方法でした。

(70)　ドイツ語を基礎としたユダヤ語で、ユダヤ人ドイツ語とも言われています。

ザメンホフはこのコスモポリタン的な言語統一によって、大小の言語グループの利点や不利をなくすことと、言葉によって起こる経済的理由がその発展を妨げない、偉大な世界文化の実現へと導くための環境をつくりました。

ユダヤ人通りの男の子の夢は実現されました。現在は、エスペラントによって数百万人の人が通じ合い、6,000冊以上の本が翻訳され、100冊以上の雑誌が出版されています。ザメンホフは、すべての人種や民族の理解や協力に大きく貢献しました。

ペペク

「VEDEM」の子どもたちの記事を読んでいると、私自身が何も知らなかったと思い知らされることがあります。ドイツの演出家ラインハルトとロシアの演出家メイエルホリドについてもそれが言えます。２人の名前を知らなかった私は、この記事を本書に掲載することから外そうと思いました。そんなある日、ブレヒト[(71)]についての本を読んでいたら、メイエルホリドの名前が出てきたのです。

この２人は、日本では演劇人や演劇に関心のあるごくかぎられた人々にしか知られていませんが、世界の演劇界に大きな影響を与えた演出家です。テレジンでもそうですが、ヨーロッパでは、日常的に演劇や朗読が文化として庶民の間にも浸透しているのです。日本での演劇事情とまったく違うのです。そんなヨーロッパで２人が起こした演劇運動は、ちょっとしたブームとでも言うようなものだったようです。メイエルホリドがソ連で処刑されたのは、それだけ人々への影響力が大きかったからと言えます。

ラインハルトもメイエルホリドも、ブレヒトと大体同じ世代の劇作家でした。それぞれに活躍しましたが、今述べたようにメイエルホリドはソ連で銃殺され、ラインハルトもアメリカへ亡命した後は活躍の場が与えられることなく、２人とも時代の犠牲になったと言えるかもしれません。

日本でも『三文オペラ』や『肝っ玉母さんと子どもたち』などで知られているブレヒトは、ちょうどヒトラーの時代にドイツから亡命し、ユダヤ人の奥さんやユダヤ人の多くの友人と交流のあった劇作家です。ブレヒトの劇には、その当時のことが出てきて、この本を書くときにも参考になりました。

「VEDEM」では、ユダヤ人でなかったブレヒトについての記事はありませんでしたが、子どもたちが書いたラインハルトとメイエルホリドの２人についての記事は、私に新しい知識を授けてくれることになりました。

●プロフィール（ラインハルトとメイエルホリド）（28号・1943年６月25日）

今世紀の演劇には、二つの偉大な名前が存在します。２人ともユダヤ人でしたが、どちらも意識してユダヤの劇はつくってはいません。彼らは一般的なヨーロッパの演劇に属しながら国外の演劇問題を解決したりして、すべての国民の演劇に影響を与えました。ラインハルトはドイツで、メイエルホリドはロシアで活躍していました。

ラインハルトは、すべての演劇史のなかで一番の成功を収めた人物です。演劇が舞台で正確に現実を表現しようとしたときに、彼は活動をはじめました。

それまでの演劇は、現代または前の時代の生活シーンが実際に観客の前で行われていると思えるように、舞台装置、照明、メーキャップ、顔の動き、俳優の言葉など、すべてが観客をだますように設定されていました。すべては、今、劇が上演されているということを、観客が忘れるようにしなければならなかったからです。

そのため、劇のために特別な額縁のような枠をつくっていました。その舞台は、私たちが生きている空間と、劇に登場する人物の空間を分ける役割をもっていました。枠をつくるのは、イメージ感、イリュージョン（錯覚）を高めるためです。

当時の演劇人は、枠をつくるために何でも使いました。ポルタール〔舞台の横にある柱です〕によって、それから上と下のランパ〔上と下にある照明器具の一列です〕によって、そして照明によって〔舞台は、決し

(71)（Eugen Berthold Friedrich Brecht, 1898～1956）20世紀を代表するドイツの劇作家。1933年にナチス・ドイツから亡命し、デンマークほかの国々を転々として最終的にアメリカに亡命しました。戦後はアメリカの「赤狩り」を逃れてスイスへ逃れています。1948年、東ベルリンへ帰国後も演劇活動を続けました。

て白い照明で照らされていませんでした。いつも色のついた照明でした。それが舞台と周りを分けていました〕。このように、現実を表現する努力はすべての芸術分野に現れ、当時、ナチュラリズム（自然主義）と呼ばれました。

ラインハルトは、ナチュラリズムは一時的な現象だと解しました。中世の俳優たちは、舞台装置もなく、広場の真ん中に置いた平べったい大きな台車(72)の上で劇を上演していました。そして古代、劇は巨大なアリーナで演じられ、そこには観客と俳優を分ける枠はなかったのです。観客に（演じるという）嘘（虚構）をつかなくても、偉大な演劇として成り立っていました。その当時、それはお芝居だと否定されなかったのです。それでも、収めた成功は大きいものでした。

このような効果を、ラインハルトは研究しはじめました。それぞれの時代の演劇は、それぞれ特別な様式をもっていて、どこで演劇をやっても、仮面を使っても使わなくても、照明を使っても使わなくても、その様式の統一性は劇の効果を保証することに気付きました。そのことに気付いたことでラインハルトは、バロック時代から続いている、ヨーロッパでは当たり前になっていた演劇から解放されました。

ラインハルトは、観客がすべての方角から見られるようにサーカスのテントで劇を上演させたり、広場、教会の前、庭園、アパートで上演しました。さらに、俳優たちを観客のなかや観客の後ろで演技させました。演劇の古代の形を復活させて、そこに伝統的な劇様式を使って新しい上演の可能性を示してみせました。

彼の実験に基づいた大規模な演劇は大成功を収めました。ラインハルトは、ドイツすべてとオーストリアで演出をしました。そして、芸術演劇をつくろうと努力していた中央ヨーロッパに影響を与えました。

彼の学校やゼミナールでは、チェコの演劇のためにヴァーツラフ・ヴィドラ（1876～1953）、ペトル・ロトハル、カドゥヲルド・コホウト（1889～1976）、カレル・ドスタール（1884～1966）などが教育を受けました。

一方、フセヴォロド・E・メイエルホリドも、演劇のナチュラリズムに反対して活動をはじめましたが、その方法は違っていました。ラインハルトは演劇の効果を研究していましたが、メイエルホリドは演劇における精神的な法則性に興味をもったのです。つまり、ラインハルトは演劇の歴史的な形に興味をもったのですが、メイエルホリドは現代演劇だけに興味をもったということです。

彼は昔の時代を振り返ることなく、研究スタジオ〔一つの演劇を２年も練習していたという劇場でした！〕での熱心な仕事のなかで、演劇の法則性を知るために、特に演技の技術に注目しました。たとえば、彼は何もない舞台で俳優に演じさせました。俳優の限界を試すように、消防用梯子（はしご）が置いてある赤いレンガの壁の前で、道具を使わずにどのように観客を感動させ、納得させるかと、社会的な劇を上演させました。

彼の研究はオペラからはじまりましたが、演劇の実験をすべての分野に広げました。ソ連以外の西側の国では、彼の発見は爆弾と同じような驚きで受け入れられました。ヨーロッパの演劇人が怖がっていた、今までの演劇のやり方はつぶされました。根づいていた演劇のやり方ではなかったので、少数の演劇人だけしか上演できませんでした。

そのときは、大勢の人がメイエルホリドの上演で表面的に覚えたことを一生懸命真似しはじめました。しかし、社会的に影響を与えることはできませんでした。なぜなら、完全には終わっていないメイエルホリドの演劇活動を理解することができなかったからです。

がっかりして、彼のすべての実験から背を向けた中央ヨーロッパでは、メイエルホリド（の演劇理論）は役に立たず、理解もされませんでした。

外国で理解されなかったと同時に、ソ連でも彼の活動は理解されずに終わりました。演劇の活動で政治的な課題を避けている、と告発されました。ソ連政府は、彼がはじめた実験演劇のなかで、演出の仕方に変化が少なかったオペラの演出活動以外、すべての活動を禁止しました。

現代のチェコ演劇では、ラインハルトの影響がたくさん見られます。しかし、メイエルホリドの演劇の影響を稀に見ることがあります。ライ

(72)　車輪が付いていて、馬が引っ張って移動できるようになっている、舞台のようなものです。

ンハルトの影響はいつか消えてしまうでしょう。なぜなら、効果と成功を目指す活動は息が短い、ということが真実だからです。一方、メイエルホリドの活動は、自由な社会で彼がはじめた活動の基礎を固めて仕事を続ければ、大きな成果をもたらすことになるでしょう。

G.S

ちなみに、メイエルホリドは1940年に銃殺されました（203ページの注67を参照）。1955年には、スターリン時代の粛清の反省から名誉が回復されましたが、彼の弟子には、『戦艦ポチョムキン』や『イワン雷帝』などの映画をつくったエイゼンシュテイン監督（1898～1948）などがおります。G.S君が予言したように、現在もメイエルホリドがもたらした影響は大きいようです。

記事の筆者は「G.S」となっております。それにしても、まだ13歳から15歳ぐらいの子どもたちが、当時の演劇人を知悉（ちしつ）して、演劇論を展開していることに、テレジン内での文化の深さをかいま見ることができます。テレジン内で盛んだった演劇活動は、大人も子どもも一緒だったようです。ナチス・ドイツは、チェコ国内での知識人の影響を恐れたと言われています。演劇は、人形劇と同じく、文化の重要な部分を占めていたことが察せられます。

ユダヤ人ではありませんが、チェコの代表的なマラソンランナーで日本でもよく知られている人は、「人間機関車」と呼ばれたザトペック(73)です。彼が活躍したのは、1948年のロンドン・オリンピックからでした。「VEDEM」がつくられていた頃は21歳ですから、すでにチェコ国内において長距離走者として走っていたと思われますが、「VEDEM」の子どもたちは彼のことは知らず、マラソンランナーと言えばオスカル・ヘクシュ（Oskar Hekš）だったようです。

ユダヤ人のヘクシュというマラソンランナーは、日本ではまったく知られていません。テレジンの少年たちにとって憧れの的だった、ヘクシュの走っている様子がかなり詳しく「VEDEM」に書かれていますので次に紹介します。この記事についての私の感想は書きません。テレジンの子どもが書いた、最高の実況中継を楽しんでください。

●プロフィール（オスカル・ヘクシュ）　（29号・1943年7月2日）

前進！　前進！　前進！　緩めるな！

機械のように足は動いている。左、右、左、右。周期的に休みなく動いている。手、肺も完ぺきに働いている。心臓も力を落としていない。

調子よく走っている。道路はどんどん後ろへと流れていく。距離を示す石も後ろに消える。1キロ、2キロ、3キロ、4キロ。

「あと、まだどれくらいありますか？」

「えぇと、38キロと198メートル」（原文のまま）

かなり遠い。42キロ以上走ることは不可能のように思える。そのためには、完ぺきな体力と強い意志をもった人間が必要だ。8キロ、9キロ、10キロ！　最初の補給所。少しの紅茶とビスケットを食べて、また前に進む。目の前には、プラハへ続く白い道路。後ろにはラーニ（大統領の別荘）。マサリク（初代大統領。73ページ参照）のマラソン！　1932年の春、太陽がちょうどよく身体を温め、快調だ。身体も軽く苦しくもなく、いったい私は何番目だろう？　今は関係ないが、ゴール地点ではかなり重要なことだ。

左、右、左、右、息を吸って、吐く、吸って、吐く。前進、前進！ 18キロ、19キロ、20キロ、二つ目の補給所。また、少しの紅茶とビスケット。また前進、またプラハのほうへ、21キロ。ヘクシュは走る、走る。自転車の伴走者が彼のそばを走っている。彼は、きれいに走っている。マサリクのマラソンを走っている。ラーニからプラハまでを、ハギボル(74)

(73)　(Emil Zátopek, 1922～2000) 第15回のヘルシンキオリンピックで、5,000メートル、10,000メートル、マラソンの、長距離の三冠王となりました。

(74)　19世紀の終わり、チェコにはいくつかのユダヤ人のスポーツ団体ができました。そのなかで一番重要なのが、1899年にオストラヴァ市にできた「マカビ」と、1914年にプラハでつくられた「ハギボル」です。チェコ語で「英雄」という意味です。ハギボルはパオレ・シオンという社会主義的シオニスト運動の政治的な団体のなかにつくられた一番重要なユダヤ人のスポーツクラブで、以後、徐々にいろいろなスポーツに広がりました。プラハでは、ストラシュニツェ地区に競技場がありました。「VEDEM」には、時々ハギボルの名前が出てきます。

を代表して。22キロ、おや、どうした？ 彼の顔が痛みに歪んだ。走るリズムが消え、スピードも落ちた。どうした？ 息がきれる。足にけいれんが出た！ がんばらなきゃ。前進！ 100メートル、200メートル、痛みが消えない。彼はあきらめない、あきらめない。だって、ハギボルのために走っているんだから。

300メートル。胃が痛くて、気分が悪くなった。気分が悪い、とても悪い。しかし、彼はあきらめない。一歩、一歩、歩いていても、彼はあきらめない。誰かが彼を追い抜いた。また、違う自転車が並走している。車も前に進んだ。けいれん、けいれん！ 1キロ、1キロ半、我慢できない、我慢できる！！！

そこで突然、呪いが彼から去った。けいれんが消えた。2回目のトライ。行ける。左、右、左、右、息を吸って、吐く。ヘクシュはスピードを上げた。機械のようだ。前進、前進！ 少しスピードを上げた。25キロ、26、27、28……キロ。

小さい男の子のときに、ターボルスコ地方（チェコの地名）にある自分の生まれ故郷から学校まで走っていったことを思い出す。それは遠かった。時間どおりにたどり着くために、がんばらなければならなかった。そのときにはもうすでに走っていたわけだが、マラソンというのが何であるのか考えもしなかった。そのときは、もし学校へ遅れたらどのように罰せられるのか、という恐怖の気持ちだけに追いかけられていた。

昔、ギリシャの兵隊がアテネの人々に、ギリシャがペルシャに勝ったということを伝えるために走ったのと同じように、彼も今42.198キロを走っている。

あの兵隊は、42キロと198メートルを走って目的地で崩れて死んだ。42.198キロを第1回近代オリンピックで選手たちが走っていた。最初のマラソン！ 1896年のアテネ。最初のマラソンをギリシャ人の○○（原文不明）が勝ち取った。

その42.198キロをヘクシュも走っている。彼は崩れない。もしかしたら、レース中に3、4キロはやせることになるかもしれないが、それはすぐに戻せる。今はがんばることだ！ 彼は、見事な身体と精神の粘り強さと力を見せる。彼はずーっと練習を続け、準備し、強く、自分の体も顧（かえり）みずに、かなり一生懸命努力した。そして今は、彼とレベルが同じぐらいのベーネ、シュルツらと一緒に走っている。

ベーネもシュルツも前を走っている。彼らを追い抜く！　追い抜く！　前進、テンポを速める。

31、32、33キロ。プラハが近づいてくる。スピードを速めた。もっと速く！　もっと速く！　あと６キロ。息は充分だし、心臓もよく働いているし、手と足は完ぺきに動いてくれている。誰かを追い抜いた。向こうには、まだ誰かがいる。追いつく、追いつく！　追い抜いた。スピードを上げた。また、１人追い抜いた。また、追い抜いた。１人、レースをゴールの直前にやめた。また、やめた人が見えた。また、もう１人追い抜いた。

スピードを速める。あと３キロ。また１人追い抜いた。あと２キロ。あとひとガンバリ。スピード、スピードを速める。機関車のように前に進んでいる。今、誰を追い抜いたんだろう？　誰だろう？　シュルツだろうか？　今はスパルタ（ゴールの地名）のグランドが見える。目的地だ。あと１人だけ彼の前にいる。ベーネを追い抜くこと。１、２、１、２、彼を追い抜いた。グランドに走って入り、ゴールテープを切った。

第１位、第１位。ヘクシュはマサリクのマラソンで勝った。彼は有名になった。有名になるとは思わなかったのに有名になった。チェコスロバキアのオリッンピックチームに入った。春には一生懸命練習し、夏にはロサンゼルスのオリッピック（1932年、第10回大会）に参加した。

彼の調子はすばらしかった。彼は、それを見せてくれた。28人の最高の長距離走者がスタート。準備、用意、発砲の音。28人の長距離走者。強靱な身体と精神のもち主。さまざまな国の代表者。大勢が途中でやめた。大勢が、ゴールまでたどり着くことができなかった。ヘクシュは最後まで走った。

ヘクシュは優勝者のように、そして、まさにヨーロッパ人ではトップでゴールまで走った。ハギボルの代表、ヘクシュ。チェコスロバキアを代表するヘクシュ。

彼の順位は実際は８番目だったが、名誉を誇る以上の順位だ。彼の前にザバラ（アルゼンチン）、４人の日本人と２人のアメリカ人がいた。ヘクシュは８番目ながら、ヨーロッパでは１番だった。彼の記録である２時間41分は、今でも破られていないチェコスロバキアの最高記録だ。

オタ・レデレル

突然、テレジンに収容された13歳前後の子どもたちにとって、家族と離れるということはどういうことだったのでしょうか。病気や事故や何らかの事情によって家族がバラバラになることは仕方のないことかもしれませんが、国家によって、ユダヤ人だというだけで家族と別れて暮らすことに合点がいかなかったはずです。特に、母親と離れることは寂しいことだったにちがいありません。

「VEDEM」には、母親に関する記事が何か所かで見られます。子どもたちにとって優しさの象徴であり、よりどころでもあった母親についての記述と、母親にささげる詩を次に紹介します。

●母の日について　（21号・1943年５月７日）

母の日を忘れていませんか。５月９日の日曜日です。

ドイツの新聞の最後のページには、黒い枠の中に祖国と総統（ヒトラー）のために亡くなった、若い男の名前が掲載されています。遺族のサインの上には、いつも同じ三つの言葉が書いてあります。

「IN STOLZER TRAUER（誇りに思い、悲しんでいる）」

NSDAP（ドイツ労働党）のイデオロギーの内容と、収容所で亡くなった人の世界観をここでは分析しません。

母の祝日。この日に子どもたちは、仕事で疲れた硬い手、白髪が生えた頭にお辞儀をして、お母さんが子どもの面倒で眠れずにいたたくさんの日々や、たくさんの穴を開けた靴下、お菓子、お母さんの目のなかの温かさや明るさを実感します。

それにしても、母性というものは一番原始的な本能の一つで、それは本能的な愛、所有の意識、個人的な血からできています。

あの黒い枠に書かれた三つの単語の意味を理解し、自分のものにします。……誇りをもった悲しみです。悲しくても、誇りをもっています……。

へその緒を切れば３キロくらいの（赤ちゃんだった）人間は、どんなときでも自分の考えや良心によって、自分の人生を決める権利があるのです。自由な人生のために働き、戦い、死ぬ権利がある、ということを知っているお母さんに頭を下げて感謝を送ります。

収容所でつくられた人形（エルナボンノヴァ作）

人生の最後の時間に、息子たちの力の源になったお母さんや、自分の息子の死の知らせを聞いて唇を噛み、勇気と誇りをもってゆっくりと受け止めたお母さんたちに感謝を送ります。

母性というものは、産みの痛みや看病や犠牲に見られるだけでなく、教育、子どもへの理解、彼らの理想、戦い、命、死、博愛主義の理想に見られます。彼女はスパルタ主義のお母さんではなく、友人であり、ともに闘う人であり、自立した女性であり、20世紀のお母さんです。

CEMENT

●あなたと一緒　お母さん　（22号・1943年５月17日）

不潔のなか　濁りのなか
お腹をすかせて苦しんでいる
闇と数えきれない痛みの落とし穴に落とされ
支配者の手の下（もと）で不正に苦しんでいる僕のお母さん

ずーっと一緒に歩きましょう

疲れていても　太陽のほうへ
僕たち兄弟の後を追って勇気をもって歩いてください
傷で弱ってきても
血の水たまりを通って東のほうへ行きましょう

遠くへ行きましょう
あそこの山の後ろ
純粋な世界へ　平等の世界へ
自由の旗がはためく世界へ
昔の痛みを感じないところへ

僕たちの目的は遠くても
僕たちは旅に出てたどり着きます
戦いにも　爽やかな笑顔で勝ちます
お母さん　永遠に一緒に生き残りましょう
生きる権利をもって　自由をもって

オルチェ

お母さんと一緒の世界なら、どんなにつらくても生きていけるというのが子どもたちの本音でしょう。ここでは、かえって子どもたちがお母さんを励ましています。「戦いにも　爽やかな笑顔で勝つ」のが夢でした。「生きる権利と自由」は、当然のことでした。当然のことが当然でなくなる戦争が終わって、幸いにもオルチェ君は生き残りましたが、お母さんは死んでしまいました。

詩人であり、俳優であったオルチェ君は、収容所での生活が災いしたのか、1990年に亡くなっています。彼から、テレジンで「VEDEM」をつくったときの思い出話を聞くことができないことが本当に残念です。テレジンの存在を、また「VEDEM」の存在を、もっと早くに知っていれば……と残念です。

どんなに悲しいときでも、子どもたちはユーモアとアイロニー（皮肉）を失いませんでした。閉ざされた収容所の生活のなかで特に大切なものがユーモアです。「VEDEM」のなかの、子どもたちのユーモアとアイロニーを紹介します。

●医学コラム　（3,4号・1944年1月14日）

ティシュル博士とロート博士が担当しています。

体の具合が悪いときには、このコラムで公表してください。知っているかぎり、それに答えます。ご質問を、この雑誌の編集者に送ってください。

もし、僕たちの治療院を訪れたいのなら、ウィルソン駅（プラハにある駅名）の前に停まっている車が、無料でドブジーシュ（プラハ近郊の地名）にある僕たちの治療院につれて来てくれます。そして、パンフレットを要求してください。

最初の質問「長い耳たぶ」……結婚式のときに、夫（おっと）から２キロの重さのイヤリングをもらいました。結婚してから10年が経ちますが、そのイヤリングを毎日つけています。私の耳たぶは長くなりました。今、86センチです。どうすればいいですか？

答……イヤリングを取って、耳たぶを赤く染めて頭の上でリボンのように結んでください。耳たぶに「オーロラ333」という塗り薬を塗ってください。その薬は、「ポーランドの伯爵」という薬屋さんでもらえます。

このご相談に対して、50コルナを送ってください。

「医学コラム」のさし絵

次の質問「大変臭いのです」……私はオナラを、もう３年ぐらいお腹の中にためています。どこに行けばいいですか？
答……トイレに行きなさい。

次の質問「ご飯なしの一日」……昨日は、総入れ歯が口から飛び出しちゃった。飢え死にしないためには、どうしたらいいですか？
答……元どおりに入れなさい。もし壊れたら、新しいものを買いなさい。

D.R.とドン

どんな境遇のなかでも、ユーモアが人を救うと言われています。「VEDEM」の子どもたちも、明るいユーモアを楽しんでいました。もう70歳近くになっているコトウチュさんにプラハでお会いしたとき、私が「お写真を撮らせていただきたいのですが」とお願いすると、
「私はアラン・ドロンではありませんが、どうぞ撮ってください」
と、笑って応じてくださいました。50年以上が経った今でも、そのユーモアのセンスは残っているようです。ユーモアには、想像以上に和やかな雰囲気をつくる力があるようです。

さて、テレジン収容所が模範収容所としてナチス・ドイツの宣伝に利用されていたことはこれまでに何回か述べました。そこへ、何度か視察団が訪れました。コトウチュさんによれば、特に北欧のスウェーデンが強硬に視察を要求したそうです。スウェーデンはデンマークと同様に、第２次世界大戦中、ナチス・ドイツからユダヤ人を必死で守った国と言われています。

国際赤十字団の視察は、1944年６月にありました。テレジン収容所への視察の決定は、すでに１月になされていたのですが、実際に視察団がテレジンを訪れたのはその５か月後でした。１月に決定された直後に国際赤十字団の視察団がテレジンを訪れていれば、テレジンの実態が少しは分かったのではないかと言われていますが、ナチス・ドイツは視察団が来る前に、テレジンを見違えるような清潔で治安のいい、ユダヤ人の自治組織のある模範的な町に変えてしまいました。そのときの様子を記した記事があります。

●センセーション、センセーション　（52号・1943年12月27日）

スウェーデンの委員会が、ユダヤ人のテレジンという首都（原文のまま）を訪れます。ユダヤ人の放送は、「12月６日に、チェコにあるユダヤ人のセンターを偉いお客さんが訪れる」と知らせています。

第一に僕たちに知らされたのは、訪問日にはお昼ご飯に大きなパンが出る。そして、白いコーヒー（ミルク入りの）の飲み放題、ジャガイモと肉のダブルポーション（普段の２倍の量）がある。晩ご飯には、クリームソースつきのおだんご、ということでした。

第二には、指令部は装飾活動を命令しました。第三には、訪問日には８時半から１日中きちんとした町でなければなりませんので、前日は風通しをよくして、布団（ふとん）、そして毛布やマットレスを外で叩くことができるということでした。

1943年12月５日。(「今日やれることは明日に延ばすな」ということわざから）僕たちが勝手につくった「明日まで延ばせるものを、今日やるな」という有名なことわざによって、準備が最後の日に行われます。道に迷ったように人々は走り回り、みんなで、柵を目に優しい赤茶色と黒に塗り、飾りつけの係が新しいショーウインドウをつくり、若い指導者が家を走り回り、おばあちゃんたちは道を歩き回り、誰かに新しいニュースを知らせています。

また、誰かとケンカするためにあちこち走り回っています。

(原文不明)

たとえば、洋服店のショーウインドウに紙の値札が貼られ、そこに「ハヌカ5704」と書いてあります〔スウェーデンの委員会のために、ハヌカが何であるかを説明すべきです〕。また、次のお店のショーウインドウの中には男物の服があります。ポスターには、ある男の買い物の様子が描かれています。裸でマットレスと点数（配給の券）とお金を持ってきて、帰るときには完ぺきなテレジンの紳士になっているのです。

また、台所用品のお店のショーウインドウには、チェコ語の文字が書かれている器が並んでいます。その文字は、米、ひきわり小麦、パン粉、ケシ（の実）。だいたい、私たちが買えないものです。

1943年12月６日。また、ことわざからはじめます。(「人間の意思にかかわらず、運命は神様が決める」ということわざは)「人間の意思にかかわらず、運命は食料配給係が決める」になります。

なぜかというと、朝ご飯には、期待していたお菓子と白いコーヒーの代わりに、ただ黒くて温かいメルタというコーヒー。甘いコーヒーが飲めるという以前に聞いた話は、昨日の思い出で甘くするコーヒーが出され、午前中は緊張感と期待で過ぎました。でも、期待だけは残りました。

お昼は、イスラエルの国民に人気のある食べ物が出されます。それは、モーゼが砂漠をさまよっていたころから知っていた食べ物、マナ(75)です。お昼が過ぎて、緊張はピークに達します。しかし、スウェーデンの訪問客はまだ来ません。「Ｌ417」のある少年は、訪問者が来ないことが分かって、機嫌悪そうに言いました。

「昨日、体を洗わなくてもよかったんだ」

細かいことを説明することはやめましょう。そして、私たちのルポルタージュももうすぐ終わります。付け加えることは、「みんながっかりしましたか？　訪問者が来なかったから。おまけに夕食はスープだった」です。

これで、ルポルタージュを終わります。僕たちは、(視察団が来ても)恥をかかないと思います。

追伸　視察団が来るのを期待していた（ユダヤ人でない）人たちは、ヴィクトルカ(76)へ食べに行った。

ヴアイルとフォイエルシュタイン

ナチス・ドイツがユダヤ人絶滅宣言を出し、実際にアウシュヴィッツなどの絶滅収容所を建設して実行していたとき、デンマークやスウェーデンはユダヤ人を助けることに努力しました。「VEDEM」には、たびたびスウェーデンの視察団が訪問するという記事が出てきます。そのときには食べ物がよくなり、毛布やシーツがきれいになり、きれいな店が造られ、オーケストラの演奏会なども許可されたのです。ですから、収容所の中のユダヤ人たちは、みんな緊張と期待に心を踊らせて待っていたのです。ところが、訪問のニュースだけで、実際には来なかったことが多かったようです。そのときのがっかりした様子は、食べ物で頂点に達しました。

次の詩は、スウェーデンの視察団について書かれています。非常に長い詩ですので、私のほうで前後を多少省略して掲載しました。

●詩で書いた人間家族のお話（つづき）　（22号・1944年6月4日）

彼は悲しみのなか、刑務所内に座っていた
ゲットーのすべてが変わり
古いものが新しいものに変わってゆくことなど
何も知らなかった
委員会（国際赤十字視察団）が来るからなのに
とても大切なことなのに

ラフムお父さん（テレジンの司令官）は震えているばかり
委員会がどんな印象をもつか
すべてが無事に終わりますように
そして、彼は思いついた
まだ自分にもできるということを
ユダヤ人に見せてやろう

ゲットーすべてを直して
子どもの家を造る

(75)　モーゼに率いられたユダヤ人たちに、神から奇跡的に与えられたというパンのようなものです。

(76)　テレジンの町にはユダヤ人収容者の立ち入り禁止区域のＳＳカマラード、のちに「ヴィクトルカ（優勝という意味）」と呼ばれたところがありました。上の階にはナチス親衛隊のためのアパートがあり、下にはレストランがありました。

公園には花を植えて
広場ではオーケストラが演奏する。
ユーゲントハイム（若者の家）は新しくされ
いらないものはすべてこっち（刑務所）に回された。

委員会はすでに来訪してゲットーをあちこち見回っている
すべてはきれい
委員会の人はうなずくだけ
「みんな元気でやってます
おいしい食事も出てるし
新鮮な肉とキュウリは
ハンブルグでも食べられないほど」

ほかに見ることがなくなって刑務所へ行くと
父親と息子がブツブツつぶやいている
彼を見たら大変だ
どうしよう

「どうしてあなたたち２人は刑務所に入ってるの？」
「私たちはポーランドへ行きたくなかったのです
ここに残りたかったので
そうするより仕方なかったのです」

「あなたたちはちゃんとした人間ですし
ユダヤ人ではありませんから、
こんなところにはいさせません
あなたたちは何を望んでいるのですか
私には分かります
これはあなたの手錠の鍵です
一緒に帰りましょう」

「ペペク、お父さん、それって本当？
ゲットーよさようなら　ユダヤよさようなら
僕たちは自由な人間になれる
僕たちの幸せは僕を温めてくれた
僕たちはついている」

（中略）

僕たちはこの運の悪いところから逃れる！

僕たちの主人公と同じように
新しい日が来る
僕たちはまた人間になって
ゲットーは僕たちの過去になる

KAP

この詩のなかに、「あなたたちはユダヤ人ではありませんから」という言葉が出てきます。不思議に思った私は、コトウチュさんに質問しました。コトウチュさんは、ていねいに答えてくれました。

「『詩で書いた人間家族のお話』は、本当の出来事について書いたものではありません。これはユーモアで、架空のユダヤ人家族の『輸送から1944年の夏まで』を描いたものです（前半部分は省略しています）。

『ラフムお父さん』とは、テレジンの最後のＳＳ司令官カール・ラフムのことです。彼は、オーストリア出身の戦争犯罪人でした。彼が司令官のときに、ヒムラーの許可を得て、赤十字の国際委員会の視察団がゲットーを訪れました。その訪問は、ナチス・ドイツの巨大なプロパガンダ（宣伝）のための詐欺行為と言えるものでした。

視察団は、前もって決められた道を案内されました。その道の周辺は、満足感があふれるユダヤ人居住地のイメージどおりに、数週間の間に造らなければなりませんでした。いわゆるポチョムキンの村[77]でした。

広場には喫茶店や木造のパビリオンが造られ、そこではコンサートも開かれました。実際には存在しないお店や、『ユダヤ人自治銀行』という看板だけの銀行もありました。建物は新しく塗装されました。

視察団には、遊んでいる子どもたち、スポーツマン、くつろいでいる老人たちなどが見せられました。残酷な話ですが、その視察団が訪問した３、４か月後には、『俳優』(78)と子どもたちを含む囚人の大部分は、アウシュヴィッツに送られて殺されました。

ここで使われている『あなたたちはユダヤ人ではない』という言葉の意味は、冗談でもあるのですが、ちゃんとした背景があります。つまり、大勢の囚人（ユダヤ人）たちは、自分をユダヤ人と思っていなかったのです。なぜなら、彼らはニュールンベルグ法によってユダヤ人と決めつけられただけなのです。

もちろん実際には、国際赤十字の視察団が、ニュールンベルグ法によって決められたユダヤ人の規定に当てはまらないからといって、ユダヤ人の誰かを解放することはありませんでしたが」

実際にユダヤ人強制収容所に送られたユダヤ人の子どもたちのなかには、自分がユダヤ人だと思っていなかったり、ユダヤ人という言葉を初めて知ったという話も残っています。ナチスは、ユダヤ人の定義を前述のように規定しましたが(47ページ参照)、キリスト教徒であっても、ドイツ人やチェコ人とまったく変わらない生活をしていても、多くのユダヤ人が強制収容所に送られました。そうした規定を、子どもたちは揶揄(やゆ)していたのでしょうが、「僕たちはまた人間になってゲットーが僕たちの過去になる」という言葉は、子どもたちの正直な心情を物語っています。

また、この詩に出てくるスウェーデンは、第２次世界大戦中は中立国家でした。前述したように、ブタペストのスウェーデン大使館のラウル・ワーレンバーク氏が10万人（人数についてはさまざまな説があります）のユダヤ人を助けたことはよく知られています。スウェーデンは、歴史的にもユダヤ人の居住者が少なく、ユダヤ人に対する差別がほとんどなかったと言われています。

そのうえ、スウェーデンの当時の首相だったアルビン・ハンソン（Per Albin Hansson, 1885～1946）は、「スウェーデンは、ナチに追われた者たちを一人残らず受け入れる用意がある……」と、1940年４月にラジオで声明しました。フィンランド首相のヨハン・ウィルヘルム・ランゲル（Johan Wilhelm Rangell, 1894～1982）も、「わが国にユダヤ人問題はない」と、ナチス・ドイツのユダヤ人政策を拒否しました。

コトウチュさんは、次のようなことも教えてくれました。

「北欧の国々は、ドイツに支配されていた国でさえも、強硬にテレジン収容所の視察を申し入れてくれました。そこから、ナチス側の視察団受け入れの準備がはじまったようです。そして、準備するうちに、一層念入りに訪問のための建設などがはじまりました。ナチスは、テレジンをきれいにして視察団に見てもらうことで、自分たちのプロパガンダ（宣伝）になると思いついたのです」

スウェーデンはナチス・ドイツの言うとおりになることなく、自国のユダヤ人を１人も強制収容所に送らないように努力しました。

デンマークもそうでした。国王自らがユダヤ人を守る宣言を出して、ナチス・ドイツに引き渡すことなく、ひそかに中立国のスウェーデンへ逃げさせたりしたそうです。ユダヤ人を救うために犠牲になった人もいたのですが、デンマーク人は当然の行為としてそれらを遂行したという話に救われる思いがしました。

コトウチュさんに、国際赤十字の視察団が来たときのことをお聞きしました。

「国際赤十字団の視察の前と後では、待遇にはまったく変化がありませんでした。喫茶店ができ、広場にはパビリオンが造られ、そこの音楽堂はオーケストラのためにペンキが塗られ、二つの店が造られました。詩のなかに書かれていることは事実です。外的な変化はありましたが、すべては視察団のために造られたものでしたから、私たちには影響はなかったのです。反対に、人で混雑しないように大勢の人が東（アウシュヴィッツ）へ送られました。

その日は、食事だけはちょっといいものが出されました。子どもたちにはイワシが配られ、遊び場が造られ、視察団が訪れたときには喜んだふりをするように

(77)　チェコでは、ロシアの宰相ポチョムキンが女王の視察の際に絵で描いた町を造ってみせた話をもとにして、「見せかけだけ」という意味で使っています。

(78)　視察団の前で、満足そうに、上手に演技をした人たちのことです。

命令されていました。すべては表面だけのことで、本当に行われていたことはうまく隠されたのです。視察団も決まったところしか見ませんでしたから、ひどいところには来ませんでした。

視察団が来るというので２本の映画をつくり、その１本の『総統がユダヤ人に町をあげた』では、子どもたちがサッカーをしたり、プールで遊んだりする様子が描かれていました」

結局、国際赤十字団の視察団も、北欧の委員会も、テレジンの人たちを一人も救うことはできませんでした。

1945年５月８日19時45分、解放後最初のソ連軍の戦車が、テレジンを通ってプラハに向かって走りました。ソ連軍の司令部は、解放されたテレジン収容所とリトメジツェ収容所の囚人に、可能なかぎりの救助活動をしました。そのほかにも、食料、薬の援助、数百人の看護婦や医師を送り込み、テレジンに五つの軍の病院も造りました。

チフスの伝染を防ぐため、ここでは922人のユダヤ人とロシア人の医師が協力しました。

第4章

子どもたちのその後

テレジンには、約15,000人の子どもたちが収容されていたと記録されています。その内のほとんどの子どもたちが、アウシュヴィッツへ送られました。最初の移送は、1942年10月28日、合計1,866人の男性、女性、子どもたちでした。そして、その内の1,619人がすぐに毒ガスで殺されました。

1943年９月には、アウシュヴィッツの中に「テレジン家族収容所」が造られ、1944年５月までそこで生活していました。テレジン強制収容所がナチス・ドイツのユダヤ人虐殺をカモフラージュするためのものだったように、この「テレジン家族収容所」のユダヤ人たちも、初めは殺されることなく生活をしていたのです。このことについて、コトウチュさんは次のように語ってくれました。

「何の目的か分かりませんでしたが、テレジンから来た家族は特別扱いをされました。でも、アウシュヴィッツがひどい環境であったことには変わりがありません。そして、多くの人が６か月後にはガス室で殺されました」

アウシュヴィッツの「テレジン家族収容所」に収容されていたとき、「L417」の男の子たちは、特別に許されていた「はがき」での通信をしたそうです。

「イェフーダはすでに日付が記入されたはがきをもらい、『僕は元気です。君は元気ですか。小包を送って下さい』といった内容のことを書かなければならなか

アウシュヴィッツ絶滅収容所

った。しかしテレージンシュタット（テレジン）の『青年寮L417』から来たグループは、この機会を利用した。彼らは全員、はがきの最初に『親愛なるモティー』（『モティー』はヘブライ語で『私の死』を意味する）と書き、最後に『そして、親愛なるモティー、それで終わりだ』と書いた」（『アウシュヴィッツの子どもたち』より）

イェフーダ君は、「L417」の5号室の1人だったのです。『アウシュヴィッツの子どもたち』に書かれているテレジンの「L417」の生活と、ほかの記録やコトウチュさんの話とは少し違うこともありますが、テレジンからアウシュヴィッツへ移送された子どもたちのほとんどが殺されたことは事実です。

テレジンからアウシュヴィッツへの最後の移送は、1944年10月30日に行われました。949人の男性と男の子、それに1,089人の女性と女の子だったと言われています。そのときまでに、テレジンの子どもたち15,000人が移送され、生き残ったのは100人だったと言われています。

最後に、私がコトウチュさんにお会いしたのは2007年でした。病気のお見舞いに、プラハのご自宅まで「テレジンのイニシアティブ」（184ページ参照）代表のダグマル・リーブロヴァさんとご一緒に訪れました。そのときに聞いたお話によると、現在も文通などで音信が通じている人は、アメリカに2人、カナダに2人いるということでした。コトウチュさんにお聞きした、子どもたちのその後を記します。

「私は、1944年にテレジンからアウシュヴィッツに送られました。アウシュヴィッツから6キロ離れた所にビルケナウがあって、そこはアウシュヴィッツよりも何倍も広く造られていて、四つのクレマトリウム（火葬場）があり、テレジンからの囚人はみんなビルケナウを通らされました。

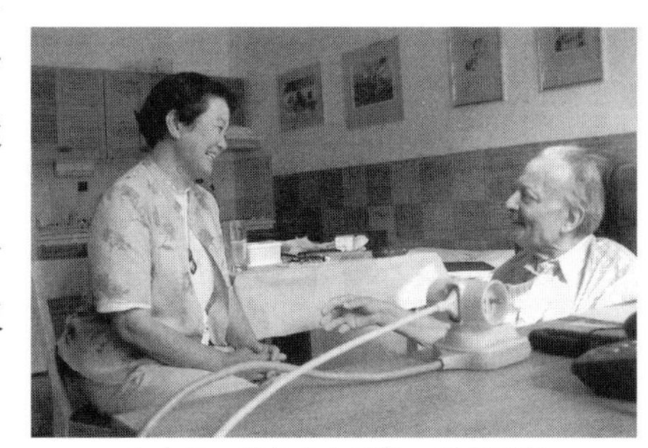
コトウチュさんのお見舞いにご自宅へ（2007年プラハ）

アウシュヴィッツでたった一つだけ幸運として歓迎されることは、労働収容所へ送られることでした。それが、唯一の助かる方法でした。

たとえば私の場合、あるとき技師た

ちが来て、鉄を使うことができる労働者を探していました。私は自分で申し込んで、見習いになりました。少しは電気を扱うことができるので、自分のことを電気屋だと言いました。

私は、飛行機工場の仕事に就くことができました。その工場は、旧西ドイツのニーデル・オステンという所にあって、ブッヘンヴァルド強制収容所の組織下にあり、飛行機の翼を造っていました。戦線が近づくと、私たちはものすごく急がされて、ニーデル・オステンからブッヘンヴァルドまで歩いていかなければなりませんでした。距離は140キロもあり、全員が生きて到着したわけではありません。

４月10日にブッヘンヴァルドにたどり着くと、11日にアメリカ人が解放してくれました。そこでは、現在はニューヨークに住んでいるレオポルド・レービイ君が一緒でした。彼とは、今でも文通をしています。

戦争が終わって、１号室を通りすぎていった110人のうち、生き残ったのは十数人でした。それぞれが、どこでどういう状態で生き残ったのかは分かりません。戦争が終わってからは一度も会っていません。ブッヘンヴァルドが解放されたときには、１号室の友人はレオポルド君だけでした。そのほか、生き残った１号室の友人にブラディ君がいました」

これまでにも何回か紹介したように、コトウチュさんはやはり生き残ったズデネク・オルネストさんと一緒に「VEDEM」の英語版『僕たちだって同じ子どもさ』を戦後に出版しました。「VEDEM」が戦後まで、ナチス・ドイツに見つからずに残ったことは奇跡だと思います。その経過もお聞きしました。

「私たちの仲間だったシュキド共和国のほとんどの住民たち（１号室の子どもたち）と先生方は、テレジンから東へとどんどん連れ去られました。そして、その大部分が、1944年９月と10月の11回の移送でアウシュヴィッツへ移送されました。

たった１人の例外が、ズデネク・タウシク君でした。アウシュヴィッツへの移送から彼を守ったのは、彼の父親がゲットーでたった１人の鍛冶屋だったということです。鍛冶屋は、当時のゲットーでの仕事（農業労働や死者を火葬場へ運ぶときなど）に欠かせない、馬の蹄鉄（ていてつ）をつけるためにどうしても必要でした。彼の父親はただ１人、馬に蹄鉄をつけることができる鍛冶屋だったのです。

1944年の秋にタウシクは、マグデブルグ兵舎の後ろにあった自分の父親の鍛冶屋へ引っ越しました。そこに、今までにつくった『VEDEM』を隠したのです。解放後、彼とその家族たちは、馬車に乗ってプラハへ向かったそうです。もちろん『VEDEM』を持って」

タウシク君は、プラハの孤児院に子どもたちがたくさん収容されているという話を聞いて、「VEDEM」をそこに送ったそうです。ただし、誰に送ったかは覚えていませんでした。イジー・ブラディ君が、タウシク君から「VEDEM」をもらったと言っていますので、タウシク君が忘れてしまった「VEDEM」を送った相手というのはブラディ君だったと思われます。

次にブラディ君は、「VEDEM」をコトウチュさんに渡し、コトウチュさんはそれをズデネク・オルネスト君に渡しました。そこで２人は、「VEDEM」の仲間たちの文章を出版したいと考えはじめたわけです。

先に述べたように、コトウチュさんとオルネスト君は編集者の協力を得ることによって、「VEDEM」のチェコ語版と英語版を1995年に出版しました。しかし、オルネスト君は、それができあがる前の1990年に亡くなってしまいました。

コトウチュさんは、アメリカとカナダに２人ずつ住んでいる仲間以外の消息は、誰がどうなったかまったく分からないそうです。

ゲットー博物館の新しい展示場（元マグデブルグ兵舎）

私は、コトウチュさんから実にたくさんの話をうかがいました。コトウチュさんがいなかったら、本書はできあがらなかったでしょう。プラハへお見舞いに行った翌年の2008年、コトウチュさんは亡くなりました。コトウチュさんが文通をしていたスデネク・タウシクさんは、現在90歳で、アメリカのフロリダでお元気に活躍されていますが、カナダに移住したブラディさんは2018年に亡くなりました。

テレジン収容所やアウシュヴィッツ絶滅収容所におけるひどい体験は、生き残った子どもたちにさまざまな後遺症を残していると言われています。戦後75年を過ぎた現在、すでに80歳から90歳代になった人々が、安らかな人生を送っていらっしゃることを祈らずにいられません。

1947年にコトウチュさんとオルネスト君が、記憶を頼りにつくった１号室の仲間たちの名前が英語版に記載されています。そのすべての子どもたちの名前と、現在私のほうで分かっているかぎりの生前の記録を記しておきます。

【テレジン強制収容所やほかの絶滅収容所からの生存者】

・コトウチュ，クルト・イジー――ペンネームは「スワティ（聖人）」。1944年にアウシュヴィッツへ、さらにブッヘンヴァルドへ送られ、1945年４月に解放された。２代目の１号室自治会会長。ギンズ君を手伝って「VEDEM」を編集。邦訳書の出版のために多大なる協力をしてくれた。2008年にプラハで病死。

・タウシク，ズデネク（シドニー）――終戦までテレジン内で生き残ったたった一人の１号室の仲間。父親が馬の蹄鉄（ていてつ）などをつくる鍛冶屋だったので、「VEDEM」はマグデブルグ兵舎の鍛冶屋裏手にあった土塁に埋めて隠したという。戦後、ヴィノフラディにある孤児院の誰かに「VEDEM」を送ったが、誰かは覚えていない。妹がカナダの建設業者の妻。その建設業者が偶然にもカナダ在住のブラディさんのところで働いていて、連絡がとれた。現在もアメリカ・フロリダ州に在住。コトウチュさんと文通をしていた。2015年に筆者が訪れて、貴重な話を聞いた。

・ブラディ，イジー――コトウチュさんと一緒のベッドに寝ていた親友。タウシクさんより受け取った「VEDEM」をコトウチュさんに渡した。数回来日されており、筆者は奥様やお嬢さんのララさんにお目にかかっている。2018年、カナダで死去。ララさんとはネットで交流中。

・オルネスト，ズデネク――1929年１月10日生まれ。1942年10月、プラハの孤児院からテレジンへ。1944年10月19日にアウシュヴィッツへ。当時15歳。アウシュヴィッツ（ビルケナウ）のプラットホームでメンゲレ博士にガス室行きと選別されたが、年上の友人が手招きしたのでそちらの列へ加わって死を逃れた。1945年５月に、ドイツのダッハウ強制収容所で国際赤十字団により解放される。コトウチュさんと「VEDEM」を出版したが、1990年に死亡。ペンネームは「オルチェ」「ムスターファ」。戦後は、詩人・俳優として活躍した。

・クルシュネル，フェリクス――戦後、１度だけコトウチュさんが会ったことがあるという。現在は、カナダのオンタリオに住んでいる。

・レーヴィ，レオポルド――1945年、ブッヘンヴァルドで解放された。ニューヨーク在住。

・クメルマン，パヴェル――アイシンゲル先生に「朝蒸発して夜に現れるクモ」と呼ばれていた。

・バコン，ユダ／ブロド，トマン／ブンゼル，アドルフ／ボスコヴィツ，ヤン／ノイマン，ミロスラフ／ポラーク，エリク／ジャテチュカ，ヤロスラフ／コペロヴィチュ，メンデル

そのほかの子どもたちは、アウシュヴィッツ絶滅収容所やほかの強制収容所で殺されました。ここに、分かっているだけの子どもたちの名前を入れて、ご冥福をお祈りいたします。合掌。

【死亡者】

・ギンズ，ペトル――1928年２月１日生まれ。「VEDEM」の編集長として活躍。1942年10月にプラハからテレジン強制収容所に収容される。1944年９月28日にアウシュヴィッツへ移送され、そのままガス室へ送られて死亡。「アカデミー」というペンネームの一員。書いた記事は多数。編集作業のすべてを行い、「VEDEM」の発行を支えた。戦後60年を経て、日記などが発

見されて妹が出版。詳細は「あとがき」(242ページ) を参照。

- ・スティアッスニイ，ヨセフ――社説などで質の高い評論や詩、物語を書く。1942年6月27日にテレジンに収容された。1944年9月28日の移送でアウシュヴィッツへ運ばれ、ビルケナウで鉄条網に向かって走り、自ら死を選んだ。ペンネームは「ペペク」。(年齢が15歳以上だったので「L417」では生活していなかったらしいが、「VEDEM」に多くの記事を書いているので、ここに加えた。)
- ・ハーヘンブルク，ハヌシュ――優れた詩人。1942年10月24日にプラハの孤児院からテレジンに収容された。最初は2号室にいたが、その後1号室へ。1943年12月18日にアウシュヴィッツへ送られた。「アカデミー」の一員。ズデネク・オルネスト君の親友。ペンネームは「Ha」。2013年に遺稿を集めた詩集が発行された。
- ・ロート，ワルトル――初代の1号室自治会の委員長。裕福な家庭の子どもとして生まれる。「VEDEM」の記事によく出てくる。「ロート博士」と呼ばれていた。ペンネームは「Dr」。
- ・ザプネル，イジー――ペンネーム「－pner」、ニックネーム「ひげの子ども」。チェスの大会ではいつも優勝。優秀な才能をもっていた。
- ・ラウブ，ルドルフ――1号室の自治会初代副委員長。母親が事務所で働いていたので、「VEDEM」の清書の手伝いをしていた。母親は生き残ったが、本人は1943年12月にアウシュヴィッツへ送られ、殺された。ペンネームは「ini」。
- ・コミニーク，ハヌシュ――ペンネームは、「コミニャス」や「ラムセス」などたくさん。ゆかいな少年。眠る前にほら話をしてくれた。靴直しの特技があった。
- ・ブルムル，イジー――1942年8月3日、

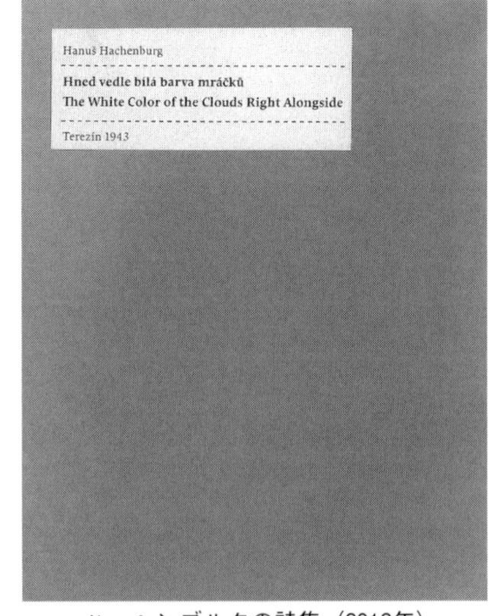

ハーヘンブルクの詩集（2013年）

14歳でテレジンに収容され、２年間テレジンで生活。1944年５月15日にアウシュヴィッツ、ビルケナウに送られて、そこで死亡。ペンネームは「アブツェス」。

・ラクス，ペトル――「VEDEM」にはいろいろな記事を書いていた。ペンネームは「ツァール」。

・ベク，ハヌシュ――1942年テレジンへ。1944年アウシュヴィッツへ。１号室の人気者。

・カーン，ハヌシュ――「アカデミー」というペンネームの一員。

・マロディ，レオシュ――「アカデミー」というペンネームの一員。１号室の自治会初代副委員長。

・フィシュル，ヘルベルト――ペンネームは「Don」。

バウエル，イジー／ベアムト，ハヌシュ／ベンヤミン／ビーネンフェルド，ズデネク／ポラーク，ハヌシュ／ブルム，ベドジフ／フォイエルシュタイン，フランティシェク／フィシェル，クルト／フィシュル，ペトル／フロインド，ズデネク／フリシュ，イジー／ゲルブ，ロベルト／ケルベル，ペトル／グラスネル，クルト／コルドシュタイン，パヴェル／ゴットリーブ，ルドルフ／グリーンバウム，イジー／グリーンワルド／ハース，ルドルフ／ヘレル，ハヌシュ／ヘルマン，イジー／ホフマン，ベドジフ／イツメルグト，アドルフ／カリヒ，ハヌシュ／カウデルス，ハヌシュ／カウフマン，ベノ／コーン，アルノシュト／コスタ，イジー／クラウス，ハヌシュ／レベンハルト，イジー／リフテンシュタイン／リーブシュタイン，カレル／レーヴィ，ヴィキ／マイエル，ヘルベルト／メツル，イジー／モルゲンシュテルン，エマヌエル／ムールシュタイン，エマヌエル／パツォワスキー，オタ／ピツェラ，ノルベルト／ピク，ハリ／ピク，イジー／ピク，レネ／ポラーク，ズデネク／ポペル，ラルフ／ロゼンベルゲル／セドラーチェク，オト／セガル，クルト／シンドレル，オト／シュテルン，ハリ／シュテルン，カレル／シュテルンシュス，ハヌシュ／タウベル，ヴィキ／タウシク，イジー／テイフネル，ヘルマン／テンツェル，エゴン／フィールグト，ベドジフ／ヴォフリゼク，イジー／ヴォフリゼク，ズデネク／フォルク，ヤン（イジー）／ワイル，ハヌシュ／ヴァインベルゲル，ズデネク／ヴァイネル，ズデネク／ヴァイスコプフ／ヴィルハイム，ラツィ／ズィン，エリヒ

・デムネル，レオ氏――「L417」の寮長。ペンネームは「技術者」、「ジャーナリスト」。

・アイシンゲル，ワルトル――1913年生まれ。「L417」で子どもたちと寝起きをともにし、みんなから慕われた。1944年６月11日、テレジン内でベラ・ソメロヴァと結婚。1945年１月15日にアウシュヴィッツで死亡。ベラは生存。「VEDEM」に掲載の記事は多数。ペンネームは「プルツェク」。

数のうえからすれば、１号室を通りすぎた子どもたちの名前はもっとあるはずです。分かっている子どもたちだけしか記載できないことが申し訳なく、気の毒でなりません。

コトウチュさんは、手紙で次のように書いています。

> 特に、若者に読んでもらう目的があることを知り、次のことを加えます。
>
> テレジンのゲットーを、15歳までの子どもたち約15,000人が通りました。チェコやドイツ、オーストリア、ポーランドのビアリストックのゲットーとかオランダ、デンマーク、そして戦争の最後の数週間には、スロバキア、ハンガリー、ポーランド、ルーマニアの子どもたちが通ったのです。ゲットーで、少なくとも225人の子どもが生まれました。現実に生き残るチャンスに恵まれた子どもは、1944年９月と10月のアウシュヴィッツへの移送の後にテレジンに残っていた819人だけでした。
>
> 彼らは、戦争が終わる直前にゲットーに連れてこられた、いわゆるユダヤ人とユダヤ人でない両親

「L417」の正面入り口。現在はゲットー博物館

から生まれた子ども、それに、ほかの収容所からテレジンに連れてこられた子どもたちと一緒に解放されました。

7,559人の子どもたちは、1942年の1月から1944年の9月の間に、ポーランドにある絶滅収容所に連れていかれました。その内、生き残ったのは242人。亡くなったテレジンの子どもは7,317人。そのなかには、200人の乳児もいました。

「VEDEM」の本文で見られるように、これほどまでに純粋に生きることを熱望し、大人になってからの大きな夢を語っていた子どもたちが、何ら報われることなく亡くなってしまったことは、人類や地球にとって大きな損失です。仲間たちのその後のことをコトウチュさんに尋ねるのは、とても勇気を必要としました。

「悲惨なことを思い出させることは申し訳ないのですが、子どもたちのその後をお聞きしてもいいですか？」

「どうぞ、何でも聞いてください。それが、私たちが会う目的なのですから。それに、大切な仲間の記憶を残すことが、私の使命だと思っています。ただし、戦争で生き残った私たちが、経験したことのすべてを伝えることは大変難しいことです。充分に伝えることはできません。人は、自分で経験しないことはなかなか分かりません。次の世代へ伝えることは難しいものです。

それでも、私たちの経験を忘れないこと、伝えることを忘れないことが、私の一番の役目だと思っています」

すべての意味を込めて、私は「ありがとうございました」とお礼を言って、お別れしました。

このような悲劇が起こった原因は、戦争にほかなりません。ある友人が、「人間の歴史の75パーセントは戦争だった」と言っておりました。特に20世紀は、第1次、第2次世界大戦をはじめとして、民族紛争が至る所で頻発（ひんぱつ）しました。原爆、ユダヤ人に対するホロコースト、ポルポト政権による大量虐殺など、数え上げればきりがありません。いったい人間は、なぜ戦いが好きなのでしょうか。1986年に国連は、国際平和年にあたって「暴力についてのセビリア声明」を出しました。

> 「戦争は人間性（humann nature）に内在するものであるから、なくすことはできない」という人間性に関する生物学的悲観主義を明確に否定し、若い世代に平和創造の展望を与えるためにまとめられた科学者たちのメッセージ。（『暴力についてのセビリア声明』より）

そして、そのなかで、戦争を発明した人間であるから、戦争をしない方法を発明しようという理論を展開しています。人間は、本能的に戦争を好む生物ではない。したがって、「世界平和は可能である」、という結論です。このことを科学的に、人類学者、動物行動学者、生理学者、政治学者、精神医学者、心理学者、社会学者たちが証明しています。また、アウシュヴィッツ絶滅収容所の生活を経験した人たちの言葉には、少なからず考えさせられるところがあります。

「この世に善い人と悪い人がいるわけではない。教育こそすべての鍵であって、ドイツ国民の各世代が、子どものころからユダヤ人に対する人種差別意識と果てしない憎悪を吹き込まれていなければ、あれほど排斥と迫害にまで行き着くようなことはなかったはずであり、何にもまして大切で人々がしっかり心に刻みつけなければならないのは、差別意識や偏見を人の心に住み着かせないように、正しい教育が幼いうちからなされることなのだ」と、オットー・フランク夫妻[(1)]が語ったそうです。（『エヴァの時代』の「訳者あとがき」より）

コトウチュさんのハッキリとしたユーモアのあるお話のなかにも、人間を恨む言葉は聞かれませんでした。

（1）『アンネの日記』を書いたアンネ・フランクの父親と『エヴァの時代』の著者であるエヴァ・シュロッスの母親は結婚しました。アンネとエヴァは幼なじみであり、義姉妹となりました。

あとがき

私が「VEDEM」を知ってから、すでに30年が経ちました。その間、チェコとスロバキアはそれぞれに分離独立し、ソ連邦は崩壊し、東西ドイツが統一され、コソボ紛争、アフリカ諸国の内戦、数えきれないほどの変化が世界を駆けめぐりました。

どの紛争をとっても、それは人と人との戦いです。戦いは悲惨なもの、哀しいもの、嫌なもの、と誰もが知っているのに、どうしてなくならないのかとみんなが思っています。そのために死んでいくたくさんの子どもたちがいます。彼らは、これからの地球にとって貴重な宝なのに……と思います。

すばらしい才能と感性と実行力をもった子どもたちが死んでいくのは、すべて大人たちの責任です。30年間それを思い、テレジンで「VEDEM」をつくっていた子どもたちのこと、カンボジアやアフリカや広島や沖縄や……世界各地で何も言えずに死んでいった子どもたちのことを考えてきました。

そして、約20年前、テレジンに収容されていた子どもたちの言葉の一部を本にすることができました。さらに2021年、初版を出版した以後に入手した情報をもとに改訂を加え、「改訂新装版」として再びみなさまの元にお届けすることにしました。今回の出版と同時に、同じくテレジン収容所で暮らしていたミハエル・グルエンバウムさんが当時の様子を書いた『太陽はきっとどこかで輝いている』（新評論）を酒井佑子さんとともに翻訳出版しています。こちらのほうも、あわせてご一読のほどお願いします。

第２次世界大戦で虐殺されたユダヤ人は、約600万人と言われています。あるいは、それよりも多かったかもしれませんし、少なかったかもしれません。それを600万人、あるいはそのほかの数でひとくくりにすることは簡単です。でも、その600万人には、それぞれに家族があり、生活があり、人生があったことを忘れてはいけません。

それは600万人分の１の人生ではなく、家族や友人を含めた「600万×600万」、あるいはそれ以上の人生だったと私は考えます。数でくくることのできない人たち、ユダヤ民族の集団としてではなく、一人ひとりの人生があり、その人にかかわっていた人々の人生が変わったのです。

現在でも、「VEDEM」のすべてを訳したいと思っています。すべての子どもたちを、過去の忘れられた「抹殺」のなかから、人々の心の中に「一人ひとりの存在」としてよみがえらせてあげなければ意味がないのです。

この「VEDEM」を読み、このなかに描かれている子どもたちのことを思い、彼らについて書きながら、私はいつもそれを感じました。一人ひとりの人生の重さ、確かさ、そして負けずに正しく生きようとした一人ひとりの人生を思うと、自然に涙がこみあげてきます。

テレジンで、外との世界を断ちきられた子どもたちの人生を思うとき、仏教用語の「重々無尽の縁起（じゅうじゅうむじんのえんぎ）」という言葉が思い浮かびました。これは、卑近（ひきん）な例をとれば「人間は両親、家族、友人、社会、身につけるものから日常に使うすべてのもの、通勤、通学の駅や電車や、ふと立ち止まって読んだ広告の文章、道端の雑草からエベレスト山頂に降るひとひらの雪に至るまで、すべてのものに関係しており、それらに助けられて生きている」ということです。

私たちがそのなかで生きているのと同じく、まさにテレジンに収容されていたユダヤ人の子どもたちの一人ひとりが、その「重々無尽の縁起」の真っただ中にいたはずです。それが、不意に周りから切断され、孤立させられたときの子どもたちの混乱、不安を考えてしまいます。ましてや、「VEDEM」をつくった子どもたちは、まだ両親や社会の手助けが必要な13歳から15歳ぐらいの年齢でした。社会のなかで、「未来へ続く存在そのもの」だったのです。

1985年５月８日、ドイツ敗戦40周年のときにドイツ連邦議会でヴァイツゼッカー大統領（Richard Karl Freiherr von Weizsäcker, 1920～2015）が演説しました。

> 問題は過去を克服することではありません。そのようなことができるわけはありません。後になって過去を変えたり、起こらなかったことにするわけにはまいりません。
>
> しかし過去に目を閉ざす者は、結局のところ現在にも盲目になります。非人間的な行為を心に刻もうとしない者は、またそうした危険に陥りやすいのです。（『「荒れ野の四十年』より）

日本の過去も同じです。ドイツの国民が犯した罪は、私たちも犯しかねないものだと思います。ほんのちょっとした油断を狙って、悪は入り込んできます。気付かなかった、という言い訳はできないのです。そして、ほんのちょっとした思索と勇気と実践が、その悪を退散させ得るものだということにも気付きました。

私が「VEDEM」の出版を決心したのは1991年のことでした。その翌年にも、私はテレジンへ行きました。そして「VEDEM」を日本で出版するために、いろいろと計画を立てました。しかし、出版社へ持ち込んだ私の計画はすべて断られました。

その理由はさまざまでした。児童文学書を主に出版している出版社は、「長すぎる」という理由を挙げました。大手の出版社は、すでに以前にテレジンに関係している本を出している、というのが理由でした。「暗い」ということも、断られる理由の一つだったようです。

どの出版社もはっきりとした理由は言いませんでした。私が想像するに、たぶん「売れないだろう」という理由がどこの出版社でも第一だったと思います。「売れないだろう」ということは、「人々が興味をもたないだろう」とか「買わないだろう」ということです。なぜ、興味をもたないのか、興味をもつとはどういうことか、それでは興味をもってもらうように出版はできないのか……私は、いろいろと考えさせられました。こうして、どうしても知ってほしいことも忘れられていくのだろうか……と。

「それじゃあ、自分の手でつくろう」

と思ったのは、どうしてもテレジンの子どもたちの声を私自身も聞きたかったし、多くの人にも知ってほしかったからです（そのころは、「VEDEM」にどんなことが書かれているのか知らなかったのですが）。「もの言えぬ子どもたちから基金」を考え、予約を募りました。すぐに、数十人もの人たちから予約の申し込みがありました。私の読みたいと思った「VEDEM」を、同じく読みたいと思ってくれた人々が大勢いたことにとても力づけられました。

プラハの友人たちの助けも借りて、少しずつ計画は形になっていきました。本文でも紹介したように、1997年にテレジンの資料館を訪れたとき、副館長ポロンツァルツさんに「VEDEM」のすべてをコピーしていただき、「日本語に訳して出版します」と約束しました。

「この資料に日の目を見させていただくのは、とても嬉しいことです」
と、ポロンツァルツさんは言ってくださいました。

そして1999年７月、「VEDEM」の編集長だったギンズ君の助手であり、テレジンからアウシュヴィッツへ移送され、さらにブッヘンヴァルドに収容されて生き残ったコトウチュさんにお目にかかりました。コトウチュさんの「『L417』の１号室の仲間たちのことをみんなに伝えることが私の使命です」という言葉を聞き、私がやろうとしていることが無意味ではないと確信しました。

幸いにも、私の意図をご理解くださった株式会社新評論から出版することになりましたが、そのときには私が「VEDEM」を知ってからすでに９年が過ぎていました。とても遅い歩みのなかで、どうにか１冊の本になり、その間に自分でも信じられないほど感動的な出会いや出来事がたくさんありました。そして、いつもくじけそうになる私を勇気づけてくれたのは、まさに「VEDEM」のなかに登場する子どもたちでした。

「ギンズ君も、ペペク君も、ハヌシュ君も、みんなあんなひどい環境のなかで一生懸命生きていたのに、私が負けたら恥ずかしい……」という思いが、いつも私を支えてくれました。

初版からこの「改訂新装版」を出版するまでの20年間に、さまざまな奇跡がありました。そのなかで、173～175ページで少し触れた、「VEDEM」の編集長だったペトル・ギンズ君の奇跡を報告します。

2003年、アメリカのスペースシャトル「コロンビア号」の事故でイスラエルの飛行士が亡くなりました。彼の母親もアウシュヴィッツから生還できた人でしたので、飛行士はホロコーストに関係する「何かを」宇宙に持っていきたいと出発前に思い、イスラエルの「ヤド・バシェム・ホロコースト博物館」に行って、ギンズ君がテレジンで描いた「月から見た地球」の絵を選んだのです。そして、それを宇宙に持っていくことにしたのです。

しかし、彼は事故で亡くなってしまいました。このニュースが世界中に放映されたとき、ギンズ君の絵も報道されたのです。すると、ギンズ君がテレジンに行く前に書いていた日記や絵までもが見つかったのです。

その理由は、ギンズ君の家族がかつて住んでいたプラハの住居を購入して住ん

ギンズ君が描いた「月から見た地球」

チェコで発行されたギンズ君の切手

でいる人がギンズ君の遺品を保管していたからです。その後、紆余曲折を経て、ギンズ君の遺品は妹のハヴァ・プレスブルゲル（エヴァさんが結婚してハヴァに）さんの元に戻り、それらをまとめる形で2004年にプラハで出版されています。

この話はかなり話題になり、ギンズ君の切手まで発行されました。日本でも、2006年に『プラハ日記』（ハヴァ・プレスブルゲル／平野清美・林幸子訳、平凡社）というタイトルで翻訳出版されました。

また、イジー・ブラディ君とアウシュヴィッツで殺された妹、ハンナさんのカバンにまつわる話が『ハンナのカバン』（カレン・レビン／石岡史子訳、ポプラ社、2015年）として出版され、来日されたブラディさんと何度もお目にかかりました。さらに、2015年、アメリカ・フロリダ州に住むシドニー（ズデネク）・タウシクさん宅をお訪ねしたときには、テレジン１号室の「シュキドの歌」を歌っていただきました。このときの感動は忘れることができません。

このように、思いがけない出来事や出会いがたくさんありました。

本書に掲載することのできた文章は、「VEDEM」全体からすればほんのわずかです。すべてとはいかないまでも、多くの子どもたちの声がみなさんに聞こえるように、これからも残りの部分の翻訳を進めていきたいと思っております。

「VEDEM」を本にすることの意味は、私の夢の実現です。この「VEDEM」の子どもたちの「自治会の発足宣言」をはじめ、戦争の残酷さを告発する記事を、イスラエルの人々、パレスチナの人々、さらに多くの紛争中の人々に、そして平和な幸せな生活を送っている人々に読んでいただき、考えてもらい、実践し、世界平和への一石としてほしいのです。それは、「VEDEM」の子どもたちの夢でもあったのです。そして、私にさまざまなことを教えてくれた「VEDEM」の子どもたちへの、ささやかな恩返しでもあります。

タウシクさんご夫妻

私のような日本の片隅に住んでいる一人の女性が「VEDEM」を読みたいと思い、それがこうして形になったことにただ感謝するばかりです。

小さな一歩が平和へ続く道となることを祈って……。

道は、小さな一人ひとりの足跡がつくってゆくものなのですから……。

最後に、「VEDEM」の翻訳出版のために、本当に快く協力してくださった新評論の武市一幸さん、お亡くなりになったコトウチュさん、テレジンの「テレジン資料館」のポロンツァルツさん、英文の翻訳に協力してくださった酒井佑子さん、「VEDEM」のコピーを入手するためにいろいろと連絡にあたってくれたペトル・ホリー君、本ができるまで応援をしながら辛抱強く待っていてくださった多くの「協力者」の方々に、心から御礼を申しあげます。

2021年５月

林　幸子

付記・「Terezín」のチェコ語読みは「テレジーン」ですが、すでに出版されている書籍の表記が「テレジン」となっておりますので、本書においても「テレジン」としました。また、人名、地名などの表記は、なるべくチェコ語の発音による表記としましたが、すでに日本で表記方法が一般化されている固有名詞などは、既出のものとしました。

参考文献一覧

＊『WE ARE CHILDREN JUST THE SAME』 Marie Rút Křížková, Kurt Jiří Kotouč, Zdeněk Ornest, AVENTINUM NAKLADATELSTVÍ, Prague, 1995.

＊『あのころはフリードリヒがいた』ハンス・ペーター・リヒター／上田真而子訳、岩波少年文庫、1977年

＊『エヴァの時代』エヴァ・シュロッス／吉田寿美訳、新宿書房、1991年

＊『アウシュヴィッツの少女』キティ・ハート／吉村英朗訳、時事通信社、1983年

＊『テレジンの小さな画家たち』野村路子著、偕成社、1993年

＊『ユダヤ人』J・P・サルトル／安堂信也訳、岩波書店、1956年

＊『５千万人のヒトラーがいた！』山木あき子著、文藝春秋、1983年

＊『ファシズム』アンリ・ミシェル／長谷川公昭訳、白水社、1978年

＊『ファシズムを語る』デ・フェリーチェ／西川知一・村上信一郎訳、ミネルヴァ書房、1979年

＊『ヒトラーとは何か』セバスチャン・ハフナー／赤羽龍夫訳、草思社、1979年

＊『アンネ・フランクはなぜ殺されたか』バーバラ・ロガスキー／藤本和子訳、岩波書店、1992年（品切）

＊『プラハは忘れない』早乙女勝元編、草の根出版会、1996年

＊『母と子のナチ強制収容所』、シャルロッテ・ミュラー／星乃治彦訳、青木書店、1998年

＊『ナチス強制収容所とロマ』金子マーティン編訳、明石書店、1991年

＊『アンネ・フランク最後の７ヵ月』ウィリー・リントヴェル／酒井府・酒井明子訳、徳間書店、1991年

＊『ユダヤ教の本』少年社編、学習研究社、1995年

＊『トミーが三歳になった日』ミース・バウハウス／横山和子訳、ほるぷ出版、1982年

＊『アウシュヴィッツの子どもたち』アルヴィン・マイヤー／三鼓秋子訳、思文閣出版、1994年

＊『アウシュヴィッツで考えたこと』宮田光雄、みすず書房、1986年（品切）

＊『ヒットラー伝』澤田謙著、国書刊行会、1983年（品切）
＊『テレジン博物館』テレジンゲットー博物館編（パンフレット）
＊『夜と霧』V・E・フランクル／霜山徳爾訳、みすず書房、1985年
＊『子どもたちは泣いたか』シュヴァルベルク／石井正人訳、大月書店、1991年
＊『15000人のアンネ・フランク』、野村路子著、径書房、1992年
＊『ホロコーストの子供たち』ヘレン・エプスタイン、朝日新聞社、1984年
＊『荒れ野の40年』ヴァイツゼッガー／永井清彦、岩波書店、1986年
＊『暴力についてのセビリア声明』デービッド・アダムス編集・解説／中川作一訳、平和文化、1996年
＊『アウシュヴィッツはおわらない』プリーモ・レーヴィ／竹山博英訳、朝日選書、1980年
＊『救出者』マレク・アルテール／幸田礼雅訳、NHK 出版、1997年
＊『ナチズムとユダヤ人絶滅政策』栗原優、ミネルヴァ書房、1997年
＊『ホロコースト全史』マイケル・ベーレンバウム／芝健介（日本語版監修）、創元社、1996年
＊『ホロコースト』（シリーズ・20世紀の記憶）、毎日新聞社、1999年
＊『私のなかのユダヤ人』広河ルティ、集英社、1982年
＊『ユダヤ人陰謀説』ディヴィッド・グッドマン／宮澤正典・藤本和子訳、講談社、1999年
＊『切手が語るナチスの謀略』伊達仁郎著、大正出版、1995年
＊『太陽はきっとどこかで輝いている』ミハエル・グルエンバウム、トッド・ハサク゠ロウィ／林幸子・酒井佑子訳、新評論、2021年
＊『プラハ日記』ハヴァ・プレスブルゲル／平野清美・林幸子訳、平凡社、2006年
＊『ハンナのカバン』カレン・レビン／石岡史子訳、ポプラ社、2015年

編著者紹介

林　幸子（はやし・さちこ）

茨城県生まれ。茨城県立土浦一高、法政大学文学部哲学科卒。
雑誌編集部を経てフリーライター。
地域子ども文庫、手作り絵本、絵本の読み聞かせなど、子どもと一緒に活動するほか、童話、詩、植物画を創作。
エスペランチスト、チェコ倶楽部代表。
著書に、『じぶん色に燦めく女性たち』(きりん出版、1994年)、詩画集『哲学の風景たち』（私家版、2016年）がある。
共訳書として、『プラハ日記』（ハヴァ・プレスブルゲル著、平凡社、2006年)、『太陽はきっとどこかで輝いている』（ミハエル・グルエンバウム、トッド・ハサク＝ロウィ著、新評論、2021年）がある。

改訂新装版　テレジンの子どもたちから
──ナチスに隠れて出された雑誌「VEDEM」より──（検印廃止）

2000年6月15日　初版第1版発行
2001年7月22日　初版第2刷発行
2021年6月25日　改訂新装版第1刷発行

編著者　林　幸子
発行者　武市一幸

発行所　株式会社　新評論

〒169-0051
東京都新宿区西早稲田3-16-28
電話　03(3202)7391番
振替・00160-1-113487

定価はカバーに表示してあります。
落丁・乱丁はお取替えします。

印刷　フォレスト
装丁　山田英春
製本　桂川製本

ISBN978-4-7948-1184-4
Printed in Japan

新評論　好評既刊

ミハエル・グルエンバウム＋
トッド・ハサク＝ロウィ／林幸子＋酒井佑子訳

太陽はきっと　どこかで輝いている

ホロコーストの記憶

人類は残虐行為に打ち勝つことができると教えてくれる感動の物語
—M・デュカキス(元マサチューセッツ州知事)

四六並製　416 頁　2750 円　ISBN978-4-7948-1183-7

ツヴェタン・トドロフ 編
(テキスト収集及びコメント)／小野潮 訳

善のはかなさ

ブルガリアにおけるユダヤ人救出

政治不信、権力政治への無力感を克服した人々の行動・感情はいかにして「善」を到来させたのか。明晰な思想史家が私たちを省察に誘う。

四六上製　248 頁　3300 円　ISBN978-4-7948-1180-6

＊表示価格はすべて税込み価格です。